TADJIQUE

VOCABULÁRIO

PORTUGUÊS BRASILEIRO

PORTUGUÊS TADJIQUE

Para alargar o seu léxico e apurar
as suas competências linguísticas

9000 palavras

Vocabulário Português Brasileiro-Tadjique - 9000 palavras

Por Andrey Taranov

Os vocabulários da T&P Books destinam-se a ajudar a aprender, a memorizar, e a rever palavras estrangeiras. O dicionário é dividido em temas, cobrindo todas as principais esferas de atividades quotidianas, negócios, ciência, cultura, etc.

O processo de aprendizagem, utilizando os dicionários baseados em temáticas da T&P Books dá-lhe as seguintes vantagens:

- Informação de origem corretamente agrupada predetermina o sucesso em fases subsequentes da memorização de palavras
- Disponibilização de palavras derivadas da mesma raiz, o que permite a memorização de unidades de texto (em vez de palavras separadas)
- Pequenas unidades de palavras facilitam o processo de estabelecimento de vínculos associativos necessários para a consolidação do vocabulário
- O nível de conhecimento da língua pode ser estimado pelo número de palavras aprendidas

T&P Books Publishing
www.tpbooks.com

ISBN: 978-1-78767-296-3

Este livro também está disponível em formato E-book.
Por favor visite www.tpbooks.com ou as principais livrarias on-line.

VOCABULÁRIO TADJIQUE
palavras mais úteis

Os vocabulários da T&P Books destinam-se a ajudar a aprender, a memorizar, e a rever palavras estrangeiras. O vocabulário contém mais de 9000 palavras de uso comum organizadas tematicamente.

O vocabulário contém as palavras mais comummente usadas
Recomendado como adicional para qualquer curso de línguas
Satisfaz as necessidades dos iniciados e dos alunos avançados de línguas estrangeiras
Conveniente para o uso diário, sessões de revisão e atividades de auto-teste
Permite avaliar o seu vocabulário

Características especias do vocabulário

- As palavras estão organizadas de acordo com o seu significado, e não por ordem alfabética
- As palavras são apresentadas em três colunas para facilitar os processos de revisão e auto-teste
- As palavras compostas são divididas em pequenos blocos para facilitar o processo de aprendizagem
- O vocabulário oferece uma transcrição simples e adequada de cada palavra estrangeira

O vocabulário contém 256 tópicos incluindo:

Conceitos básicos, Números, Cores, Meses, Estações do ano, Unidades de medida, Roupas & Acessórios, Alimentos & Nutrição, Restaurante, Membros da Família, Parentes, Caráter, Sentimentos, Emoções, Doenças, Cidade, Passeios, Compras, Dinheiro, Casa, Lar, Escritório, Trabalho no Escritório, Importação & Exportação, Marketing, Pesquisa de Emprego, Esportes, Educação, Computador, Internet, Ferramentas, Natureza, Países, Nacionalidades e muito mais ...

TABELA DE CONTEÚDOS

GUIA DE PRONUNCIAÇÃO

Letra	Exemplo Tadjique	Alfabeto fonético T&P	Exemplo Português
А а	Раҳмат!	[a]	chamar
Б б	бесоҳиб	[b]	barril
В в	вафодорӣ	[v]	fava
Г г	гулмоҳӣ	[g]	gosto
Ғ ғ	мурғобӣ	[ʁ]	[r] vibrante
Д д	мадд	[d]	dentista
Е е	телескоп	[e:]	plateia
Ё ё	сайёра	[jɔ]	ioga
Ж ж	аждаҳо	[ʒ]	talvez
З з	сӯзанда	[z]	sésamo
И и	шифт	[i]	sinônimo
Ӣ ӣ	обчакорӣ	[i:]	cair
Й й	ҳайкал	[j]	Vietnã
К к	коргардон	[k]	aquilo
Қ қ	нуқта	[q]	teckel
Л л	пилла	[l]	libra
М м	мусиқачӣ	[m]	magnólia
Н н	нонвой	[n]	natureza
О о	посбон	[o:]	albatroz
П п	папка	[p]	presente
Р р	чароғак	[r]	riscar
С с	суръат	[s]	sanita
Т т	тарқиш	[t]	tulipa
У у	муҳаррик	[u]	bonita
Ӯ ӯ	кӯшк	[œ]	orgulhoso
Ф ф	фурӯш	[f]	safári
Х х	хушксолӣ	[χ]	fricativa uvular surda
Ҳ ҳ	чарогоҳ	[h]	[h] aspirada
Ч ч	чароғ	[ʧ]	Tchau!
Ҷ ҷ	ҷанҷол	[ʤ]	adjetivo
Ш ш	нашриёт	[ʃ]	mês
Ъ ъ [1]	таърихдон	[:], [']	letra muda
Э э	эҳтимолӣ	[ɛ]	mesquita
Ю ю	юнонӣ	[ju]	nacional
Я я	яхбурча	[ja]	Himalaias

Comentários

1 [:] - Prolonga a vogal anterior; ['] - após consoantes é usado como um 'sinal forte'

ABREVIATURAS usadas no vocabulário

Abreviaturas do Português

adj	-	adjetivo
adv	-	advérbio
anim.	-	animado
conj.	-	conjunção
desp.	-	esporte
etc.	-	Etcetera
ex.	-	por exemplo
f	-	nome feminino
f pl	-	feminino plural
fem.	-	feminino
inanim.	-	inanimado
m	-	nome masculino
m pl	-	masculino plural
m, f	-	masculino, feminino
masc.	-	masculino
mat.	-	matemática
mil.	-	militar
pl	-	plural
prep.	-	preposição
pron.	-	pronome
sb.	-	sobre
sing.	-	singular
v aux	-	verbo auxiliar
vi	-	verbo intransitivo
vi, vt	-	verbo intransitivo, transitivo
vr	-	verbo reflexivo
vt	-	verbo transitivo

CONCEITOS BÁSICOS

Conceitos básicos. Parte 1

1. Pronomes

eu	**ман**	[man]
você	**ту**	[tu]
ele	**ӯ, вай**	[œ], [vaj]
ela	**ӯ, вай**	[œ], [vaj]
ele, ela (neutro)	**он**	[on]
nós	**мо**	[mo]
vocês	**шумо**	[ʃumo]
o senhor, -a	**Шумо**	[ʃumo]
senhores, -as	**Шумо**	[ʃumo]
eles, elas (inanim.)	**онон**	[onon]
eles, elas (anim.)	**онҳо, вайҳо**	[onho], [vajho]

2. Cumprimentos. Saudações. Despedidas

Oi!	**Салом!**	[salom]
Olá!	**Ассалом!**	[assalom]
Bom dia!	**Субҳатон ба хайр!**	[subhaton ba χajr]
Boa tarde!	**Рӯз ба хайр!**	[rœz ba χajr]
Boa noite!	**Шом ба хайр!**	[ʃom ba χajr]
cumprimentar (vt)	**саломалейк кардан**	[salomalejk kardan]
Oi!	**Ассалом! Салом!**	[assalom salom]
saudação (f)	**вохӯрдӣ**	[voχœrdi:]
saudar (vt)	**вохӯрдӣ кардан**	[voχœrdi: kardan]
Como você está?	**Корҳоятон чӣ хел?**	[korhojaton ʧi: χel]
Como vai?	**Корҳоят чӣ хел?**	[korhojat ʧi: χel]
E aí, novidades?	**Чӣ навигарӣ?**	[ʧi: navigari:]
Tchau!	**То дидан!**	[to didan]
Até logo!	**Хайр!**	[χajr]
Até breve!	**То вохӯрии наздик!**	[to voχœri:i nazdik]
Adeus! (sing.)	**Падруд!**	[padrud]
Adeus! (pl)	**Хайрбод! Падруд!**	[χajrbod padrud]
despedir-se (dizer adeus)	**падруд гуфтан**	[padrud guftan]
Até mais!	**Хайр!**	[χajr]
Obrigado! -a!	**Раҳмат!**	[rahmat]
Muito obrigado! -a!	**Бисёр раҳмат!**	[bisjɔr rahmat]

De nada	**Марҳамат!**	[marhamat]
Não tem de quê	**Намеарзад**	[namearzad]
Não foi nada!	**Намеарзад**	[namearzad]
Desculpa!	**Бубахш!**	[bubaχʃ]
Desculpe!	**Бубахшед!**	[bubaχʃed]
desculpar (vt)	**афв кардан**	[afv kardan]
desculpar-se (vr)	**узр пурсидан**	[uzr pursidan]
Me desculpe	**Маро бубахшед**	[maro bubaχʃed]
Desculpe!	**Бубахшед!**	[bubaχʃed]
perdoar (vt)	**бахшидан**	[baχʃidan]
Não faz mal	**Ҳеч гап не**	[heʧ gap ne]
por favor	**илтимос**	[iltimos]
Não se esqueça!	**Фаромӯш накунед!**	[faromœʃ nakuned]
Com certeza!	**Албатта!**	[albatta]
Claro que não!	**Албатта не!**	[albatta ne]
Está bem! De acordo!	**Розӣ!**	[rozi:]
Chega!	**Бас!**	[bas]

3. Como se dirigir a alguém

Desculpe ...	**Мебахшед!**	[mebaχʃed]
senhor	**ҷаноб, оқо**	[ʤanob], [oqo]
senhora	**хонум, бону**	[χonum], [bonu]
senhorita	**ҷавондухтар**	[ʤavonduχtar]
jovem	**ҷавон**	[ʤavon]
menino	**писарбача**	[pisarbaʧa]
menina	**духтарча, духтарак**	[duχtarʧa], [duχtarak]

4. Números cardinais. Parte 1

zero	**сифр**	[sifr]
um	**як**	[jak]
dois	**ду**	[du]
três	**се**	[se]
quatro	**чор, чаҳор**	[ʧor], [ʧahor]
cinco	**панҷ**	[panʤ]
seis	**шаш**	[ʃaʃ]
sete	**ҳафт**	[haft]
oito	**ҳашт**	[haʃt]
nove	**нуҳ**	[nuh]
dez	**даҳ**	[dah]
onze	**ёздаҳ**	[jɔzdah]
doze	**дувоздаҳ**	[duvozdah]
treze	**сездаҳ**	[sezdah]
catorze	**чордаҳ**	[ʧordah]
quinze	**понздаҳ**	[ponzdah]
dezesseis	**шонздаҳ**	[ʃonzdah]

dezessete	**ҳафдаҳ**	[hafdah]
dezoito	**ҳаждаҳ**	[haʒdah]
dezenove	**нуздаҳ**	[nuzdah]
vinte	**бист**	[bist]
vinte e um	**бисту як**	[bistu jak]
vinte e dois	**бисту ду**	[bistu du]
vinte e três	**бисту се**	[bistu se]
trinta	**сӣ**	[si:]
trinta e um	**сию як**	[siju jak]
trinta e dois	**сию ду**	[siju du]
trinta e três	**сию се**	[siju se]
quarenta	**чил**	[ʧil]
quarenta e um	**чилу як**	[ʧilu jak]
quarenta e dois	**чилу ду**	[ʧilu du]
quarenta e três	**чилу се**	[ʧilu se]
cinquenta	**панҷоҳ**	[panʤoh]
cinquenta e um	**панҷоҳу як**	[panʤohu jak]
cinquenta e dois	**панҷоҳу ду**	[panʤohu du]
cinquenta e três	**панҷоҳу се**	[panʤohu se]
sessenta	**шаст**	[ʃast]
sessenta e um	**шасту як**	[ʃastu jak]
sessenta e dois	**шасту ду**	[ʃastu du]
sessenta e três	**шасту се**	[ʃastu se]
setenta	**ҳафтод**	[haftod]
setenta e um	**ҳафтоду як**	[haftodu jak]
setenta e dois	**ҳафтоду ду**	[haftodu du]
setenta e três	**ҳафтоду се**	[haftodu se]
oitenta	**ҳаштод**	[haʃtod]
oitenta e um	**ҳаштоду як**	[haʃtodu jak]
oitenta e dois	**ҳаштоду ду**	[haʃtodu du]
oitenta e três	**ҳаштоду се**	[haʃtodu se]
noventa	**навад**	[navad]
noventa e um	**наваду як**	[navadu jak]
noventa e dois	**наваду ду**	[navadu du]
noventa e três	**наваду се**	[navadu se]

5. Números cardinais. Parte 2

cem	**сад**	[sad]
duzentos	**дусад**	[dusad]
trezentos	**сесад**	[sesad]
quatrocentos	**чорсад, чаҳорсад**	[ʧorsad], [ʧahorsad]
quinhentos	**панҷсад**	[panʤsad]
seiscentos	**шашсад**	[ʃaʃsad]
setecentos	**ҳафтсад**	[haftsad]

oitocentos	**ҳаштсад**	[haʃtsad]
novecentos	**нӯҳсадум**	[nœhsadum]
mil	**ҳазор**	[hazor]
dois mil	**ду ҳазор**	[du hazor]
três mil	**се ҳазор**	[se hazor]
dez mil	**даҳ ҳазор**	[dah hazor]
cem mil	**сад ҳазор**	[sad hazor]
um milhão	**миллион**	[million]
um bilhão	**миллиард**	[milliard]

6. Números ordinais

primeiro (adj)	**якум**	[jakum]
segundo (adj)	**дуюм**	[dujum]
terceiro (adj)	**сеюм**	[sejum]
quarto (adj)	**чорум**	[ʧorum]
quinto (adj)	**панҷум**	[panʤum]
sexto (adj)	**шашум**	[ʃaʃum]
sétimo (adj)	**ҳафтум**	[haftum]
oitavo (adj)	**ҳаштум**	[haʃtum]
nono (adj)	**нӯҳум**	[nœhum]
décimo (adj)	**даҳӯм**	[dahœm]

7. Números. Frações

fração (f)	**каср**	[kasr]
um meio	**аз ду як ҳисса**	[az du jak hissa]
um terço	**аз се як ҳисса**	[az se jak hissa]
um quarto	**аз чор як ҳисса**	[az ʧor jak hissa]
um oitavo	**аз ҳашт як ҳисса**	[az haʃt jak hissa]
um décimo	**аз даҳ як ҳисса**	[az dah jak hissa]
dois terços	**аз се ду ҳисса**	[az se du hissa]
três quartos	**аз чор се ҳисса**	[az ʧor se hissa]

8. Números. Operações básicas

subtração (f)	**тарҳ**	[tarh]
subtrair (vi, vt)	**тарҳ кардан**	[tarh kardan]
divisão (f)	**тақсим**	[taqsim]
dividir (vt)	**тақсим кардан**	[taqsim kardan]
adição (f)	**ҷамъ кардани**	[ʤam' kardani]
somar (vt)	**ҷамъ кардан**	[ʤam' kardan]
adicionar (vt)	**ҷамъ кардан**	[ʤam' kardan]
multiplicação (f)	**зарб, зарбзанӣ**	[zarb], [zarbzani:]
multiplicar (vt)	**зарб задан**	[zarb zadan]

9. Números. Diversos

algarismo, dígito (m)	**рақам**	[raqam]
número (m)	**адад**	[adad]
numeral (m)	**шумора**	[ʃumora]
menos (m)	**тарҳ**	[tarh]
mais (m)	**ҷамъ**	[dʒam']
fórmula (f)	**формула**	[formula]
cálculo (m)	**ҳисоб кардани**	[hisob kardani]
contar (vt)	**шумурдан**	[ʃumurdan]
calcular (vt)	**ҳисоб кардан**	[hisob kardan]
comparar (vt)	**муқоиса кардан**	[muqoisa kardan]
Quanto?	**Чӣ қадар?**	[ʧi: qadar]
Quantos? -as?	**Чанд-то?**	[ʧand-to]
soma (f)	**ҳосили ҷамъ**	[hosili dʒam']
resultado (m)	**натиҷа**	[natidʒa]
resto (m)	**бақия**	[baqija]
alguns, algumas ...	**якчанд**	[jakʧand]
pouco (~ tempo)	**чанд**	[ʧand]
resto (m)	**боқимонда**	[boqimonda]
um e meio	**якуним**	[jakunim]
ao meio	**ним**	[nim]
em partes iguais	**баробар**	[barobar]
metade (f)	**нисф**	[nisf]
vez (f)	**бор**	[bor]

10. Os verbos mais importantes. Parte 1

abrir (vt)	**кушодан**	[kuʃodan]
acabar, terminar (vt)	**тамом кардан**	[tamom kardan]
aconselhar (vt)	**маслиҳат додан**	[maslihat dodan]
adivinhar (vt)	**ёфтан**	[jɔftan]
advertir (vt)	**танбеҳ додан**	[tanbeh dodan]
ajudar (vt)	**кумак кардан**	[kumak kardan]
almoçar (vi)	**хӯроки пешин хӯрдан**	[χœroki peʃin χœrdan]
alugar (~ um apartamento)	**ба иҷора гирифтан**	[ba idʒora giriftan]
amar (pessoa)	**дӯст доштан**	[dœst doʃtan]
ameaçar (vt)	**дӯғ задан**	[dœʁ zadan]
anotar (escrever)	**навиштан**	[naviʃtan]
apressar-se (vr)	**шитоб кардан**	[ʃitob kardan]
arrepender-se (vr)	**таассуф хӯрдан**	[taassuf χœrdan]
assinar (vt)	**имзо кардан**	[imzo kardan]
brincar (vi)	**шӯхӣ кардан**	[ʃœχi: kardan]
brincar, jogar (vi, vt)	**бозӣ кардан**	[bozi: kardan]
buscar (vt)	**ҷустан**	[dʒustan]
caçar (vi)	**шикор кардан**	[ʃikor kardan]

cair (vi)	**афтодан**	[aftodan]
cavar (vt)	**кофтан**	[koftan]
chamar (~ por socorro)	**чеғ задан**	[ʤeʁ zadan]
chegar (vi)	**расидан**	[rasidan]
chorar (vi)	**гиря кардан**	[girja kardan]
começar (vt)	**сар кардан**	[sar kardan]
comparar (vt)	**муқоиса кардан**	[muqoisa kardan]
concordar (dizer "sim")	**розигӣ додан**	[rozigi: dodan]
confiar (vt)	**бовар кардан**	[bovar kardan]
confundir (equivocar-se)	**иштибоҳ кардан**	[iʃtiboh kardan]
conhecer (vt)	**донистан**	[donistan]
contar (fazer contas)	**ҳисоб кардан**	[hisob kardan]
contar com ...	**умед бастан**	[umed bastan]
continuar (vt)	**давомат кардан**	[davomat kardan]
controlar (vt)	**назорат кардан**	[nazorat kardan]
convidar (vt)	**даъват кардан**	[da'vat kardan]
correr (vi)	**давидан**	[davidan]
criar (vt)	**офаридан**	[ofaridan]
custar (vt)	**арзидан**	[arzidan]

11. Os verbos mais importantes. Parte 2

dar (vt)	**додан**	[dodan]
dar uma dica	**луқма додан**	[luqma dodan]
decorar (enfeitar)	**оростан**	[orostan]
defender (vt)	**муҳофиза кардан**	[muhofiza kardan]
deixar cair (vt)	**афтондан**	[aftondan]
descer (para baixo)	**фуромадан**	[furomadan]
desculpar (vt)	**афв кардан**	[afv kardan]
desculpar-se (vr)	**узр пурсидан**	[uzr pursidan]
dirigir (~ uma empresa)	**сардорӣ кардан**	[sardori: kardan]
discutir (notícias, etc.)	**муҳокима кардан**	[muhokima kardan]
disparar, atirar (vi)	**тир задан**	[tir zadan]
dizer (vt)	**гуфтан**	[guftan]
duvidar (vt)	**шак доштан**	[ʃak doʃtan]
encontrar (achar)	**ёфтан**	[jɔftan]
enganar (vt)	**фирефтан**	[fireftan]
entender (vt)	**фаҳмидан**	[fahmidan]
entrar (na sala, etc.)	**даромадан**	[daromadan]
enviar (uma carta)	**ирсол кардан**	[irsol kardan]
errar (enganar-se)	**хато кардан**	[χato kardan]
escolher (vt)	**интихоб кардан**	[intiχob kardan]
esconder (vt)	**пинҳон кардан**	[pinhon kardan]
escrever (vt)	**навиштан**	[naviʃtan]
esperar (aguardar)	**поидан**	[poidan]
esperar (ter esperança)	**умед доштан**	[umed doʃtan]
esquecer (vt)	**фаромӯш кардан**	[faromœʃ kardan]

estudar (vt)	**омӯхтан**	[omœχtan]
exigir (vt)	**талаб кардан**	[talab kardan]
existir (vi)	**зиндагӣ кардан**	[zindagi: kardan]
explicar (vt)	**шарҳ додан**	[ʃarh dodan]
falar (vi)	**гап задан**	[gap zadan]
faltar (a la escuela, etc.)	**набудан**	[nabudan]
fazer (vt)	**кардан**	[kardan]
ficar em silêncio	**хомӯш будан**	[χomœʃ budan]
gabar-se (vr)	**худситоӣ кардан**	[χudsitoi: kardan]
gostar (apreciar)	**форидан**	[foridan]
gritar (vi)	**дод задан**	[dod zadan]
guardar (fotos, etc.)	**нигоҳ доштан**	[nigoh doʃtan]
informar (vt)	**ахборот додан**	[aχborot dodan]
insistir (vi)	**сахт истодан**	[saχt istodan]
insultar (vt)	**таҳқир кардан**	[tahqir kardan]
interessar-se (vr)	**ҳавас кардан**	[havas kardan]
ir (a pé)	**рафтан**	[raftan]
ir nadar	**оббозӣ кардан**	[obbozi: kardan]
jantar (vi)	**хӯроки шом хӯрдан**	[χœroki ʃom χœrdan]

12. Os verbos mais importantes. Parte 3

ler (vt)	**хондан**	[χondan]
libertar, liberar (vt)	**озод кардан**	[ozod kardan]
matar (vt)	**куштан**	[kuʃtan]
mencionar (vt)	**гуфта гузаштан**	[gufta guzaʃtan]
mostrar (vt)	**нишон додан**	[niʃon dodan]
mudar (modificar)	**иваз кардан**	[ivaz kardan]
nadar (vi)	**шино кардан**	[ʃino kardan]
negar-se a … (vr)	**рад кардан**	[rad kardan]
objetar (vt)	**зид баромадан**	[zid baromadan]
observar (vt)	**назорат кардан**	[nazorat kardan]
ordenar (mil.)	**фармон додан**	[farmon dodan]
ouvir (vt)	**шунидан**	[ʃunidan]
pagar (vt)	**пул додан**	[pul dodan]
parar (vi)	**истодан**	[istodan]
parar, cessar (vt)	**бас кардан**	[bas kardan]
participar (vi)	**иштирок кардан**	[iʃtirok kardan]
pedir (comida, etc.)	**супоридан**	[suporidan]
pedir (um favor, etc.)	**пурсидан**	[pursidan]
pegar (tomar)	**гирифтан**	[giriftan]
pegar (uma bola)	**доштан**	[doʃtan]
pensar (vi, vt)	**фикр кардан**	[fikr kardan]
perceber (ver)	**дида мондан**	[dida mondan]
perdoar (vt)	**бахшидан**	[baχʃidan]
perguntar (vt)	**пурсидан**	[pursidan]
permitir (vt)	**иҷозат додан**	[idʒozat dodan]

pertencer a ... (vi)	**таалуқ доштан**	[taaluq doʃtan]
planejar (vt)	**нақша кашидан**	[naqʃa kaʃidan]
poder (~ fazer algo)	**тавонистан**	[tavonistan]
possuir (uma casa, etc.)	**соҳиб будан**	[sohib budan]
preferir (vt)	**бехтар донистан**	[beχtar donistan]
preparar (vt)	**пухтан**	[puχtan]
prever (vt)	**пешбинӣ кардан**	[peʃbini: kardan]
prometer (vt)	**ваъда додан**	[va'da dodan]
pronunciar (vt)	**талаффуз кардан**	[talaffuz kardan]
propor (vt)	**таклиф кардан**	[taklif kardan]
punir (castigar)	**ҷазо додан**	[ʤazo dodan]
quebrar (vt)	**шикастан**	[ʃikastan]
queixar-se de ...	**шикоят кардан**	[ʃikojat kardan]
querer (desejar)	**хостан**	[χostan]

13. Os verbos mais importantes. Parte 4

ralhar, repreender (vt)	**дашном додан**	[daʃnom dodan]
recomendar (vt)	**маслиҳат додан**	[maslihat dodan]
repetir (dizer outra vez)	**такрор кардан**	[takror kardan]
reservar (~ um quarto)	**нигоҳ доштан**	[nigoh doʃtan]
responder (vt)	**ҷавоб додан**	[ʤavob dodan]
rezar, orar (vi)	**намоз хондан**	[namoz χondan]
rir (vi)	**хандидан**	[χandidan]
roubar (vt)	**дуздидан**	[duzdidan]
saber (vt)	**донистан**	[donistan]
sair (~ de casa)	**баромадан**	[baromadan]
salvar (resgatar)	**наҷот додан**	[naʤot dodan]
seguir (~ alguém)	**рафтан**	[raftan]
sentar-se (vr)	**нишастан**	[niʃastan]
ser necessário	**даркор будан**	[darkor budan]
ser, estar	**будан**	[budan]
significar (vt)	**маъно доштан**	[ma'no doʃtan]
sorrir (vi)	**табассум кардан**	[tabassum kardan]
subestimar (vt)	**хунукназарӣ кардан**	[χunuknazari: kardan]
surpreender-se (vr)	**ба ҳайрат афтодан**	[ba hajrat aftodan]
tentar (~ fazer)	**озмоиш кардан**	[ozmoiʃ kardan]
ter (vt)	**доштан**	[doʃtan]
ter fome	**хӯрок хостан**	[χœrok χostan]
ter medo	**тарсидан**	[tarsidan]
ter sede	**об хостан**	[ob χostan]
tocar (com as mãos)	**даст расондан**	[dast rasondan]
tomar café da manhã	**ноништа кардан**	[noniʃta kardan]
trabalhar (vi)	**кор кардан**	[kor kardan]
traduzir (vt)	**тарҷума кардан**	[tarʤuma kardan]
unir (vt)	**якҷоя кардан**	[jakʤoja kardan]
vender (vt)	**фурӯхтан**	[furœχtan]

ver (vt)	**дидан**	[didan]
virar (~ para a direita)	**гардонидан**	[gardonidan]
voar (vi)	**паридан**	[paridan]

14. Cores

cor (f)	**ранг**	[rang]
tom (m)	**тобиш**	[tobiʃ]
tonalidade (m)	**тобиш, лавн**	[tobiʃ], [lavn]
arco-íris (m)	**рангинкамон**	[ranginkamon]
branco (adj)	**сафед**	[safed]
preto (adj)	**сиёҳ**	[sijɔh]
cinza (adj)	**адкан**	[adkan]
verde (adj)	**сабз, кабуд**	[sabz], [kabud]
amarelo (adj)	**зард**	[zard]
vermelho (adj)	**сурх, арғувонӣ**	[surχ], [arʁuvoni:]
azul (adj)	**кабуд**	[kabud]
azul claro (adj)	**осмонӣ**	[osmoni:]
rosa (adj)	**гулобӣ**	[gulobi:]
laranja (adj)	**норанҷӣ**	[norandʒi:]
violeta (adj)	**бунафш**	[bunafʃ]
marrom (adj)	**қаҳвагӣ**	[qahvagi:]
dourado (adj)	**тиллоранг**	[tillorang]
prateado (adj)	**нуқрафом**	[nuqrafom]
bege (adj)	**қаҳваранг**	[kahvarang]
creme (adj)	**зардтоб**	[zardtob]
turquesa (adj)	**фирӯзаранг**	[firœzarang]
vermelho cereja (adj)	**олуболугӣ**	[olubolugi:]
lilás (adj)	**бунафш, нофармон**	[bunafʃ], [nofarmon]
carmim (adj)	**сурхи сиеҳтоб**	[surχi siehtob]
claro (adj)	**кушод**	[kuʃod]
escuro (adj)	**торик**	[torik]
vivo (adj)	**тоза**	[toza]
de cor	**ранга**	[ranga]
a cores	**ранга**	[ranga]
preto e branco (adj)	**сиёҳу сафед**	[sijɔhu safed]
unicolor (de uma só cor)	**якранга**	[jakranga]
multicolor (adj)	**рангоранг**	[rangorang]

15. Questões

Quem?	**Кӣ?**	[ki:]
O que?	**Чӣ?**	[ʧi:]
Onde?	**Дар кучо?**	[dar kudʒo]
Para onde?	**Кучо?**	[kudʒo]

De onde?	**Аз куҷо?**	[az kuʤo]
Quando?	**Кай?**	[kaj]
Para quê?	**Барои чӣ?**	[baroi ʧi:]
Por quê?	**Барои чӣ?**	[baroi ʧi:]
Para quê?	**Барои чӣ?**	[baroi ʧi:]
Como?	**Чӣ хел?**	[ʧi: χel]
Qual (~ é o problema?)	**Кадом?**	[kadom]
Qual (~ deles?)	**Чанд? Чандум?**	[ʧand ʧandum]
A quem?	**Ба кӣ?**	[ba ki:]
De quem?	**Дар бораи кӣ?**	[dar borai ki:]
Do quê?	**Дар бораи чӣ?**	[dar borai ʧi:]
Com quem?	**Бо кӣ?**	[bo ki:]
Quantos? -as?	**Чанд-то?**	[ʧand-to]
Quanto?	**Чӣ қадар?**	[ʧi: qadar]
De quem (~ é isto?)	**Аз они кӣ?**	[az oni ki:]

16. Preposições

com (prep.)	**бо, ҳамроҳи**	[bo], [hamrohi]
sem (prep.)	**бе**	[be]
a, para (exprime lugar)	**ба**	[ba]
sobre (ex. falar ~)	**дар бораи**	[dar borai]
antes de ...	**пеш аз**	[peʃ az]
em frente de ...	**дар пеши**	[dar peʃi]
debaixo de ...	**таги**	[tagi]
sobre (em cima de)	**дар болои**	[dar boloi]
em ..., sobre ...	**ба болои**	[ba boloi]
de, do (sou ~ Rio de Janeiro)	**аз**	[az]
de (feito ~ pedra)	**аз**	[az]
em (~ 3 dias)	**баъд аз**	[ba'd az]
por cima de ...	**аз болои ...**	[az boloi]

17. Palavras funcionais. Advérbios. Parte 1

Onde?	**Дар куҷо?**	[dar kuʤo]
aqui	**ин ҷо**	[in ʤo]
lá, ali	**он ҷо**	[on ʤo]
em algum lugar	**дар куҷое**	[dar kuʤoe]
em lugar nenhum	**дар ҳеҷ ҷо**	[dar heʤ ʤo]
perto de ...	**дар назди ...**	[dar nazdi]
perto da janela	**дар назди тиреза**	[dar nazdi tireza]
Para onde?	**Куҷо?**	[kuʤo]
aqui	**ин чо**	[in ʧo]
para lá	**ба он ҷо**	[ba on ʤo]

daqui **аз ин ҷо** [az in ʤo]
de lá, dali **аз он ҷо** [az on ʤo]

perto **наздик** [nazdik]
longe **дур** [dur]

perto de … **дар бари** [dar bari]
à mão, perto **бисёр наздик** [bisjɔr nazdik]
não fica longe **наздик** [nazdik]

esquerdo (adj) **чап** [ʧap]
à esquerda **аз чап** [az ʧap]
para a esquerda **ба тарафи чап** [ba tarafi ʧap]

direito (adj) **рост** [rost]
à direita **аз рост** [az rost]
para a direita **ба тарафи рост** [ba tarafi rost]

em frente **аз пеш** [az peʃ]
da frente **пешин** [peʃin]
adiante (para a frente) **ба пеш** [ba peʃ]

atrás de … **дар қафои** [dar qafoi]
de trás **аз қафо** [az qafo]
para trás **ақиб** [aqib]

meio (m), metade (f) **миёна** [mijɔna]
no meio **дар миёна** [dar mijɔna]

do lado **аз паҳлу** [az pahlu]
em todo lugar **дар ҳар ҷо** [dar har ʤo]
por todos os lados **гирду атроф** [girdu atrof]

de dentro **аз дарун** [az darun]
para algum lugar **ба ким-куҷо** [ba kim-kuʤo]
diretamente **миёнбур карда** [mijɔnbur karda]
de volta **ба ақиб** [ba aqib]

de algum lugar **аз ягон ҷо** [az jagon ʤo]
de algum lugar **аз як ҷо** [az jak ʤo]

em primeiro lugar **аввалан** [avvalan]
em segundo lugar **дуюм** [dujum]
em terceiro lugar **сеюм** [sejum]

de repente **ногоҳ, баногоҳ** [nogoh], [banogoh]
no início **дар аввал** [dar avval]
pela primeira vez **якумин** [jakumin]
muito antes de … **хеле пеш** [χele peʃ]
de novo **аз нав** [az nav]
para sempre **тамоман** [tamoman]

nunca **ҳеҷ гоҳ** [heʤ goh]
de novo **боз, аз дигар** [boz], [az digar]
agora **акнун** [aknun]
frequentemente **тез-тез** [tez-tez]

então	**он вақт**	[on vaqt]
urgentemente	**зуд, фавран**	[zud], [favran]
normalmente	**одатан**	[odatan]
a propósito, ...	**воқеан**	[voqean]
é possível	**шояд**	[ʃojad]
provavelmente	**эҳтимол**	[ɛhtimol]
talvez	**эҳтимол, шояд**	[ɛhtimol], [ʃojad]
além disso, ...	**ғайр аз он**	[ʁajr az on]
por isso ...	**бинобар ин**	[binobar in]
apesar de ...	**ба ин нигоҳ накарда**	[ba in nigoh nakarda]
graças a ...	**ба туфайли ...**	[ba tufajli]
que (pron.)	**чӣ**	[ʧi:]
que (conj.)	**ки**	[ki]
algo	**чизе**	[ʧize]
alguma coisa	**ягон чиз**	[jagon ʧiz]
nada	**ҳеҷ чиз**	[heʤ ʧiz]
quem	**кӣ**	[ki:]
alguém (~ que ...)	**ким-кӣ**	[kim-ki:]
alguém (com ~)	**касе**	[kase]
ninguém	**ҳеҷ кас**	[heʤ kas]
para lugar nenhum	**ба ҳеҷ куҷо**	[ba heʤ kuʤo]
de ninguém	**бесоҳиб**	[besohib]
de alguém	**аз они касе**	[az oni kase]
tão	**чунон**	[ʧunon]
também (gostaria ~ de ...)	**ҳам**	[ham]
também (~ eu)	**низ, ҳам**	[niz], [ham]

18. Palavras funcionais. Advérbios. Parte 2

Por quê?	**Барои чӣ?**	[baroi ʧi:]
por alguma razão	**бо ким-кадом сабаб**	[bo kim-kadom sabab]
porque ...	**зеро ки**	[zero ki]
por qualquer razão	**барои чизе**	[baroi ʧize]
e (tu ~ eu)	**ва, ... у, ... ю**	[va], [u], [ju]
ou (ser ~ não ser)	**ё**	[jɔ]
mas (porém)	**аммо, лекин**	[ammo], [lekin]
para (~ a minha mãe)	**барои**	[baroi]
muito, demais	**аз меъёр зиёд**	[az me'jɔr zijɔd]
só, somente	**фақат**	[faqat]
exatamente	**айнан**	[ajnan]
cerca de (~ 10 kg)	**тақрибан**	[taqriban]
aproximadamente	**тақрибан**	[taqriban]
aproximado (adj)	**тақрибӣ**	[taqribi:]
quase	**қариб**	[qarib]
resto (m)	**боқимонда**	[boqimonda]
o outro (segundo)	**дигар**	[digar]

outro (adj)	**дигар**	[digar]
cada (adj)	**ҳар**	[har]
qualquer (adj)	**ҳар**	[har]
muito, muitos, muitas	**бисёр, хеле**	[bisjɔr], [χele]
muitas pessoas	**бисёриҳо**	[bisjɔriho]
todos	**ҳама**	[hama]
em troca de …	**ба ивази**	[ba ivazi]
em troca	**ба ивазаш**	[ba ivazaʃ]
à mão	**дастӣ**	[dasti:]
pouco provável	**ба гумон**	[ba gumon]
provavelmente	**эҳтимол, шояд**	[ɛhtimol], [ʃojad]
de propósito	**барқасд**	[barqasd]
por acidente	**тасодуфан**	[tasodufan]
muito	**хеле**	[χele]
por exemplo	**масалан, чунончи**	[masalan], [ʧunonʧi]
entre	**дар байни**	[dar bajni]
entre (no meio de)	**дар байни …**	[dar bajni]
tanto	**ин қадар**	[in qadar]
especialmente	**хусусан**	[χususan]

Conceitos básicos. Parte 2

19. Opostos

rico (adj)	**бой, давлатманд**	[boj], [davlatmand]
pobre (adj)	**камбағал**	[kambaʁal]
doente (adj)	**касал, бемор**	[kasal], [bemor]
bem (adj)	**тандуруст**	[tandurust]
grande (adj)	**калон, бузург**	[kalon], [buzurg]
pequeno (adj)	**хурд**	[χurd]
rapidamente	**босуръат**	[bosur'at]
lentamente	**оҳиста**	[ohista]
rápido (adj)	**босуръат**	[bosur'at]
lento (adj)	**оҳиста**	[ohista]
alegre (adj)	**хушҳол**	[χuʃhol]
triste (adj)	**ғамгинона**	[ʁamginona]
juntos (ir ~)	**дар як ҷо**	[dar jak ʤo]
separadamente	**алоҳида**	[alohida]
em voz alta (ler ~)	**бо овози баланд**	[bo ovozi baland]
para si (em silêncio)	**ба дили худ**	[ba dili χud]
alto (adj)	**баланд**	[baland]
baixo (adj)	**паст**	[past]
profundo (adj)	**чуқур**	[ʧuqur]
raso (adj)	**пастоб**	[pastob]
sim	**ҳа**	[ha]
não	**не**	[ne]
distante (adj)	**дур**	[dur]
próximo (adj)	**наздик**	[nazdik]
longe	**дур**	[dur]
à mão, perto	**бисёр наздик**	[bisjɔr nazdik]
longo (adj)	**дароз, дур**	[daroz], [dur]
curto (adj)	**кӯтоҳ**	[kœtoh]
bom (bondoso)	**нек**	[nek]
mal (adj)	**бад**	[bad]
casado (adj)	**зандор**	[zandor]

solteiro (adj)	**мучаррад**	[muʤarrad]
proibir (vt)	**манъ кардан**	[man' kardan]
permitir (vt)	**ичозат додан**	[iʤozat dodan]
fim (m)	**охир**	[oχir]
início (m)	**сар**	[sar]
esquerdo (adj)	**чап**	[ʧap]
direito (adj)	**рост**	[rost]
primeiro (adj)	**якум**	[jakum]
último (adj)	**охирин**	[oχirin]
crime (m)	**чиноят**	[ʤinojat]
castigo (m)	**чазо**	[ʤazo]
ordenar (vt)	**фармон додан**	[farmon dodan]
obedecer (vt)	**зердаст шудан**	[zerdast ʃudan]
reto (adj)	**рост**	[rost]
curvo (adj)	**кач**	[kaʤ]
paraíso (m)	**биҳишт**	[bihiʃt]
inferno (m)	**дӯзах, чаҳаннам**	[dœzaχ], [ʤahannam]
nascer (vi)	**таваллуд шудан**	[tavallud ʃudan]
morrer (vi)	**мурдан**	[murdan]
forte (adj)	**зӯр**	[zœr]
fraco, débil (adj)	**заиф**	[zaif]
velho, idoso (adj)	**пир**	[pir]
jovem (adj)	**чавон**	[ʤavon]
velho (adj)	**кӯҳна**	[kœhna]
novo (adj)	**нав**	[nav]
duro (adj)	**сахт**	[saχt]
macio (adj)	**нарм, мулоим**	[narm], [muloim]
quente (adj)	**гарм**	[garm]
frio (adj)	**хунук**	[χunuk]
gordo (adj)	**фарбеҳ**	[farbeh]
magro (adj)	**лоғар**	[loʁar]
estreito (adj)	**танг**	[tang]
largo (adj)	**васеъ**	[vase']
bom (adj)	**хуб**	[χub]
mau (adj)	**бад**	[bad]
valente, corajoso (adj)	**нотарс**	[notars]
covarde (adj)	**тарсончак**	[tarsonʧak]

20. Dias da semana

segunda-feira (f)	**душанбе**	[duʃanbe]
terça-feira (f)	**сешанбе**	[seʃanbe]
quarta-feira (f)	**чоршанбе**	[ʧorʃanbe]
quinta-feira (f)	**панҷшанбе**	[panʤʃanbe]
sexta-feira (f)	**ҷумъа**	[ʤum'a]
sábado (m)	**шанбе**	[ʃanbe]
domingo (m)	**якшанбе**	[jakʃanbe]
hoje	**имрӯз**	[imrœz]
amanhã	**пагоҳ, фардо**	[pagoh], [fardo]
depois de amanhã	**пасфардо**	[pasfardo]
ontem	**дирӯз, дина**	[dirœz], [dina]
anteontem	**парирӯз**	[parirœz]
dia (m)	**рӯз**	[rœz]
dia (m) de trabalho	**рӯзи кор**	[rœzi kor]
feriado (m)	**рӯзи ид**	[rœzi id]
dia (m) de folga	**рӯзи истироҳат**	[rœzi istirohat]
fim (m) de semana	**рӯзҳои истироҳат**	[rœzhoi istirohat]
o dia todo	**тамоми рӯз**	[tamomi rœz]
no dia seguinte	**рӯзи дигар**	[rœzi digar]
há dois dias	**ду рӯз пеш**	[du rœz peʃ]
na véspera	**як рӯз пеш**	[jak rœz peʃ]
diário (adj)	**ҳаррӯза**	[harrœza]
todos os dias	**ҳар рӯз**	[har rœz]
semana (f)	**ҳафта**	[hafta]
na semana passada	**ҳафтаи гузашта**	[haftai guzaʃta]
semana que vem	**ҳафтаи оянда**	[haftai ojanda]
semanal (adj)	**ҳафтаина**	[haftaina]
toda semana	**ҳар ҳафта**	[har hafta]
duas vezes por semana	**ҳафтае ду маротиба**	[haftae du marotiba]
toda terça-feira	**ҳар сешанбе**	[har seʃanbe]

21. Horas. Dia e noite

manhã (f)	**пагоҳӣ**	[pagohi:]
de manhã	**пагоҳирӯзӣ**	[pagohirœzi:]
meio-dia (m)	**нисфи рӯз**	[nisfi rœz]
à tarde	**баъди пешин**	[ba'di peʃin]
tardinha (f)	**бегоҳ, бегоҳирӯз**	[begoh], [begohirœz]
à tardinha	**бегоҳӣ, бегоҳирӯзӣ**	[begohi:], [begohirœzi:]
noite (f)	**шаб**	[ʃab]
à noite	**шабона**	[ʃabona]
meia-noite (f)	**нисфи шаб**	[nisfi ʃab]
segundo (m)	**сония**	[sonija]
minuto (m)	**дақиқа**	[daqiqa]
hora (f)	**соат**	[soat]

meia hora (f)	**нимсоат**	[nimsoat]
quarto (m) de hora	**чоряки соат**	[ʧorjaki soat]
quinze minutos	**понздаҳ дақиқа**	[ponzdah daqiqa]
vinte e quatro horas	**шабонарӯз**	[ʃabonarœz]
nascer (m) do sol	**тулӯъ**	[tulœ']
amanhecer (m)	**субҳидам**	[subhidam]
madrugada (f)	**субҳи барвақт**	[subhi barvaqt]
pôr-do-sol (m)	**ғуруби офтоб**	[ʁurubi oftob]
de madrugada	**субҳи барвақт**	[subhi barvaqt]
esta manhã	**имрӯз пагоҳӣ**	[imrœz pagohi:]
amanhã de manhã	**пагоҳ саҳарӣ**	[pagoh sahari:]
esta tarde	**имрӯз**	[imrœz]
à tarde	**баъди пешин**	[ba'di peʃin]
amanhã à tarde	**пагоҳ баъди пешин**	[pagoh ba'di peʃin]
esta noite, hoje à noite	**ҳамин бегоҳ**	[hamin begoh]
amanhã à noite	**фардо бегоҳӣ**	[fardo begohi:]
às três horas em ponto	**расо соати се**	[raso soati se]
por volta das quatro	**наздикии соати чор**	[nazdiki:i soati ʧor]
às doze	**соатҳои дувоздаҳ**	[soathoi duvozdah]
em vinte minutos	**баъд аз бист дақиқа**	[ba'd az bist daqiqa]
em uma hora	**баъд аз як соат**	[ba'd az jak soat]
a tempo	**дар вақташ**	[dar vaqtaʃ]
… um quarto para	**понздаҳто кам**	[ponzdahto kam]
dentro de uma hora	**дар давоми як соат**	[dar davomi jak soat]
a cada quinze minutos	**ҳар понздаҳ дақиқа**	[har ponzdah daqiqa]
as vinte e quatro horas	**шабу рӯз**	[ʃabu rœz]

22. Meses. Estações

janeiro (m)	**январ**	[janvar]
fevereiro (m)	**феврал**	[fevral]
março (m)	**март**	[mart]
abril (m)	**апрел**	[aprel]
maio (m)	**май**	[maj]
junho (m)	**июн**	[ijun]
julho (m)	**июл**	[ijul]
agosto (m)	**август**	[avgust]
setembro (m)	**сентябр**	[sentjabr]
outubro (m)	**октябр**	[oktjabr]
novembro (m)	**ноябр**	[nojabr]
dezembro (m)	**декабр**	[dekabr]
primavera (f)	**баҳор, баҳорон**	[bahor], [bahoron]
na primavera	**дар фасли баҳор**	[dar fasli bahor]
primaveril (adj)	**баҳорӣ**	[bahori:]
verão (m)	**тобистон**	[tobiston]

no verão	**дар тобистон**	[dar tobiston]
de verão	**тобистона**	[tobistona]
outono (m)	**тирамоҳ**	[tiramoh]
no outono	**дар тирамоҳ**	[dar tiramoh]
outonal (adj)	**... и тирамоҳ**	[i tiramoh]
inverno (m)	**зимистон**	[zimiston]
no inverno	**дар зимистон**	[dar zimiston]
de inverno	**зимистонӣ, ... и зимистон**	[zimistoni:], [i zimiston]
mês (m)	**моҳ**	[moh]
este mês	**ҳамин моҳ**	[hamin moh]
mês que vem	**дар моҳи оянда**	[dar mohi ojanda]
no mês passado	**дар моҳи гузашта**	[dar mohi guzaʃta]
um mês atrás	**як моҳ пеш**	[jak moh peʃ]
em um mês	**баъд аз як моҳ**	[ba'd az jak moh]
em dois meses	**баъд аз ду моҳ**	[ba'd az du moh]
todo o mês	**тамоми моҳ**	[tamomi moh]
um mês inteiro	**тамоми моҳ**	[tamomi moh]
mensal (adj)	**ҳармоҳа**	[harmoha]
mensalmente	**ҳар моҳ**	[har moh]
todo mês	**ҳар моҳ**	[har moh]
duas vezes por mês	**ду маротиба дар як моҳ**	[du marotiba dar jak moh]
ano (m)	**сол**	[sol]
este ano	**ҳамин сол**	[hamin sol]
ano que vem	**соли оянда**	[soli ojanda]
no ano passado	**соли гузашта**	[soli guzaʃta]
há um ano	**як сол пеш**	[jak sol peʃ]
em um ano	**баъд аз як сол**	[ba'd az jak sol]
dentro de dois anos	**баъд аз ду сол**	[ba'd az du sol]
todo o ano	**тамоми сол**	[tamomi sol]
um ano inteiro	**як соли пурра**	[jak soli purra]
cada ano	**ҳар сол**	[har sol]
anual (adj)	**ҳарсола**	[harsola]
anualmente	**ҳар сол**	[har sol]
quatro vezes por ano	**чор маротиба дар як сол**	[ʧor marotiba dar jak sol]
data (~ de hoje)	**таърих, рӯз**	[ta'riχ], [rœz]
data (ex. ~ de nascimento)	**сана**	[sana]
calendário (m)	**тақвим, солнома**	[taqvim], [solnoma]
meio ano	**ним сол**	[nim sol]
seis meses	**нимсола**	[nimsola]
estação (f)	**фасл**	[fasl]
século (m)	**аср**	[asr]

23. Tempo. Diversos

tempo (m)	**вақт**	[vaqt]
momento (m)	**лаҳза, дам**	[lahza], [dam]

instante (m)	**лаҳза**	[lahza]
instantâneo (adj)	**яклаҳзаӣ**	[jaklahzai:]
lapso (m) de tempo	**муддати муайян**	[muddati muajjan]
vida (f)	**ҳаёт**	[hajɔt]
eternidade (f)	**абад, абадият**	[abad], [abadijat]
época (f)	**давр, давра**	[davr], [davra]
era (f)	**эра, давра**	[ɛra], [davra]
ciclo (m)	**доира**	[doira]
período (m)	**давр**	[davr]
prazo (m)	**муддат**	[muddat]
futuro (m)	**оянда**	[ojanda]
futuro (adj)	**оянда**	[ojanda]
da próxima vez	**бори дигар**	[bori digar]
passado (m)	**гузашта**	[guzaʃta]
passado (adj)	**гузашта**	[guzaʃta]
na última vez	**бори гузашта**	[bori guzaʃta]
mais tarde	**баъдтар**	[ba'dtar]
depois de ...	**баъди**	[ba'di]
atualmente	**ҳамин замон**	[hamin zamon]
agora	**ҳозир**	[hozir]
imediatamente	**фавран**	[favran]
em breve	**ба зудӣ ... мешавад**	[ba zudi: meʃavad]
de antemão	**пешакӣ**	[peʃaki:]
há muito tempo	**кайҳо**	[kajho]
recentemente	**ба наздикӣ**	[ba nazdiki:]
destino (m)	**тақдир**	[taqdir]
recordações (f pl)	**хотира**	[χotira]
arquivo (m)	**архив**	[arχiv]
durante ...	**дар вақти ...**	[dar vaqti]
durante muito tempo	**дуру дароз**	[duru daroz]
pouco tempo	**кӯтоҳ**	[kœtoh]
cedo (levantar-se ~)	**барвақт**	[barvaqt]
tarde (deitar-se ~)	**дер**	[der]
para sempre	**ҳамешагӣ**	[hameʃagi:]
começar (vt)	**сар кардан**	[sar kardan]
adiar (vt)	**ба вақти дигар мондан**	[ba vaqti digar mondan]
ao mesmo tempo	**дар як вақт**	[dar jak vaqt]
permanentemente	**доимо, ҳамеша**	[doimo], [hameʃa]
constante (~ ruído, etc.)	**доимӣ, ҳамешагӣ**	[doimi:], [hameʃagi:]
temporário (adj)	**муваққатӣ**	[muvaqqati:]
às vezes	**баъзан**	[ba'zan]
raras vezes, raramente	**кам, аҳёнан**	[kam], [ahjɔnan]
frequentemente	**тез-тез**	[tez-tez]

24. Linhas e formas

quadrado (m)	**квадрат, мураббаъ**	[kvadrat], [murabba']
quadrado (adj)	**... и квадрат**	[i kvadrat]

círculo (m)	**давра**	[davra]
redondo (adj)	**даврашакл**	[davraʃakl]
triângulo (m)	**сегӯша, секунҷа**	[segœʃa], [sekundʒa]
triangular (adj)	**сегӯша, секунҷа**	[segœʃa], [sekundʒa]
oval (f)	**байзӣ**	[bajzi:]
oval (adj)	**байзӣ**	[bajzi:]
retângulo (m)	**росткунҷа**	[rostkundʒa]
retangular (adj)	**росткунҷа**	[rostkundʒa]
pirâmide (f)	**пирамида**	[piramida]
losango (m)	**ромб**	[romb]
trapézio (m)	**трапетсия**	[trapetsija]
cubo (m)	**мукааб**	[mukaab]
prisma (m)	**призма**	[prizma]
circunferência (f)	**давра**	[davra]
esfera (f)	**кура**	[kura]
globo (m)	**кура**	[kura]
diâmetro (m)	**диаметр, қутр**	[diametr], [qutr]
raio (m)	**радиус**	[radius]
perímetro (m)	**периметр**	[perimetr]
centro (m)	**марказ**	[markaz]
horizontal (adj)	**уфуқӣ**	[ufuqi:]
vertical (adj)	**амуди, шоқулӣ**	[amudi], [ʃoquli:]
paralela (f)	**параллел**	[parallel]
paralelo (adj)	**мувозӣ**	[muvozi:]
linha (f)	**хат**	[χat]
traço (m)	**хат, рах**	[χat], [raχ]
reta (f)	**хати рост**	[χati rost]
curva (f)	**хати кач**	[χati kadʒ]
fino (linha ~a)	**борик**	[borik]
contorno (m)	**контур, суроб**	[kontur], [surob]
interseção (f)	**бурида гузаштан**	[burida guzaʃtan]
ângulo (m) reto	**кунҷи рост**	[kundʒi rost]
segmento (m)	**сегмент**	[segment]
setor (m)	**сектор**	[sektor]
lado (de um triângulo, etc.)	**пахлу**	[paχlu]
ângulo (m)	**кунҷ**	[kundʒ]

25. Unidades de medida

peso (m)	**вазн**	[vazn]
comprimento (m)	**дарозӣ**	[darozi:]
largura (f)	**арз**	[arz]
altura (f)	**баландӣ**	[balandi:]
profundidade (f)	**чуқурӣ**	[tʃuquri:]
volume (m)	**ҳаҷм**	[hadʒm]
área (f)	**масоҳат**	[masohat]
grama (m)	**грам**	[gram]
miligrama (m)	**миллиграмм**	[milligramm]

quilograma (m)	**килограмм**	[kilogramm]
tonelada (f)	**тонна**	[tonna]
libra (453,6 gramas)	**қадоқ**	[qadoq]
onça (f)	**вақия**	[vaqija]
metro (m)	**метр**	[metr]
milímetro (m)	**миллиметр**	[millimetr]
centímetro (m)	**сантиметр**	[santimetr]
quilômetro (m)	**километр**	[kilometr]
milha (f)	**мил**	[mil]
pé (304,74 mm)	**фут**	[fut]
jarda (914,383 mm)	**ярд**	[jard]
metro (m) quadrado	**метри квадратӣ**	[metri kvadrati:]
hectare (m)	**гектар**	[gektar]
litro (m)	**литр**	[litr]
grau (m)	**дараҷа**	[daradʒa]
volt (m)	**волт**	[volt]
ampère (m)	**ампер**	[amper]
cavalo (m) de potência	**қувваи асп**	[quvvai asp]
quantidade (f)	**миқдор**	[miqdor]
um pouco de …	**камтар**	[kamtar]
metade (f)	**нисф**	[nisf]
peça (f)	**дона**	[dona]
tamanho (m), dimensão (f)	**ҳаҷм**	[hadʒm]
escala (f)	**масштаб**	[masʃtab]
mínimo (adj)	**камтарин**	[kamtarin]
menor, mais pequeno	**хурдтарин**	[χurdtarin]
médio (adj)	**миёна**	[mijɔna]
máximo (adj)	**ниҳоят калон**	[nihojat kalon]
maior, mais grande	**калонтарин**	[kalontarin]

26. Recipientes

pote (m) de vidro	**банкаи шишагӣ**	[bankai ʃiʃagi:]
lata (~ de cerveja)	**банкаи тунукагӣ**	[bankai tunukagi:]
balde (m)	**сатил**	[satil]
barril (m)	**бочка, чалак**	[botʃka], [tʃalak]
bacia (~ de plástico)	**тағора**	[taʁora]
tanque (m)	**бак, чалак**	[bak], [tʃalak]
cantil (m) de bolso	**обдон**	[obdon]
galão (m) de gasolina	**канистра**	[kanistra]
cisterna (f)	**систерна**	[sisterna]
caneca (f)	**кружка, дӯлча**	[kruʒka], [dœltʃa]
xícara (f)	**косача**	[kosatʃa]
pires (m)	**тақсимӣ, тақсимича**	[taqsimi:], [taqsimitʃa]
copo (m)	**стакан**	[stakan]

taça (f) de vinho	**бокал**	[bokal]
panela (f)	**дегча**	[degʧa]
garrafa (f)	**шиша, сурохӣ**	[ʃiʃa], [surohi:]
gargalo (m)	**даҳани шиша**	[dahani ʃiʃa]
jarra (f)	**сурохӣ**	[surohi:]
jarro (m)	**кӯза**	[kœza]
recipiente (m)	**зарф**	[zarf]
pote (m)	**хурмача**	[χurmaʧa]
vaso (m)	**гулдон**	[guldon]
frasco (~ de perfume)	**шиша**	[ʃiʃa]
frasquinho (m)	**ҳубобча**	[hubobʧa]
tubo (m)	**лӯлача**	[lœlaʧa]
saco (ex. ~ de açúcar)	**халта**	[χalta]
sacola (~ plastica)	**халта**	[χalta]
maço (de cigarros, etc.)	**қуттӣ**	[qutti:]
caixa (~ de sapatos, etc.)	**қуттӣ**	[qutti:]
caixote (~ de madeira)	**қуттӣ**	[qutti:]
cesto (m)	**сабад**	[sabad]

27. Materiais

material (m)	**материал, масолеҳ**	[material], [masoleh]
madeira (f)	**дарахт**	[daraχt]
de madeira	**чӯбин**	[ʧœbin]
vidro (m)	**шиша**	[ʃiʃa]
de vidro	**шишагӣ**	[ʃiʃagi:]
pedra (f)	**санг**	[sang]
de pedra	**сангин**	[sangin]
plástico (m)	**пласcмас**	[plassmas]
plástico (adj)	**пласcмасӣ**	[plassmasi:]
borracha (f)	**резин**	[rezin]
de borracha	**резинӣ**	[rezini:]
tecido, pano (m)	**матоъ**	[mato']
de tecido	**аз матоъ**	[az mato']
papel (m)	**қоғаз**	[qoʁaz]
de papel	**қоғазӣ**	[qoʁazi:]
papelão (m)	**картон**	[karton]
de papelão	**картони, ... и картон**	[kartoni], [i karton]
polietileno (m)	**полуэтилен**	[poluɛtilen]
celofane (m)	**селлофан**	[sellofan]
linóleo (m)	**линолеум**	[linoleum]

madeira (f) compensada	**фанер**	[faner]
porcelana (f)	**фахфур**	[faχfur]
de porcelana	**фахфурӣ**	[faχfuri:]
argila (f), barro (m)	**гил**	[gil]
de barro	**гилӣ, сафолӣ**	[gili:], [safoli:]
cerâmica (f)	**сафолот**	[safolot]
de cerâmica	**сафолӣ, ... и сафол**	[safoli:], [i safol]

28. Metais

metal (m)	**металл, фулуз**	[metall], [fuluz]
metálico (adj)	**металлӣ, ... и металл**	[metalli:], [i metall]
liga (f)	**хӯла**	[χœla]
ouro (m)	**зар, тилло**	[zar], [tillo]
de ouro	**... и тилло**	[i tillo]
prata (f)	**нуқра**	[nuqra]
de prata	**нуқрагин**	[nuqragin]
ferro (m)	**оҳан**	[ohan]
de ferro	**оҳанин, ... и оҳан**	[ohanin], [i ohan]
aço (m)	**пӯлод**	[pœlod]
de aço (adj)	**пӯлодин**	[pœlodin]
cobre (m)	**мис**	[mis]
de cobre	**мисин**	[misin]
alumínio (m)	**алюминий**	[aljuminij]
de alumínio	**алюминӣ**	[aljumini:]
bronze (m)	**биринҷӣ, хӯла**	[birindʒi:], [χœla]
de bronze	**биринҷӣ, хӯлагӣ**	[birindʒi:], [χœlagi:]
latão (m)	**латун, биринҷӣ**	[latun], [birindʒi:]
níquel (m)	**никел**	[nikel]
platina (f)	**платина**	[platina]
mercúrio (m)	**симоб**	[simob]
estanho (m)	**қалъагӣ**	[qal'agi:]
chumbo (m)	**сурб**	[surb]
zinco (m)	**руҳ**	[ruh]

O SER HUMANO

O ser humano. O corpo

29. Humanos. Conceitos básicos

ser (m) humano	**одам, инсон**	[odam], [inson]
homem (m)	**мард**	[mard]
mulher (f)	**зан, занак**	[zan], [zanak]
criança (f)	**кӯдак**	[kœdak]
menina (f)	**духтарча, духтарак**	[duχtartʃa], [duχtarak]
menino (m)	**писарбача**	[pisarbatʃa]
adolescente (m)	**наврас**	[navras]
velho (m)	**пир**	[pir]
velha (f)	**пиразан**	[pirazan]

30. Anatomia humana

organismo (m)	**организм**	[organizm]
coração (m)	**дил**	[dil]
sangue (m)	**хун**	[χun]
artéria (f)	**раг**	[rag]
veia (f)	**раги варид**	[ragi varid]
cérebro (m)	**мағз**	[maʁz]
nervo (m)	**асаб**	[asab]
nervos (m pl)	**асабхо**	[asabχo]
vértebra (f)	**мӯхра**	[mœhra]
coluna (f) vertebral	**сутунмӯхра**	[sutunmœhra]
estômago (m)	**меъда**	[me'da]
intestinos (m pl)	**рӯдаҳо**	[rœdaho]
intestino (m)	**рӯда**	[rœda]
fígado (m)	**ҷигар**	[dʒigar]
rim (m)	**гурда**	[gurda]
osso (m)	**устухон**	[ustuχon]
esqueleto (m)	**устухонбандӣ**	[ustuχonbandi:]
costela (f)	**кабурға**	[kaburʁa]
crânio (m)	**косаи сар**	[kosai sar]
músculo (m)	**мушак**	[muʃak]
bíceps (m)	**битсепс**	[bitseps]
tríceps (m)	**тритсепс**	[tritseps]
tendão (m)	**пай**	[paj]
articulação (f)	**банду буғум**	[bandu buʁum]

pulmões (m pl)	**шуш**	[ʃuʃ]
órgãos (m pl) genitais	**узвҳои таносул**	[uzvhoi tanosul]
pele (f)	**пӯст**	[pœst]

31. Cabeça

cabeça (f)	**сар**	[sar]
rosto, cara (f)	**рӯй**	[rœj]
nariz (m)	**бинӣ**	[bini:]
boca (f)	**даҳон**	[dahon]
olho (m)	**чашм, дида**	[ʧaʃm], [dida]
olhos (m pl)	**чашмон**	[ʧaʃmon]
pupila (f)	**гавҳараки чашм**	[gavharaki ʧaʃm]
sobrancelha (f)	**абрӯ, қош**	[abrœ], [qoʃ]
cílio (f)	**мижа**	[miʒa]
pálpebra (f)	**пилкҳои чашм**	[pilkhoi ʧaʃm]
língua (f)	**забон**	[zabon]
dente (m)	**дандон**	[dandon]
lábios (m pl)	**лабҳо**	[labho]
maçãs (f pl) do rosto	**устухони рухсора**	[ustuχoni ruχsora]
gengiva (f)	**зираи дандон**	[zirai dandon]
palato (m)	**ком**	[kom]
narinas (f pl)	**сурохии бинӣ**	[suroχi:i bini:]
queixo (m)	**манаҳ**	[manah]
mandíbula (f)	**ҷоғ**	[ʤoʁ]
bochecha (f)	**рухсор**	[ruχsor]
testa (f)	**пешона**	[peʃona]
têmpora (f)	**чакка**	[ʧakka]
orelha (f)	**гӯш**	[gœʃ]
costas (f pl) da cabeça	**пушти сар**	[puʃti sar]
pescoço (m)	**гардан**	[gardan]
garganta (f)	**гулӯ**	[gulœ]
cabelo (m)	**мӯйи сар**	[mœji sar]
penteado (m)	**ороиши мӯйсар**	[oroiʃi mœjsar]
corte (m) de cabelo	**ороиши мӯйсар**	[oroiʃi mœjsar]
peruca (f)	**мӯи ориятӣ**	[mœi orijati:]
bigode (m)	**муйлаб, бурут**	[mujlab], [burut]
barba (f)	**риш**	[riʃ]
ter (~ barba, etc.)	**мондан, доштан**	[mondan], [doʃtan]
trança (f)	**кокул**	[kokul]
suíças (f pl)	**риши бари рӯй**	[riʃi bari rœj]
ruivo (adj)	**сурхмуй**	[surχmuj]
grisalho (adj)	**сафед**	[safed]
careca (adj)	**одамсар**	[odamsar]
calva (f)	**тосии сар**	[tosi:i sar]
rabo-de-cavalo (m)	**думча**	[dumʧa]
franja (f)	**пича**	[piʧa]

32. Corpo humano

mão (f)	**панҷаи даст**	[pandʒai dast]
braço (m)	**даст**	[dast]
dedo (m)	**ангушт**	[anguʃt]
dedo (m) do pé	**чилик, ангушт**	[ʧilik], [anguʃt]
polegar (m)	**нарангушт**	[naranguʃt]
dedo (m) mindinho	**ангушти хурд**	[anguʃti χurd]
unha (f)	**нохун**	[noχun]
punho (m)	**кулак, мушт**	[kulak], [muʃt]
palma (f)	**каф**	[kaf]
pulso (m)	**банди даст**	[bandi dast]
antebraço (m)	**бозу**	[bozu]
cotovelo (m)	**оринҷ**	[orindʒ]
ombro (m)	**китф**	[kitf]
perna (f)	**по**	[po]
pé (m)	**панҷаи пой**	[pandʒai poj]
joelho (m)	**зону**	[zonu]
panturrilha (f)	**соқи по**	[soqi po]
quadril (m)	**миён**	[mijɔn]
calcanhar (m)	**пошна**	[poʃna]
corpo (m)	**бадан**	[badan]
barriga (f), ventre (m)	**шикам**	[ʃikam]
peito (m)	**сина**	[sina]
seio (m)	**сина, пистон**	[sina], [piston]
lado (m)	**паҳлу**	[pahlu]
costas (dorso)	**пушт**	[puʃt]
região (f) lombar	**камаргоҳ**	[kamargoh]
cintura (f)	**миён**	[mijɔn]
umbigo (m)	**ноф**	[nof]
nádegas (f pl)	**сурин**	[surin]
traseiro (m)	**сурин**	[surin]
sinal (m), pinta (f)	**хол**	[χol]
sinal (m) de nascença	**хол**	[χol]
tatuagem (f)	**вашм**	[vaʃm]
cicatriz (f)	**доғи захм**	[doʁi zaχm]

Vestuário & Acessórios

33. Roupa exterior. Casacos

roupa (f)	**либос**	[libos]
roupa (f) exterior	**либоси боло**	[libosi bolo]
roupa (f) de inverno	**либоси зимистонӣ**	[libosi zimistoni:]
sobretudo (m)	**палто**	[palto]
casaco (m) de pele	**пӯстин**	[pœstin]
jaqueta (f) de pele	**нимпӯстин**	[nimpœstin]
casaco (m) acolchoado	**пуховик**	[puχovik]
casaco (m), jaqueta (f)	**куртка**	[kurtka]
impermeável (m)	**боронӣ**	[boroni:]
a prova d'água	**обногузар**	[obnoguzar]

34. Vestuário de homem & mulher

camisa (f)	**курта**	[kurta]
calça (f)	**шим, шалвор**	[ʃim], [ʃalvor]
jeans (m)	**шими ҷинс**	[ʃimi ʤins]
paletó, terno (m)	**пиҷак**	[piʤak]
terno (m)	**костюм**	[kostjum]
vestido (ex. ~ de noiva)	**куртаи заннона**	[kurtai zannona]
saia (f)	**юбка**	[jubka]
blusa (f)	**блузка**	[bluzka]
casaco (m) de malha	**кофтаи бофта**	[koftai bofta]
casaco, blazer (m)	**жакет**	[ʒaket]
camiseta (f)	**футболка**	[futbolka]
short (m)	**шортик**	[ʃortik]
training (m)	**либоси варзишӣ**	[libosi varziʃi:]
roupão (m) de banho	**халат**	[χalat]
pijama (m)	**пижама**	[piʒama]
suéter (m)	**свитер**	[sviter]
pulôver (m)	**пуловер**	[pulover]
colete (m)	**камзӯл**	[kamzœl]
fraque (m)	**фрак**	[frak]
smoking (m)	**смокинг**	[smoking]
uniforme (m)	**либоси расмӣ**	[libosi rasmi:]
roupa (f) de trabalho	**либоси корӣ**	[libosi kori:]
macacão (m)	**комбинезон**	[kombinezon]
jaleco (m), bata (f)	**халат**	[χalat]

35. Vestuário. Roupa interior

roupa (f) íntima	**либоси таг**	[libosi tag]
cueca boxer (f)	**турсуки мардона**	[tursuki mardona]
calcinha (f)	**турсуки занона**	[tursuki zanona]
camiseta (f)	**майка**	[majka]
meias (f pl)	**пайпоқ**	[pajpoq]
camisola (f)	**куртаи хоб**	[kurtai χob]
sutiã (m)	**синабанд**	[sinaband]
meias longas (f pl)	**ҷуроби кутоҳ**	[ʤurobi kutoh]
meias-calças (f pl)	**колготка**	[kolgotka]
meias (~ de nylon)	**чуроби дароз**	[ʧurobi daroz]
maiô (m)	**либоси оббозӣ**	[libosi obbozi:]

36. Adereços de cabeça

chapéu (m), touca (f)	**кулоҳ, телпак**	[kuloh], [telpak]
chapéu (m) de feltro	**шляпаи моҳутӣ**	[ʃljapai mohuti:]
boné (m) de beisebol	**бейсболка**	[bejsbolka]
boina (~ italiana)	**кепка**	[kepka]
boina (ex. ~ basca)	**берет**	[beret]
capuz (m)	**либоси кулоҳдор**	[libosi kulohdor]
chapéu panamá (m)	**панамка**	[panamka]
touca (f)	**шапкаи бофтагӣ**	[ʃapkai boftagi:]
lenço (m)	**рӯймол**	[rœjmol]
chapéu (m) feminino	**кулоҳча**	[kulohʧa]
capacete (m) de proteção	**тоскулоҳ**	[toskuloh]
bibico (m)	**пилотка**	[pilotka]
capacete (m)	**хӯд**	[χœd]
chapéu-coco (m)	**дегчакулох**	[degʧakuloχ]
cartola (f)	**силиндр**	[silindr]

37. Calçado

calçado (m)	**пойафзол**	[pojafzol]
botinas (f pl), sapatos (m pl)	**патинка**	[patinka]
sapatos (de salto alto, etc.)	**кафш, туфли**	[kafʃ], [tufli]
botas (f pl)	**мӯза**	[mœza]
pantufas (f pl)	**шиппак**	[ʃippak]
tênis (~ Nike, etc.)	**крассовка**	[krassovka]
tênis (~ Converse)	**кетӣ**	[keti:]
sandálias (f pl)	**сандал**	[sandal]
sapateiro (m)	**мӯзадӯз**	[mœzadœz]
salto (m)	**пошна**	[poʃna]

par (m)	**ҷуфт**	[dʒuft]
cadarço (m)	**бандак**	[bandak]
amarrar os cadarços	**бандак гузарондан**	[bandak guzarondan]
calçadeira (f)	**кафчаи кафшпӯшӣ**	[kaftʃai kafʃpœʃi:]
graxa (f) para calçado	**креми пойафзол**	[kremi pojafzol]

38. Têxtil. Tecidos

algodão (m)	**пахта**	[paχta]
de algodão	**пахтагин**	[paχtagin]
linho (m)	**катон**	[katon]
de linho	**аз зағирпоя**	[az zaʁirpoja]
seda (f)	**абрешим**	[abreʃim]
de seda	**абрешимин**	[abreʃimin]
lã (f)	**пашм**	[paʃm]
de lã	**пашмин**	[paʃmin]
veludo (m)	**бахмал, махмал**	[baχmal], [maχmal]
camurça (f)	**замша, ҷир**	[zamʃa], [dʒir]
veludo (m) cotelê	**пилтабахмал**	[piltabaχmal]
nylon (m)	**нейлон**	[nejlon]
de nylon	**аз нейлон**	[az nejlon]
poliéster (m)	**полиэстер**	[poliɛster]
de poliéster	**полуэстерӣ**	[poluɛsteri:]
couro (m)	**чарм**	[ʧarm]
de couro	**чармин**	[ʧarmin]
pele (f)	**мӯина, пӯст**	[mœina], [pœst]
de pele	**мӯинагӣ**	[mœinagi:]

39. Acessórios pessoais

luva (f)	**дастпӯшак**	[dastpœʃak]
mitenes (f pl)	**дастпӯшаки бепанҷа**	[dastpœʃaki bepandʒa]
cachecol (m)	**гарданпеч**	[gardanpeʧ]
óculos (m pl)	**айнак**	[ajnak]
armação (f)	**чанбарак**	[ʧanbarak]
guarda-chuva (m)	**соябон, чатр**	[sojabon], [ʧatr]
bengala (f)	**чӯб**	[ʧœb]
escova (f) para o cabelo	**чӯткаи мӯйсар**	[ʧœtkai mœjsar]
leque (m)	**бодбезак**	[bodbezak]
gravata (f)	**галстук**	[galstuk]
gravata-borboleta (f)	**галстук-шапарак**	[galstuk-ʃaparak]
suspensórios (m pl)	**шалворбанди китфӣ**	[ʃalvorbandi kitfi:]
lenço (m)	**даструймол**	[dastrœjmol]
pente (m)	**шона**	[ʃona]
fivela (f) para cabelo	**сарсӯзан, бандак**	[sarsœzan], [bandak]

grampo (m)	**санҷак**	[sandʒak]
fivela (f)	**сагаки тасма**	[sagaki tasma]
cinto (m)	**тасма**	[tasma]
alça (f) de ombro	**тасма**	[tasma]
bolsa (f)	**сумка**	[sumka]
bolsa (feminina)	**сумка**	[sumka]
mochila (f)	**борхалта**	[borχalta]

40. Vestuário. Diversos

moda (f)	**мод**	[mod]
na moda (adj)	**модшуда**	[modʃuda]
estilista (m)	**тарҳсоз**	[tarhsoz]
colarinho (m)	**гиребон, ёқа**	[girebon], [jɔqa]
bolso (m)	**киса**	[kisa]
de bolso	**... и киса**	[i kisa]
manga (f)	**остин**	[ostin]
ganchinho (m)	**банди либос**	[bandi libos]
bragueta (f)	**чоки пеши шим**	[ʧoki peʃi ʃim]
zíper (m)	**занҷирак**	[zandʒirak]
colchete (m)	**гиреҳбанд**	[girehband]
botão (m)	**тугма**	[tugma]
botoeira (casa de botão)	**банди тугма**	[bandi tugma]
soltar-se (vr)	**канда шудан**	[kanda ʃudan]
costurar (vi)	**дӯхтан**	[dœχtan]
bordar (vt)	**гулдӯзӣ кардан**	[guldœzi: kardan]
bordado (m)	**гулдӯзӣ**	[guldœzi:]
agulha (f)	**сӯзани чокдӯзи**	[sœzani ʧokdœzi]
fio, linha (f)	**ресмон**	[resmon]
costura (f)	**чок**	[ʧok]
sujar-se (vr)	**олуда шудан**	[oluda ʃudan]
mancha (f)	**доғ, лакка**	[doʁ], [lakka]
amarrotar-se (vr)	**ғиҷим шудан**	[ʁidʒim ʃudan]
rasgar (vt)	**даррондан**	[darrondan]
traça (f)	**куя**	[kuja]

41. Cuidados pessoais. Cosméticos

pasta (f) de dente	**хамираи дандон**	[χamirai dandon]
escova (f) de dente	**чӯткаи дандоншӯӣ**	[ʧœtkai dandonʃœi:]
escovar os dentes	**дандон шустан**	[dandon ʃustan]
gilete (f)	**ришгирак**	[riʃgirak]
creme (m) de barbear	**креми ришгирӣ**	[kremi riʃgiri:]
barbear-se (vr)	**риш гирифтан**	[riʃ giriftan]
sabonete (m)	**собун**	[sobun]

xampu (m)	**шампун**	[ʃampun]
tesoura (f)	**кайчӣ**	[kajʧi:]
lixa (f) de unhas	**тарошаи нохунҳо**	[taroʃai noχunho]
corta-unhas (m)	**анбӯрча барои нохунҳо**	[anbœrʧa baroi noχunho]
pinça (f)	**мӯйчинак**	[mœjʧinak]
cosméticos (m pl)	**косметика**	[kosmetika]
máscara (f)	**ниқоби косметикӣ**	[niqobi kosmetiki:]
manicure (f)	**нохунорӣ**	[noχunoroi:]
fazer as unhas	**нохун оростан**	[noχun orostan]
pedicure (f)	**ороиши нохунҳои пой**	[oroiʃi noχunhoi poj]
bolsa (f) de maquiagem	**косметичка**	[kosmetiʧka]
pó (de arroz)	**сафеда**	[safeda]
pó (m) compacto	**қуттии упо**	[qutti:i upo]
blush (m)	**сурхӣ**	[surχi:]
água-de-colônia (f)	**атр**	[atr]
loção (f)	**оби мушкин**	[obi muʃkin]
colônia (f)	**атр**	[atr]
sombra (f) de olhos	**тен барои пилкҳои чашм**	[ten baroi pilkhoi ʧaʃm]
delineador (m)	**қалами чашм**	[qalami ʧaʃm]
máscara (f), rímel (m)	**туш барои мижаҳо**	[tuʃ baroi miʒaho]
batom (m)	**лабсурхкунак**	[labsurχkunak]
esmalte (m)	**лаки нохун**	[laki noχun]
laquê (m), spray fixador (m)	**лаки мӯйсар**	[laki mœjsar]
desodorante (m)	**дезодорант**	[dezodorant]
creme (m)	**крем, равғани рӯй**	[krem], [ravʁani rœj]
creme (m) de rosto	**креми рӯй**	[kremi rœj]
creme (m) de mãos	**креми даст**	[kremi dast]
creme (m) antirrugas	**креми зиддиожанг**	[kremi ziddioʒang]
creme (m) de dia	**креми рӯзона**	[kremi rœzona]
creme (m) de noite	**креми шабона**	[kremi ʃabona]
de dia	**рӯзона, ~и рӯз**	[rœzona], [~i rœz]
da noite	**шабона, … и шаб**	[ʃabona], [i ʃab]
absorvente (m) interno	**тампон**	[tampon]
papel (m) higiênico	**коғази хоҷатхона**	[koʁazi χoʤatχona]
secador (m) de cabelo	**мӯхушккунак**	[mœχuʃkkunak]

42. Joalheria

joias (f pl)	**ҷавоҳирот**	[ʤavohirot]
precioso (adj)	**қиматбаҳо**	[qimatbaho]
marca (f) de contraste	**иёр**	[ijɔr]
anel (m)	**ангуштарин**	[anguʃtarin]
aliança (f)	**ангуштарини никоҳ**	[anguʃtarini nikoh]
pulseira (f)	**дастпона**	[dastpona]
brincos (m pl)	**гӯшвора**	[gœʃvora]
colar (m)	**гарданбанд**	[gardanband]

coroa (f)	**точ**	[todʒ]
colar (m) de contas	**шадда**	[ʃadda]
diamante (m)	**бриллиант**	[brilliant]
esmeralda (f)	**зумуррад**	[zumurrad]
rubi (m)	**лаъл**	[la'l]
safira (f)	**ёқути кабуд**	[jɔquti kabud]
pérola (f)	**марворид**	[marvorid]
âmbar (m)	**каҳрабо**	[kahrabo]

43. Relógios de pulso. Relógios

relógio (m) de pulso	**соати дастӣ**	[soati dasti:]
mostrador (m)	**лавҳаи соат**	[lavhai soat]
ponteiro (m)	**акрабак**	[akrabak]
bracelete (em aço)	**дастпона**	[dastpona]
bracelete (em couro)	**банди соат**	[bandi soat]
pilha (f)	**батареяча, батарейка**	[batarejatʃa], [batarejka]
acabar (vi)	**холӣ шудааст**	[χoli: ʃudaast]
trocar a pilha	**иваз кардани батаре**	[ivaz kardani batare]
estar adiantado	**пеш меравад**	[peʃ meravad]
estar atrasado	**ақиб мондан**	[aqib mondan]
relógio (m) de parede	**соати деворӣ**	[soati devori:]
ampulheta (f)	**соати регӣ**	[soati regi:]
relógio (m) de sol	**соати офтобӣ**	[soati oftobi:]
despertador (m)	**соати рӯимизии зангдор**	[soati rœimizi:i zangdor]
relojoeiro (m)	**соатсоз**	[soatsoz]
reparar (vt)	**таъмир кардан**	[ta'mir kardan]

Alimentação. Nutrição

44. Comida

carne (f)	**гӯшт**	[gœʃt]
galinha (f)	**мурғ**	[murʁ]
frango (m)	**чӯча**	[ʧœʤa]
pato (m)	**мурғобӣ**	[murʁobi:]
ganso (m)	**қоз, ғоз**	[qoz], [ʁoz]
caça (f)	**сайди шикор**	[sajdi ʃikor]
peru (m)	**мурғи марҷон**	[murʁi marʤon]
carne (f) de porco	**гӯшти хук**	[gœʃti χuk]
carne (f) de vitela	**гӯшти гӯсола**	[gœʃti gœsola]
carne (f) de carneiro	**гӯшти гӯсфанд**	[gœʃti gœsfand]
carne (f) de vaca	**гӯшти гов**	[gœʃti gov]
carne (f) de coelho	**харгӯш**	[χargœʃ]
linguiça (f), salsichão (m)	**ҳасиб**	[hasib]
salsicha (f)	**ҳасибча**	[hasibʧa]
bacon (m)	**бекон**	[bekon]
presunto (m)	**ветчина**	[vetʧina]
pernil (m) de porco	**рон**	[ron]
patê (m)	**паштет**	[paʃtet]
fígado (m)	**ҷигар**	[ʤigar]
guisado (m)	**гӯшти кӯфта**	[gœʃti kœfta]
língua (f)	**забон**	[zabon]
ovo (m)	**тухм**	[tuχm]
ovos (m pl)	**тухм**	[tuχm]
clara (f) de ovo	**сафедии тухм**	[safedi:i tuχm]
gema (f) de ovo	**зардии тухм**	[zardi:i tuχm]
peixe (m)	**моҳӣ**	[mohi;]
mariscos (m pl)	**маҳсулоти баҳрӣ**	[mahsuloti bahri:]
crustáceos (m pl)	**буғумпойҳо**	[buʁumpojho]
caviar (m)	**тухми моҳӣ**	[tuχmi mohi:]
caranguejo (m)	**харчанг**	[χarʧang]
camarão (m)	**креветка**	[krevetka]
ostra (f)	**садафак**	[sadafak]
lagosta (f)	**лангуст**	[langust]
polvo (m)	**ҳаштпо**	[haʃtpo]
lula (f)	**калмар**	[kalmar]
esturjão (m)	**гӯшти тосмоҳӣ**	[gœʃti tosmohi:]
salmão (m)	**озодмоҳӣ**	[ozodmohi:]
halibute (m)	**палтус**	[paltus]
bacalhau (m)	**равғанмоҳӣ**	[ravʁanmohi:]

cavala, sarda (f)	**загӯтамоҳӣ**	[zaʁœtamohi:]
atum (m)	**самак**	[samak]
enguia (f)	**мормоҳӣ**	[mormohi:]
truta (f)	**гулмоҳӣ**	[gulmohi:]
sardinha (f)	**саморис**	[samoris]
lúcio (m)	**шӯртан**	[ʃœrtan]
arenque (m)	**шӯрмоҳӣ**	[ʃœrmohi:]
pão (m)	**нон**	[non]
queijo (m)	**панир**	[panir]
açúcar (m)	**шакар**	[ʃakar]
sal (m)	**намак**	[namak]
arroz (m)	**биринҷ**	[birindʒ]
massas (f pl)	**макарон**	[makaron]
talharim, miojo (m)	**угро**	[ugro]
manteiga (f)	**равғани маска**	[ravʁani maska]
óleo (m) vegetal	**равғани пок**	[ravʁani pok]
óleo (m) de girassol	**равғани офтобпараст**	[ravʁani oftobparast]
margarina (f)	**маргарин**	[margarin]
azeitonas (f pl)	**зайтун**	[zajtun]
azeite (m)	**равғани зайтун**	[ravʁani zajtun]
leite (m)	**шир**	[ʃir]
leite (m) condensado	**ширқиём**	[ʃirqijɔm]
iogurte (m)	**йогурт**	[jɔgurt]
creme (m) azedo	**қаймок**	[qajmok]
creme (m) de leite	**қаймоқ**	[qajmoq]
maionese (f)	**майонез**	[majɔnez]
creme (m)	**крем**	[krem]
grãos (m pl) de cereais	**ярма**	[jarma]
farinha (f)	**орд**	[ord]
enlatados (m pl)	**консерв**	[konserv]
flocos (m pl) de milho	**бадроқи ҷуворимакка**	[badroqi dʒuvorimakka]
mel (m)	**асал**	[asal]
geleia (m)	**ҷем**	[dʒem]
chiclete (m)	**сақич, илқ**	[saqitʃ], [ilq]

45. Bebidas

água (f)	**об**	[ob]
água (f) potável	**оби нӯшиданӣ**	[obi nœʃidani:]
água (f) mineral	**оби минералӣ**	[obi minerali:]
sem gás (adj)	**бе газ**	[be gaz]
gaseificada (adj)	**газнок**	[gaznok]
com gás	**газдор**	[gazdor]
gelo (m)	**ях**	[jaχ]

com gelo	**бо ях, яхдор**	[bo jaχ], [jaχdor]
não alcoólico (adj)	**беалкогол**	[bealkogol]
refrigerante (m)	**нӯшокии беалкогол**	[nœʃoki:i bealkogol]
refresco (m)	**нӯшокии хунук**	[nœʃoki:i χunuk]
limonada (f)	**лимонад**	[limonad]
bebidas (f pl) alcoólicas	**нӯшокиҳои спиртӣ**	[nœʃokihoi spirti:]
vinho (m)	**шароб, май**	[ʃarob], [maj]
vinho (m) branco	**маи ангури сафед**	[mai anguri safed]
vinho (m) tinto	**маи арғувонӣ**	[mai arʁuvoni:]
licor (m)	**ликёр**	[likjɔr]
champanhe (m)	**шампан**	[ʃampan]
vermute (m)	**вермут**	[vermut]
uísque (m)	**виски**	[viski]
vodca (f)	**арақ, водка**	[araq], [vodka]
gim (m)	**ҷин**	[ʤin]
conhaque (m)	**коняк**	[konjak]
rum (m)	**ром**	[rom]
café (m)	**қаҳва**	[qahva]
café (m) preto	**қаҳваи сиёҳ**	[qahvai sijɔh]
café (m) com leite	**ширқаҳва**	[ʃirqahva]
cappuccino (m)	**капучино**	[kaputʃino]
café (m) solúvel	**қаҳваи кӯфта**	[qahvai kœfta]
leite (m)	**шир**	[ʃir]
coquetel (m)	**коктейл**	[koktejl]
batida (f), milkshake (m)	**коктейли ширӣ**	[koktejli ʃiri:]
suco (m)	**шарбат**	[ʃarbat]
suco (m) de tomate	**шираи помидор**	[ʃirai pomidor]
suco (m) de laranja	**афшураи афлесун**	[afʃurai aflesun]
suco (m) fresco	**афшураи тоза тайёршуда**	[afʃurai toza tajjɔrʃuda]
cerveja (f)	**пиво**	[pivo]
cerveja (f) clara	**оби ҷави шафоф**	[obi ʤavi ʃafof]
cerveja (f) preta	**оби ҷави торик**	[obi ʤavi torik]
chá (m)	**чой**	[tʃoj]
chá (m) preto	**чойи сиёҳ**	[tʃoji sijɔh]
chá (m) verde	**чои кабуд**	[tʃoi kabud]

46. Vegetais

vegetais (m pl)	**сабзавот**	[sabzavot]
verdura (f)	**сабзавот**	[sabzavot]
tomate (m)	**помидор**	[pomidor]
pepino (m)	**бодиринг**	[bodiring]
cenoura (f)	**сабзӣ**	[sabzi:]
batata (f)	**картошка**	[kartoʃka]
cebola (f)	**пиёз**	[pijɔz]

alho (m)	**сир**	[sir]
couve (f)	**карам**	[karam]
couve-flor (f)	**гулкарам**	[gulkaram]
couve-de-bruxelas (f)	**карами брусселӣ**	[karami brusseli:]
brócolis (m pl)	**карами брокколӣ**	[karami brokkoli:]
beterraba (f)	**лаблабу**	[lablabu]
berinjela (f)	**бодинҷон**	[bodindʒon]
abobrinha (f)	**таррак**	[tarrak]
abóbora (f)	**каду**	[kadu]
nabo (m)	**шалғам**	[ʃalʁam]
salsa (f)	**ҷаъфарӣ**	[dʒa'fari:]
endro, aneto (m)	**шибит**	[ʃibit]
alface (f)	**коҳу**	[kohu]
aipo (m)	**карафс**	[karafs]
aspargo (m)	**морчӯба**	[mortʃœba]
espinafre (m)	**испаноқ**	[ispanoq]
ervilha (f)	**нахӯд**	[naχœd]
feijão (~ soja, etc.)	**лӯбиё**	[lœbijɔ]
milho (m)	**ҷуворимакка**	[dʒuvorimakka]
feijão (m) roxo	**лӯбиё**	[lœbijɔ]
pimentão (m)	**қаламфур**	[qalamfur]
rabanete (m)	**шалғамча**	[ʃalʁamtʃa]
alcachofra (f)	**анганор**	[anganor]

47. Frutos. Nozes

fruta (f)	**мева**	[meva]
maçã (f)	**себ**	[seb]
pera (f)	**мурӯд, нок**	[murœd], [nok]
limão (m)	**лиму**	[limu]
laranja (f)	**афлесун, пӯртахол**	[aflesun], [pœrtaχol]
morango (m)	**қулфинай**	[qulfinaj]
tangerina (f)	**норанг**	[norang]
ameixa (f)	**олу**	[olu]
pêssego (m)	**шафтолу**	[ʃaftolu]
damasco (m)	**дарахти зардолу**	[daraχti zardolu]
framboesa (f)	**тамашк**	[tamaʃk]
abacaxi (m)	**ананас**	[ananas]
banana (f)	**банан**	[banan]
melancia (f)	**тарбуз**	[tarbuz]
uva (f)	**ангур**	[angur]
ginja (f)	**олуболу**	[olubolu]
cereja (f)	**гелос**	[gelos]
toranja (f)	**норинҷ**	[norindʒ]
abacate (m)	**авокадо**	[avokado]
mamão (m)	**папайя**	[papajja]
manga (f)	**анбаҳ**	[anbah]

romã (f) | **анор** | [anor]
groselha (f) vermelha | **коти сурх** | [koti surχ]
groselha (f) negra | **қоти сиёҳ** | [qoti sijɔh]
groselha (f) espinhosa | **бектошӣ** | [bektoʃi:]
mirtilo (m) | **черника** | [ʧernika]
amora (f) silvestre | **марминҷон** | [marminʤon]

passa (f) | **мавиз** | [maviz]
figo (m) | **анҷир** | [anʤir]
tâmara (f) | **хурмо** | [χurmo]

amendoim (m) | **финдуки заминӣ** | [finduki zamini:]
amêndoa (f) | **бодом** | [bodom]
noz (f) | **чормағз** | [ʧormaʁz]
avelã (f) | **финдиқ** | [findiq]
coco (m) | **норгил** | [norgil]
pistaches (m pl) | **писта** | [pista]

48. Pão. Bolaria

pastelaria (f) | **маҳсулоти қанноди** | [mahsuloti qannodi]
pão (m) | **нон** | [non]
biscoito (m), bolacha (f) | **кулчақанд** | [kulʧaqand]

chocolate (m) | **шоколад** | [ʃokolad]
de chocolate | **... и шоколад, шоколадӣ** | [i ʃokolad], [ʃokoladi:]
bala (f) | **конфет** | [konfet]
doce (bolo pequeno) | **пирожни** | [piroʒni]
bolo (m) de aniversário | **торт** | [tort]

torta (f) | **пирог** | [pirog]
recheio (m) | **пур кардани, андохтани** | [pur kardani], [andoχtani]

geleia (m) | **мураббо** | [murabbo]
marmelada (f) | **мармалод** | [marmalod]
wafers (m pl) | **вафлӣ** | [vafli:]
sorvete (m) | **яхмос** | [jaχmos]
pudim (m) | **пудинг** | [puding]

49. Pratos cozinhados

prato (m) | **таом** | [taom]
cozinha (~ portuguesa) | **таомҳо** | [taomho]
receita (f) | **ретсепт** | [retsept]
porção (f) | **навола** | [navola]

salada (f) | **салат** | [salat]
sopa (f) | **шӯрбо** | [ʃœrbo]

caldo (m) | **булён** | [buljɔn]
sanduíche (m) | **бутерброд** | [buterbrod]
ovos (m pl) fritos | **тухмбирён** | [tuχmbirjɔn]

hambúrguer (m)	**гамбургер**	[gamburger]
bife (m)	**бифштекс**	[biffteks]
acompanhamento (m)	**хӯриши таом**	[χœriʃi taom]
espaguete (m)	**спагеттӣ**	[spagetti:]
purê (m) de batata	**пюре**	[pjure]
pizza (f)	**питса**	[pitsa]
mingau (m)	**шӯла**	[ʃœla]
omelete (f)	**омлет, тухмбирён**	[omlet], [tuχmbirjɔn]
fervido (adj)	**ҷӯшондашуда**	[ʤœʃondaʃuda]
defumado (adj)	**дудхӯрда**	[dudχœrda]
frito (adj)	**бирён**	[birjɔn]
seco (adj)	**хушк**	[χuʃk]
congelado (adj)	**яхкарда**	[jaχkarda]
em conserva (adj)	**дар сирко хобондашуда**	[dar sirko χobondaʃuda]
doce (adj)	**ширин**	[ʃirin]
salgado (adj)	**шӯр**	[ʃœr]
frio (adj)	**хунук**	[χunuk]
quente (adj)	**гарм**	[garm]
amargo (adj)	**талх**	[talχ]
gostoso (adj)	**бомаза**	[bomaza]
cozinhar em água fervente	**пухтан, ҷӯшондан**	[puχtan], [ʤœʃondan]
preparar (vt)	**пухтан**	[puχtan]
fritar (vt)	**бирён кардан**	[birjɔn kardan]
aquecer (vt)	**гарм кардан**	[garm kardan]
salgar (vt)	**намак андохтан**	[namak andoχtan]
apimentar (vt)	**қаламфур андохтан**	[qalamfur andoχtan]
ralar (vt)	**тарошидан**	[taroʃidan]
casca (f)	**пӯст**	[pœst]
descascar (vt)	**пӯст кандан**	[pœst kandan]

50. Especiarias

sal (m)	**намак**	[namak]
salgado (adj)	**шӯр**	[ʃœr]
salgar (vt)	**намак андохтан**	[namak andoχtan]
pimenta-do-reino (f)	**мурчи сиёҳ**	[murʧi sijɔh]
pimenta (f) vermelha	**мурчи сурх**	[murʧi surχ]
mostarda (f)	**хардал**	[χardal]
raiz-forte (f)	**қаҳзак**	[qahzak]
condimento (m)	**хӯриш**	[χœriʃ]
especiaria (f)	**дорувор**	[doruvor]
molho (~ inglês)	**қайла**	[qajla]
vinagre (m)	**сирко**	[sirko]
anis estrelado (m)	**тухми бодиён**	[tuχmi bodijɔn]
manjericão (m)	**нозбӯй, райҳон**	[nozbœj], [rajhon]
cravo (m)	**қаланфури гардан**	[qalanfuri gardan]

gengibre (m)	**занчабил**	[zandʒabil]
coentro (m)	**кашниҷ**	[kaʃnidʒ]
canela (f)	**дорчин, долчин**	[dortʃin], [doltʃin]
gergelim (m)	**кунҷид**	[kundʒid]
folha (f) de louro	**барги ғор**	[bargi ʁor]
páprica (f)	**қаламфур**	[qalamfur]
cominho (m)	**зира**	[zira]
açafrão (m)	**заъфарон**	[za'faron]

51. Refeições

comida (f)	**хӯрок, таом**	[χœrok], [taom]
comer (vt)	**хӯрдан**	[χœrdan]
café (m) da manhã	**ноништа**	[noniʃta]
tomar café da manhã	**ноништа кардан**	[noniʃta kardan]
almoço (m)	**хӯроки пешин**	[χœroki peʃin]
almoçar (vi)	**хӯроки пешин хӯрдан**	[χœroki peʃin χœrdan]
jantar (m)	**шом**	[ʃom]
jantar (vi)	**хӯроки шом хӯрдан**	[χœroki ʃom χœrdan]
apetite (m)	**иштиҳо**	[iʃtiho]
Bom apetite!	**ош шавад!**	[oʃ ʃavad]
abrir (~ uma lata, etc.)	**кушодан**	[kuʃodan]
derramar (~ líquido)	**резондан**	[rezondan]
derramar-se (vr)	**рехтан**	[reχtan]
ferver (vi)	**ҷӯшидан**	[dʒœʃidan]
ferver (vt)	**ҷӯшондан**	[dʒœʃondan]
fervido (adj)	**ҷӯшомада**	[dʒœʃomada]
esfriar (vt)	**хунук кардан**	[χunuk kardan]
esfriar-se (vr)	**хунук шудан**	[χunuk ʃudan]
sabor, gosto (m)	**маза, таъм**	[maza], [ta'm]
fim (m) de boca	**таъм**	[ta'm]
emagrecer (vi)	**хароб шудан**	[χarob ʃudan]
dieta (f)	**диета**	[dieta]
vitamina (f)	**витамин**	[vitamin]
caloria (f)	**калория**	[kalorija]
vegetariano (m)	**гӯштнахӯранда**	[gœʃtnaχœranda]
vegetariano (adj)	**бегӯшт**	[begœʃt]
gorduras (f pl)	**равған**	[ravʁan]
proteínas (f pl)	**сафедаҳо**	[safedaho]
carboidratos (m pl)	**карбогидратҳо**	[karbogidratho]
fatia (~ de limão, etc.)	**тилим, порча**	[tilim], [portʃa]
pedaço (~ de bolo)	**порча**	[portʃa]
migalha (f), farelo (m)	**резгӣ**	[rezgi:]

52. Por a mesa

colher (f)	**қошуқ**	[qoʃuq]
faca (f)	**корд**	[kord]
garfo (m)	**чангча, чангол**	[ʧangʧa], [ʧangol]
xícara (f)	**косача**	[kosaʧa]
prato (m)	**тақсимча**	[taqsimʧa]
pires (m)	**тақсимӣ, тақсимича**	[taqsimi:], [taqsimiʧa]
guardanapo (m)	**салфетка**	[salfetka]
palito (m)	**дандонковак**	[dandonkovak]

53. Restaurante

restaurante (m)	**тарабхона**	[tarabχona]
cafeteria (f)	**қаҳвахона**	[qahvaχona]
bar (m), cervejaria (f)	**бар**	[bar]
salão (m) de chá	**чойхона**	[ʧojχona]
garçom (m)	**пешхизмат**	[peʃχizmat]
garçonete (f)	**пешхизмат**	[peʃχizmat]
barman (m)	**бармен**	[barmen]
cardápio (m)	**меню**	[menju]
lista (f) de vinhos	**рӯйхати шаробҳо**	[rœjχati ʃarobho]
reservar uma mesa	**банд кардани миз**	[band kardani miz]
prato (m)	**таом**	[taom]
pedir (vt)	**супориш додан**	[suporiʃ dodan]
fazer o pedido	**фармоиш додан**	[farmoiʃ dodan]
aperitivo (m)	**аперитив**	[aperitiv]
entrada (f)	**хӯриш, газак**	[χœriʃ], [gazak]
sobremesa (f)	**десерт**	[desert]
conta (f)	**ҳисоб**	[hisob]
pagar a conta	**пардохт кардан**	[pardoχt kardan]
dar o troco	**бақия додан**	[baqija dodan]
gorjeta (f)	**чойпулӣ**	[ʧojpuli:]

Família, parentes e amigos

54. Informação pessoal. Formulários

nome (m)	**ном**	[nom]
sobrenome (m)	**фамилия**	[familija]
data (f) de nascimento	**рӯзи таваллуд**	[rœzi tavallud]
local (m) de nascimento	**ҷойи таваллуд**	[ʤoji tavallud]
nacionalidade (f)	**миллият**	[millijat]
lugar (m) de residência	**ҷои истиқомат**	[ʤoi istiqomat]
país (m)	**кишвар**	[kiʃvar]
profissão (f)	**касб**	[kasb]
sexo (m)	**ҷинс**	[ʤins]
estatura (f)	**қад**	[qad]
peso (m)	**вазн**	[vazn]

55. Membros da família. Parentes

mãe (f)	**модар**	[modar]
pai (m)	**падар**	[padar]
filho (m)	**писар**	[pisar]
filha (f)	**духтар**	[duχtar]
caçula (f)	**духтари хурдӣ**	[duχtari χurdi:]
caçula (m)	**писари хурдӣ**	[pisari χurdi:]
filha (f) mais velha	**духтари калонӣ**	[duχtari kaloni:]
filho (m) mais velho	**писари калонӣ**	[pisari kaloni:]
irmão (m)	**бародар**	[barodar]
irmão (m) mais velho	**ака**	[aka]
irmão (m) mais novo	**додар**	[dodar]
irmã (f)	**хоҳар**	[χohar]
irmã (f) mais velha	**апа**	[apa]
irmã (f) mais nova	**хоҳари хурд**	[χohari χurd]
primo (m)	**амакписар (ама-, тағо-, хола-)**	[amakpisar] ([ama], [taʁo], [χola])
prima (f)	**амакдухтар (ама-, тағо-, хола-)**	[amakduχtar] ([ama], [taʁo], [χola])
mamãe (f)	**модар, оча**	[modar], [otʃa]
papai (m)	**дада**	[dada]
pais (pl)	**волидайн**	[volidajn]
criança (f)	**кӯдак**	[kœdak]
crianças (f pl)	**бачагон, кӯдакон**	[batʃagon], [kœdakon]
avó (f)	**модаркалон, онакалон**	[modarkalon], [onakalon]

avô (m)	**бобо**	[bobo]
neto (m)	**набера**	[nabera]
neta (f)	**набера**	[nabera]
netos (pl)	**наберахо**	[naberaho]
tio (m)	**таго, амак**	[taʁo], [amak]
tia (f)	**хола, амма**	[χola], [amma]
sobrinho (m)	**ҷиян**	[ʤijan]
sobrinha (f)	**ҷиян**	[ʤijan]
sogra (f)	**модарарӯс**	[modararœs]
sogro (m)	**падаршӯй**	[padarʃœj]
genro (m)	**почо, язна**	[poʧo], [jazna]
madrasta (f)	**модарандар**	[modarandar]
padrasto (m)	**падарандар**	[padarandar]
criança (f) de colo	**бачаи ширмак**	[baʧai ʃirmak]
bebê (m)	**кӯдаки ширмак**	[kœdaki ʃirmak]
menino (m)	**писарча, кӯдак**	[pisarʧa], [kœdak]
mulher (f)	**зан**	[zan]
marido (m)	**шавҳар, шӯй**	[ʃavhar], [ʃœj]
esposo (m)	**завҷ**	[zavʤ]
esposa (f)	**завҷа**	[zavʤa]
casado (adj)	**зандор**	[zandor]
casada (adj)	**шавҳардор**	[ʃavhardor]
solteiro (adj)	**безан**	[bezan]
solteirão (m)	**безан**	[bezan]
divorciado (adj)	**ҷудошудагӣ**	[ʤudoʃudagi:]
viúva (f)	**бева, бевазан**	[beva], [bevazan]
viúvo (m)	**бева, занмурда**	[beva], [zanmurda]
parente (m)	**хеш**	[χeʃ]
parente (m) próximo	**хеши наздик**	[χeʃi nazdik]
parente (m) distante	**хеши дур**	[χeʃi dur]
parentes (m pl)	**хешу табор**	[χeʃu tabor]
órfão (m)	**ятимбача**	[jatimbaʧa]
órfã (f)	**ятимдухтар**	[jatimduχtar]
tutor (m)	**васӣ**	[vasi:]
adotar (um filho)	**писар хондан**	[pisar χondan]
adotar (uma filha)	**духтархонд кардан**	[duχtarχond kardan]

56. Amigos. Colegas de trabalho

amigo (m)	**дӯст, ҷӯра**	[dœst], [ʤœra]
amiga (f)	**дугона**	[dugona]
amizade (f)	**дӯстӣ, ҷӯрагӣ**	[dœsti:], [ʤœragi:]
ser amigos	**дӯстӣ кардан**	[dœsti: kardan]
amigo (m)	**дуст, рафик**	[dust], [rafik]
amiga (f)	**шинос**	[ʃinos]
parceiro (m)	**шарик**	[ʃarik]

chefe (m)	**сардор**	[sardor]
superior (m)	**сардор**	[sardor]
proprietário (m)	**соҳиб**	[sohib]
subordinado (m)	**зердаст**	[zerdast]
colega (m, f)	**ҳамкор**	[hamkor]
conhecido (m)	**шинос, ошно**	[ʃinos], [oʃno]
companheiro (m) de viagem	**ҳамроҳ**	[hamroh]
colega (m) de classe	**ҳамсинф**	[hamsinf]
vizinho (m)	**ҳамсоя**	[hamsoja]
vizinha (f)	**ҳамсоязан**	[hamsojazan]
vizinhos (pl)	**ҳамсояҳо**	[hamsojaho]

57. Homem. Mulher

mulher (f)	**зан, занак**	[zan], [zanak]
menina (f)	**ҷавондухтар**	[ʤavonduχtar]
noiva (f)	**арӯс**	[arœs]
bonita, bela (adj)	**зебо**	[zebo]
alta (adj)	**зани қадбаланд**	[zani qadbaland]
esbelta (adj)	**мавзун**	[mavzun]
baixa (adj)	**начандон баланд**	[naʧandon baland]
loira (f)	**духтари малламӯй**	[duχtari mallamœj]
morena (f)	**зани сиёҳмӯй**	[zani sijɔhmœj]
de senhora	**занона**	[zanona]
virgem (f)	**бокира, афифа**	[bokira], [afifa]
grávida (adj)	**ҳомила**	[homila]
homem (m)	**мард**	[mard]
loiro (m)	**марди малламӯй**	[mardi mallamœj]
moreno (m)	**марди сиёҳмӯй**	[mardi sijɔhmœj]
alto (adj)	**қадбаланд**	[qadbaland]
baixo (adj)	**начандон баланд**	[naʧandon baland]
rude (adj)	**дағал**	[daʁal]
atarracado (adj)	**ғалча**	[ʁalʧa]
robusto (adj)	**боқувват**	[boquvvat]
forte (adj)	**зӯр**	[zœr]
força (f)	**зӯр, қувва**	[zœr], [quvva]
gordo (adj)	**фарбеҳ, пурра**	[farbeh], [purra]
moreno (adj)	**сабзина**	[sabzina]
esbelto (adj)	**мавзун**	[mavzun]
elegante (adj)	**босалиқа**	[bosaliqa]

58. Idade

idade (f)	**син**	[sin]
juventude (f)	**ҷавонӣ**	[ʤavoni:]

jovem (adj)	**ҷавон**	[dʒavon]
mais novo (adj)	**хурд, хурдӣ**	[χurd], [χurdi:]
mais velho (adj)	**калон**	[kalon]
jovem (m)	**ҷавон**	[dʒavon]
adolescente (m)	**наврас**	[navras]
rapaz (m)	**ҷавон**	[dʒavon]
velho (m)	**пир**	[pir]
velha (f)	**пиразан**	[pirazan]
adulto	**калонсол**	[kalonsol]
de meia-idade	**солдида**	[soldida]
idoso, de idade (adj)	**пир, солхӯрда**	[pir], [solχœrda]
velho (adj)	**пир**	[pir]
aposentadoria (f)	**нафақа**	[nafaqa]
aposentar-se (vr)	**ба нафақа баромадан**	[ba nafaqa baromadan]
aposentado (m)	**нафақахӯр**	[nafaqaχœr]

59. Crianças

criança (f)	**кӯдак**	[kœdak]
crianças (f pl)	**бачагон, кӯдакон**	[batʃagon], [kœdakon]
gêmeos (m pl), gêmeas (f pl)	**дугоник**	[dugonik]
berço (m)	**гаҳвора**	[gahvora]
chocalho (m)	**шақилдоқ**	[ʃaqildoq]
fralda (f)	**уребча**	[urebtʃa]
chupeta (f), bico (m)	**чочак**	[tʃotʃak]
carrinho (m) de bebê	**аробачаи бачагона**	[arobatʃai batʃagona]
jardim (m) de infância	**боғчаи бачагон**	[boʁtʃai batʃagon]
babysitter, babá (f)	**бачабардор**	[batʃabardor]
infância (f)	**бачагӣ, кӯдакӣ**	[batʃagi:], [kœdaki:]
boneca (f)	**лӯхтак**	[lœχtak]
brinquedo (m)	**бозича**	[bozitʃa]
jogo (m) de montar	**конструктор**	[konstruktor]
bem-educado (adj)	**тарбиядида**	[tarbijadida]
malcriado (adj)	**беодоб**	[beodob]
mimado (adj)	**эрка**	[ɛrka]
ser travesso	**шӯхӣ кардан**	[ʃœχi: kardan]
travesso, traquinas (adj)	**шӯх**	[ʃœχ]
travessura (f)	**шӯхӣ**	[ʃœχi:]
criança (f) travessa	**шӯх**	[ʃœχ]
obediente (adj)	**ҳалим**	[halim]
desobediente (adj)	**саркаш**	[sarkaʃ]
dócil (adj)	**ҳалим**	[halim]
inteligente (adj)	**оқил**	[oqil]
prodígio (m)	**вундеркинд**	[vunderkind]

60. Casais. Vida de família

beijar (vt)	**бӯсидан**	[bœsidan]
beijar-se (vr)	**бӯсобӯсӣ кардан**	[bœsobœsi: kardan]
família (f)	**оила**	[oila]
familiar (vida ~)	**оилавӣ**	[oilavi:]
casal (m)	**ҷуфт, зану шавҳар**	[dʒuft], [zanu ʃavhar]
matrimônio (m)	**никоҳ**	[nikoh]
lar (m)	**хонавода**	[χonavoda]
dinastia (f)	**сулола**	[sulola]
encontro (m)	**вохӯрӣ**	[voχœri:]
beijo (m)	**бӯса**	[bœsa]
amor (m)	**муҳаббат, ишқ**	[muhabbat], [iʃq]
amar (pessoa)	**дӯст доштан**	[dœst doʃtan]
amado, querido (adj)	**азиз, маҳбуб**	[aziz], [mahbub]
ternura (f)	**меҳрубонӣ**	[mehruboni:]
afetuoso (adj)	**меҳрубон**	[mehrubon]
fidelidade (f)	**вафодорӣ**	[vafodori:]
fiel (adj)	**вафодор**	[vafodor]
cuidado (m)	**ғамхорӣ**	[ʁamχori:]
carinhoso (adj)	**ғамхор**	[ʁamχor]
recém-casados (pl)	**навхонадор**	[navχonador]
lua (f) de mel	**моҳи асал**	[mohi asal]
casar-se (com um homem)	**шавҳар кардан**	[ʃavhar kardan]
casar-se (com uma mulher)	**зан гирифтан**	[zan giriftan]
casamento (m)	**тӯй, тӯйи арӯсӣ**	[tœj], [tœji arœsi:]
bodas (f pl) de ouro	**панҷоҳсолагии тӯйи арӯсӣ**	[pandʒohsolagi:i tœji arœsi:]
aniversário (m)	**солгард, солагӣ**	[solgard], [solagi:]
amante (m)	**ошиқ**	[oʃiq]
amante (f)	**маъшуқа**	[maʼʃuqa]
adultério (m), traição (f)	**бевафоӣ**	[bevafoi:]
cometer adultério	**бевафоӣ кардан**	[bevafoi: kardan]
ciumento (adj)	**бадрашк**	[badraʃk]
ser ciumento, -a	**рашк кардан**	[raʃk kardan]
divórcio (m)	**талоқ**	[taloq]
divorciar-se (vr)	**талоқ гирифтан**	[taloq giriftan]
brigar (discutir)	**ҷанҷол кардан**	[dʒandʒol kardan]
fazer as pazes	**оштӣ шудан**	[oʃti: ʃudan]
juntos (ir ~)	**дар як ҷо**	[dar jak dʒo]
sexo (m)	**шаҳват**	[ʃahvat]
felicidade (f)	**бахт**	[baχt]
feliz (adj)	**хушбахт**	[χuʃbaχt]
infelicidade (f)	**бадбахтӣ**	[badbaχti:]
infeliz (adj)	**бадбахт**	[badbaχt]

Caráter. Sentimentos. Emoções

61. Sentimentos. Emoções

sentimento (m)	**ҳис**	[his]
sentimentos (m pl)	**ҳиссиёт**	[hissijɔt]
sentir (vt)	**ҳис кардан**	[his kardan]
fome (f)	**гуруснагӣ**	[gurusnagi:]
ter fome	**хӯрок хостан**	[χœrok χostan]
sede (f)	**ташнагӣ**	[taʃnagi:]
ter sede	**об хостан**	[ob χostan]
sonolência (f)	**хоболудӣ**	[χoboludi:]
estar sonolento	**хоб рафтан хостан**	[χob raftan χostan]
cansaço (m)	**мондашавӣ**	[mondaʃavi:]
cansado (adj)	**мондашуда**	[mondaʃuda]
ficar cansado	**монда шудан**	[monda ʃudan]
humor (m)	**рӯҳия, кайфият**	[rœhija], [kajfijat]
tédio (m)	**дилтангӣ, зиқӣ**	[diltangi:], [ziqi:]
entediar-se (vr)	**дилтанг шудан**	[diltang ʃudan]
reclusão (isolamento)	**танҳоӣ**	[tanhoi:]
isolar-se (vr)	**танҳо мондан**	[tanho mondan]
preocupar (vt)	**ташвиш додан**	[taʃviʃ dodan]
estar preocupado	**нороҳат шудан**	[norohat ʃudan]
preocupação (f)	**нороҳатӣ**	[norohati:]
ansiedade (f)	**ҳаяҷон**	[hajadʒon]
preocupado (adj)	**мушавваш**	[muʃavvaʃ]
estar nervoso	**асабони шудан**	[asaboni ʃudan]
entrar em pânico	**воҳима кардан**	[vohima kardan]
esperança (f)	**умед**	[umed]
esperar (vt)	**умед доштан**	[umed doʃtan]
certeza (f)	**дилпурӣ**	[dilpuri:]
certo, seguro de ...	**дилпур**	[dilpur]
indecisão (f)	**эътимод надоштани**	[ɛ'timod nadoʃtani]
indeciso (adj)	**эътимоднадошта**	[ɛ'timodnadoʃta]
bêbado (adj)	**маст**	[mast]
sóbrio (adj)	**ҳушёр**	[huʃjɔr]
fraco (adj)	**заиф**	[zaif]
feliz (adj)	**хушбахт**	[χuʃbaχt]
assustar (vt)	**тарсондан**	[tarsondan]
fúria (f)	**ғазабнокӣ**	[ʁazabnoki:]
ira, raiva (f)	**бадхашмӣ**	[badχaʃmi:]
depressão (f)	**рӯҳафтодагӣ**	[rœhaftodagi:]
desconforto (m)	**нороҳат**	[norohat]

conforto (m)	**ҳузуру ҳаловат**	[huzuru halovat]
arrepender-se (vr)	**таассуф хӯрдан**	[taassuf χœrdan]
arrependimento (m)	**таассуф**	[taassuf]
azar (m), má sorte (f)	**нобарорӣ, нокомӣ**	[nobarori:], [nokomi:]
tristeza (f)	**ранҷиш, озор**	[randʒiʃ], [ozor]
vergonha (f)	**шарм**	[ʃarm]
alegria (f)	**шодӣ, хурсандӣ**	[ʃodi:], [χursandi:]
entusiasmo (m)	**ғайрат**	[ʁajrat]
entusiasta (m)	**одами боғаират**	[odami boʁairat]
mostrar entusiasmo	**ғайрат кардан**	[ʁajrat kardan]

62. Caráter. Personalidade

caráter (m)	**феъл, табиат**	[fe'l], [tabiat]
falha (f) de caráter	**камбудӣ**	[kambudi:]
mente (f)	**ақл**	[aql]
razão (f)	**фаҳм**	[fahm]
consciência (f)	**виҷдон**	[vidʒdon]
hábito, costume (m)	**одат**	[odat]
habilidade (f)	**қобилият**	[qobilijat]
saber (~ nadar, etc.)	**тавонистан**	[tavonistan]
paciente (adj)	**бурдбор**	[burdbor]
impaciente (adj)	**бетоқат**	[betoqat]
curioso (adj)	**кунҷков**	[kundʒkov]
curiosidade (f)	**кунҷковӣ**	[kundʒkovi:]
modéstia (f)	**хоксорӣ**	[χoksori:]
modesto (adj)	**хоксор**	[χoksor]
imodesto (adj)	**густохона**	[gustoχona]
preguiça (f)	**танбалӣ**	[tanbali:]
preguiçoso (adj)	**танбал**	[tanbal]
preguiçoso (m)	**танбал**	[tanbal]
astúcia (f)	**ҳилагарӣ**	[hilagari:]
astuto (adj)	**ҳилагар**	[hilagar]
desconfiança (f)	**нобоварӣ**	[nobovari:]
desconfiado (adj)	**нобовар**	[nobovar]
generosidade (f)	**саховат**	[saχovat]
generoso (adj)	**сахӣ**	[saχi:]
talentoso (adj)	**боистеъдод**	[boiste'dod]
talento (m)	**истеъдод**	[iste'dod]
corajoso (adj)	**нотарс, ҷасур**	[notars], [dʒasur]
coragem (f)	**нотарсӣ, ҷасурӣ**	[notarsi:], [dʒasuri:]
honesto (adj)	**бовиҷдон**	[bovidʒdon]
honestidade (f)	**бовиҷдонӣ**	[bovidʒdoni:]
prudente, cuidadoso (adj)	**эҳтиёткор**	[ɛhtijɔtkor]
valoroso (adj)	**диловар**	[dilovar]

sério (adj)	**мулоҳизакор**	[mulohizakor]
severo (adj)	**сахтгир**	[saχtgir]
decidido (adj)	**собитқадам**	[sobitqadam]
indeciso (adj)	**сабукмизоҷ**	[sabukmizoʤ]
tímido (adj)	**бечуръат**	[beʤur'at]
timidez (f)	**бечуръатӣ**	[beʤur'ati:]
confiança (f)	**бовар**	[bovar]
confiar (vt)	**бовар кардан**	[bovar kardan]
crédulo (adj)	**зудбовар**	[zudbovar]
sinceramente	**самимона**	[samimona]
sincero (adj)	**самимӣ**	[samimi:]
sinceridade (f)	**самимият**	[samimijat]
aberto (adj)	**кушод**	[kuʃod]
calmo (adj)	**ором**	[orom]
franco (adj)	**фошофош**	[foʃofoʃ]
ingênuo (adj)	**соддадил**	[soddadil]
distraído (adj)	**хаёлпарешон**	[χajɔlpareʃon]
engraçado (adj)	**хандаовар**	[χandaovar]
ganância (f)	**хасисӣ**	[χasisi:]
ganancioso (adj)	**хасис**	[χasis]
avarento, sovina (adj)	**хасис**	[χasis]
mal (adj)	**бад, шарир**	[bad], [ʃarir]
teimoso (adj)	**якрав**	[jakrav]
desagradável (adj)	**дилнокаш**	[dilnokaʃ]
egoísta (m)	**худпараст**	[χudparast]
egoísta (adj)	**худпарастона**	[χudparastona]
covarde (m)	**тарсончак**	[tarsonʧak]
covarde (adj)	**тарсончак**	[tarsonʧak]

63. O sono. Sonhos

dormir (vi)	**хобидан**	[χobidan]
sono (m)	**хоб**	[χob]
sonho (m)	**хоб**	[χob]
sonhar (ver sonhos)	**хоб дидан**	[χob didan]
sonolento (adj)	**хоболуд**	[χobolud]
cama (f)	**кат**	[kat]
colchão (m)	**матрас, бистар**	[matras], [bistar]
cobertor (m)	**кӯрпа**	[kœrpa]
travesseiro (m)	**болишт**	[boliʃt]
lençol (m)	**ҷойпӯш**	[ʤojpœʃ]
insônia (f)	**бехобӣ**	[beχobi:]
sem sono (adj)	**бехоб**	[beχob]
sonífero (m)	**доруи хоб**	[dorui χob]
tomar um sonífero	**доруи хоб нӯшидан**	[dorui χob nœʃidan]
estar sonolento	**хоб рафтан хостан**	[χob raftan χostan]

bocejar (vi)	**хамёза кашидан**	[χamjɔza kaʃidan]
ir para a cama	**хобравӣ рафтан**	[χobravi: raftan]
fazer a cama	**ҷогаҳ андохтан**	[dʒogah andoχtan]
adormecer (vi)	**хоб рафтан**	[χob raftan]
pesadelo (m)	**сиёҳӣ**	[sijɔhi:]
ronco (m)	**хуррок**	[χurrok]
roncar (vi)	**хуррок кашидан**	[χurrok kaʃidan]
despertador (m)	**соати рӯимизии зангдор**	[soati rœimizi:i zangdor]
acordar, despertar (vt)	**бедор кардан**	[bedor kardan]
acordar (vi)	**аз хоб бедор шудан**	[az χob bedor ʃudan]
levantar-se (vr)	**саҳар хестан**	[sahar χestan]
lavar-se (vr)	**дасту рӯй шустан**	[dastu rœj ʃustan]

64. Humor. Riso. Alegria

humor (m)	**ҳаҷв**	[hadʒv]
senso (m) de humor	**шӯхтабъӣ**	[ʃœχtab'i:]
divertir-se (vr)	**хурсандӣ кардан**	[χursandi: kardan]
alegre (adj)	**хушҳол**	[χuʃhol]
diversão (f)	**шодӣ, хурсандӣ**	[ʃodi:], [χursandi:]
sorriso (m)	**табассум**	[tabassum]
sorrir (vi)	**табассум кардан**	[tabassum kardan]
começar a rir	**хандидан**	[χandidan]
rir (vi)	**хандидан**	[χandidan]
riso (m)	**ханда**	[χanda]
anedota (f)	**латифа, ҳикояти мазҳакавӣ**	[latifa], [hikojati mazhakavi:]
engraçado (adj)	**хандаовар**	[χandaovar]
ridículo, cômico (adj)	**хандаовар**	[χandaovar]
brincar (vi)	**шӯхӣ кардан**	[ʃœχi: kardan]
piada (f)	**шӯхӣ**	[ʃœχi:]
alegria (f)	**шодӣ**	[ʃodi:]
regozijar-se (vr)	**шодӣ кардан**	[ʃodi: kardan]
alegre (adj)	**хурсанд**	[χursand]

65. Discussão, conversação. Parte 1

comunicação (f)	**алоқа, робита**	[aloqa], [robita]
comunicar-se (vr)	**алоқа доштан**	[aloqa doʃtan]
conversa (f)	**сӯҳбат**	[sœhbat]
diálogo (m)	**муколима**	[mukolima]
discussão (f)	**мубоҳиса**	[mubohisa]
debate (m)	**баҳс**	[bahs]
debater (vt)	**баҳс кардан**	[bahs kardan]
interlocutor (m)	**ҳамсӯҳбат**	[hamsœhbat]
tema (m)	**мавзӯъ**	[mavzœ']

ponto (m) de vista	**нуқтаи назар**	[nuqtai nazar]
opinião (f)	**фикр**	[fikr]
discurso (m)	**нутқ**	[nutq]
discussão (f)	**муҳокима**	[muhokima]
discutir (vt)	**муҳокима кардан**	[muhokima kardan]
conversa (f)	**сӯҳбат**	[sœhbat]
conversar (vi)	**сӯҳбат кардан**	[sœhbat kardan]
reunião (f)	**мулоқот**	[muloqot]
encontrar-se (vr)	**мулоқот кардан**	[muloqot kardan]
provérbio (m)	**зарбулмасал**	[zarbulmasal]
ditado, provérbio (m)	**мақол**	[maqol]
adivinha (f)	**чистон**	[ʧiston]
dizer uma adivinha	**чистон гуфтан**	[ʧiston guftan]
senha (f)	**рамз**	[ramz]
segredo (m)	**сир, роз**	[sir], [roz]
juramento (m)	**қасам**	[qasam]
jurar (vi)	**қасам хурдан**	[qasam χurdan]
promessa (f)	**ваъда**	[va'da]
prometer (vt)	**ваъда додан**	[va'da dodan]
conselho (m)	**маслиҳат**	[maslihat]
aconselhar (vt)	**маслиҳат додан**	[maslihat dodan]
seguir o conselho	**аз рӯи маслиҳат рафтор кардан**	[az rœi maslihat raftor kardan]
escutar (~ os conselhos)	**ба маслиҳат гӯш додан**	[ba maslihat gœʃ dodan]
novidade, notícia (f)	**навӣ, навигарӣ**	[navi:], [navigari:]
sensação (f)	**ҳангома**	[hangoma]
informação (f)	**маълумот**	[ma'lumot]
conclusão (f)	**хулоса**	[χulosa]
voz (f)	**овоз**	[ovoz]
elogio (m)	**таъриф**	[ta'rif]
amável, querido (adj)	**меҳрубон**	[mehrubon]
palavra (f)	**калима**	[kalima]
frase (f)	**ибора**	[ibora]
resposta (f)	**ҷавоб**	[ʤavob]
verdade (f)	**ҳақиқат**	[haqiqat]
mentira (f)	**дурӯғ**	[durœʁ]
pensamento (m)	**фикр, ақл**	[fikr], [aql]
ideia (f)	**фикр**	[fikr]
fantasia (f)	**сайри хаёлот**	[sajri χajɔlot]

66. Discussão, conversação. Parte 2

estimado, respeitado (adj)	**мӯҳтарам**	[mœhtaram]
respeitar (vt)	**ҳурмат кардан**	[hurmat kardan]
respeito (m)	**ҳурмат**	[hurmat]
Estimado ..., Caro ...	**Мӯҳтарам ...**	[mœhtaram]

apresentar (alguém a alguém)	**ошно кардан**	[oʃno kardan]
conhecer (vt)	**ошно шудан**	[oʃno ʃudan]
intenção (f)	**ният**	[nijat]
tencionar (~ fazer algo)	**ният доштан**	[nijat doʃtan]
desejo (de boa sorte)	**орзу, хоҳиш**	[orzu], [χohiʃ]
desejar (ex. ~ boa sorte)	**орзу кардан**	[orzu kardan]
surpresa (f)	**тааҷҷуб, ҳайрат**	[taadʒdʒub], [hajrat]
surpreender (vt)	**ба ҳайрат андохтан**	[ba hajrat andoχtan]
surpreender-se (vr)	**ба ҳайрат афтодан**	[ba hajrat aftodan]
dar (vt)	**додан**	[dodan]
pegar (tomar)	**гирифтан**	[giriftan]
devolver (vt)	**баргардондан**	[bargardondan]
retornar (vt)	**баргардондан**	[bargardondan]
desculpar-se (vr)	**узр пурсидан**	[uzr pursidan]
desculpa (f)	**узр, афв**	[uzr], [afv]
perdoar (vt)	**бахшидан**	[baχʃidan]
falar (vi)	**гап задан**	[gap zadan]
escutar (vt)	**гӯш кардан**	[gœʃ kardan]
ouvir até o fim	**гӯш кардан**	[gœʃ kardan]
entender (compreender)	**фаҳмидан**	[fahmidan]
mostrar (vt)	**нишон додан**	[niʃon dodan]
olhar para …	**нигоҳ кардан ба …**	[nigoh kardan ba]
chamar (alguém para …)	**ҷеғ задан**	[dʒeʁ zadan]
perturbar, distrair (vt)	**халал расондан**	[χalal rasondan]
perturbar (vt)	**халал расондан**	[χalal rasondan]
entregar (~ em mãos)	**расонидан**	[rasonidan]
pedido (m)	**пурсиш**	[pursiʃ]
pedir (ex. ~ ajuda)	**пурсидан**	[pursidan]
exigência (f)	**талаб**	[talab]
exigir (vt)	**талаб кардан**	[talab kardan]
insultar (chamar nomes)	**шӯронидан**	[ʃœronidan]
zombar (vt)	**масхара кардан**	[masχara kardan]
zombaria (f)	**масхара**	[masχara]
alcunha (f), apelido (m)	**лақаб**	[laqab]
insinuação (f)	**ишора**	[iʃora]
insinuar (vt)	**ишора кардан**	[iʃora kardan]
querer dizer	**тахмин кардан**	[taχmin kardan]
descrição (f)	**тасвир**	[tasvir]
descrever (vt)	**тасвир кардан**	[tasvir kardan]
elogio (m)	**таъриф**	[ta'rif]
elogiar (vt)	**таъриф кардан**	[ta'rif kardan]
desapontamento (m)	**ноумедӣ**	[noumedi:]
desapontar (vt)	**ноумед кардан**	[noumed kardan]
desapontar-se (vr)	**ноумед шудан**	[noumed ʃudan]

suposição (f)	**гумон**	[gumon]
supor (vt)	**гумон доштан**	[gumon doʃtan]
advertência (f)	**огоҳӣ**	[ogohi:]
advertir (vt)	**огоҳонидан**	[ogohonidan]

67. Discussão, conversação. Parte 3

convencer (vt)	**розӣ кардан**	[rozi: kardan]
acalmar (vt)	**ором кардан**	[orom kardan]
silêncio (o ~ é de ouro)	**хомӯшӣ**	[χomœʃi:]
ficar em silêncio	**хомӯш будан**	[χomœʃ budan]
sussurrar (vt)	**пичиррос задан**	[pitʃirros zadan]
sussurro (m)	**пичиррос**	[pitʃirros]
francamente	**фошофош**	[foʃofoʃ]
na minha opinião ...	**ба фикри ман ...**	[ba fikri man]
detalhe (~ da história)	**муфассалӣ**	[mufassali:]
detalhado (adj)	**муфассал**	[mufassal]
detalhadamente	**муфассал**	[mufassal]
dica (f)	**луқма додан**	[luqma dodan]
dar uma dica	**луқма додан**	[luqma dodan]
olhar (m)	**нигоҳ**	[nigoh]
dar uma olhada	**нигоҳ кардан**	[nigoh kardan]
fixo (olhada ~a)	**карахт**	[karaχt]
piscar (vi)	**мижа задан**	[miʒa zadan]
piscar (vt)	**чашмакӣ задан**	[tʃaʃmaki: zadan]
acenar com a cabeça	**сар ҷунбондан**	[sar dʒunbondan]
suspiro (m)	**нафас**	[nafas]
suspirar (vi)	**нафас рост кардан**	[nafas rost kardan]
estremecer (vi)	**як қад ларидан**	[jak qad laridan]
gesto (m)	**имову ишора**	[imovu iʃora]
tocar (com as mãos)	**даст задан**	[dast zadan]
agarrar (~ pelo braço)	**гирифтан**	[giriftan]
bater de leve	**тап-тап задан**	[tap-tap zadan]
Cuidado!	**Эҳтиёт шавед!**	[ɛhtijɔt ʃaved]
Sério?	**Наход?**	[naχod]
Tem certeza?	**Ту дилпурӣ?**	[tu dilpuri:]
Boa sorte!	**Барори кор!**	[barori kor]
Entendi!	**Фаҳмо!**	[fahmo]
Que pena!	**Афсӯс!**	[afsœs]

68. Acordo. Recusa

consentimento (~ mútuo)	**розигӣ**	[rozigi:]
consentir (vi)	**розигӣ додан**	[rozigi: dodan]
aprovação (f)	**розигӣ**	[rozigi:]

aprovar (vt)	**розигӣ додан**	[rozigi: dodan]
recusa (f)	**рад**	[rad]
negar-se a …	**рад кардан**	[rad kardan]
Ótimo!	**Олӣ!**	[oli:]
Tudo bem!	**Хуб!**	[χub]
Está bem! De acordo!	**Майлаш!**	[majlaʃ]
proibido (adj)	**мамнӯъ**	[mamnœ']
é proibido	**мумкин нест**	[mumkin nest]
é impossível	**номумкин**	[nomumkin]
incorreto (adj)	**нодуруст**	[nodurust]
rejeitar (~ um pedido)	**рад кардан**	[rad kardan]
apoiar (vt)	**тарафдорӣ кардан**	[tarafdori: kardan]
aceitar (desculpas, etc.)	**баргирифтан**	[bargiriftan]
confirmar (vt)	**тасдиқ кардан**	[tasdiq kardan]
confirmação (f)	**тасдиқ**	[tasdiq]
permissão (f)	**иҷозат**	[idʒozat]
permitir (vt)	**иҷозат додан**	[idʒozat dodan]
decisão (f)	**қарор**	[qaror]
não dizer nada	**хомӯш мондан**	[χomœʃ mondan]
condição (com uma ~)	**шарт**	[ʃart]
pretexto (m)	**баҳона**	[bahona]
elogio (m)	**таъриф**	[ta'rif]
elogiar (vt)	**таъриф кардан**	[ta'rif kardan]

69. Sucesso. Boa sorte. Insucesso

êxito, sucesso (m)	**муваффақият**	[muvaffaqijat]
com êxito	**бо муваффақият**	[bo muvaffaqijat]
bem sucedido (adj)	**бомуваффақият**	[bomuvaffaqijat]
sorte (fortuna)	**барор**	[baror]
Boa sorte!	**Барори кор!**	[barori kor]
de sorte	**бобарор**	[bobaror]
sortudo, felizardo (adj)	**бахтбедор**	[baχtbedor]
fracasso (m)	**бемуваффақиятӣ**	[bemuvaffaqijati:]
pouca sorte (f)	**нобарорӣ**	[nobarori:]
azar (m), má sorte (f)	**нобарорӣ, нокомӣ**	[nobarori:], [nokomi:]
mal sucedido (adj)	**бемуваффақият**	[bemuvaffaqijat]
catástrofe (f)	**шикаст**	[ʃikast]
orgulho (m)	**ифтихор**	[iftiχor]
orgulhoso (adj)	**боифтихор**	[boiftiχor]
estar orgulhoso, -a	**ифтихор доштан**	[iftiχor doʃtan]
vencedor (m)	**ғолиб**	[ʁolib]
vencer (vi, vt)	**ғалаба кардан**	[ʁalaba kardan]
perder (vt)	**бохтан**	[boχtan]
tentativa (f)	**кӯшиш**	[kœʃiʃ]

tentar (vt)	**кӯшидан**	[kœʃidan]
chance (m)	**имконият**	[imkonijat]

70. Conflitos. Emoções negativas

grito (m)	**дод, фарёд**	[dod], [farjɔd]
gritar (vi)	**дод задан**	[dod zadan]
começar a gritar	**фарёд кардан**	[farjɔd kardan]
discussão (f)	**ҷанҷол**	[ʤanʤol]
brigar (discutir)	**ҷанҷол кардан**	[ʤanʤol kardan]
escândalo (m)	**ғавғо**	[ʁavʁo]
criar escândalo	**ғавғо бардоштан**	[ʁavʁo bardoʃtan]
conflito (m)	**ҷанҷол, низоъ**	[ʤanʤol], [nizo']
mal-entendido (m)	**нофаҳмӣ**	[nofahmi:]
insulto (m)	**таҳқир**	[tahqir]
insultar (vt)	**таҳқир кардан**	[tahqir kardan]
insultado (adj)	**ранҷида, озурда**	[ranʤida], [ozurda]
ofensa (f)	**озор, озурдаги**	[ozor], [ozurdagi]
ofender (vt)	**озурда кардан**	[ozurda kardan]
ofender-se (vr)	**озурда шудан**	[ozurda ʃudan]
indignação (f)	**ғазаб**	[ʁazab]
indignar-se (vr)	**ба ғазаб омадан**	[ba ʁazab omadan]
queixa (f)	**шикоят**	[ʃikojat]
queixar-se (vr)	**шикоят кардан**	[ʃikojat kardan]
desculpa (f)	**узр, афв**	[uzr], [afv]
desculpar-se (vr)	**узр пурсидан**	[uzr pursidan]
pedir perdão	**узр пурсидан**	[uzr pursidan]
crítica (f)	**танқид**	[tanqid]
criticar (vt)	**танқид кардан**	[tanqid kardan]
acusação (f)	**айбдоркунӣ**	[ajbdorkuni:]
acusar (vt)	**айбдор кардан**	[ajbdor kardan]
vingança (f)	**интиқом**	[intiqom]
vingar (vt)	**интиқом гирифтан**	[intiqom giriftan]
vingar-se de	**қасос гирифтан**	[qasos giriftan]
desprezo (m)	**ҳақорат**	[haqorat]
desprezar (vt)	**ҳақорат кардан**	[haqorat kardan]
ódio (m)	**нафрат**	[nafrat]
odiar (vt)	**нафрат кардан**	[nafrat kardan]
nervoso (adj)	**асабонӣ**	[asaboni:]
estar nervoso	**асабони шудан**	[asaboni ʃudan]
zangado (adj)	**бадқаҳр**	[badqahr]
zangar (vt)	**ранҷондан**	[randʒondan]
humilhação (f)	**таҳқиркунӣ**	[tahqirkuni:]
humilhar (vt)	**таҳқир кардан**	[tahqir kardan]
humilhar-se (vr)	**таҳқир шудан**	[tahqir ʃudan]

choque (m)	**садама, садамот**	[sadama], [sadamot]
chocar (vt)	**хиҷил кардан**	[χiʤil kardan]
aborrecimento (m)	**нохушӣ**	[noχuʃi:]
desagradável (adj)	**дилнокаш**	[dilnokaʃ]
medo (m)	**тарс**	[tars]
terrível (tempestade, etc.)	**сахт**	[saχt]
assustador (ex. história ~a)	**даҳшатангез**	[dahʃatangez]
horror (m)	**даҳшат**	[dahʃat]
horrível (crime, etc.)	**даҳшатнок**	[dahʃatnok]
começar a tremer	**ба ларзиш омадан**	[ba larziʃ omadan]
chorar (vi)	**гиря кардан**	[girja kardan]
começar a chorar	**гиря сар кардан**	[girja sar kardan]
lágrima (f)	**ашк**	[aʃk]
falta (f)	**гуноҳ**	[gunoh]
culpa (f)	**айб**	[ajb]
desonra (f)	**беобрӯӣ**	[beobrœi:]
protesto (m)	**эътироз**	[ɛ'tiroz]
estresse (m)	**стресс**	[stress]
perturbar (vt)	**ташвиш додан**	[taʃviʃ dodan]
zangar-se com ...	**ғазабнок шудан**	[ʁazabnok ʃudan]
zangado (irritado)	**ғазаболуд**	[ʁazabolud]
terminar (vt)	**бас кардан**	[bas kardan]
praguejar	**дашном додан**	[daʃnom dodan]
assustar-se	**тарс хӯрдан**	[tars χœrdan]
golpear (vt)	**задан**	[zadan]
brigar (na rua, etc.)	**занозанӣ кардан**	[zanozani: kardan]
resolver (o conflito)	**ба роҳ мондан**	[ba roh mondan]
descontente (adj)	**норозӣ**	[norozi:]
furioso (adj)	**пурхашм**	[purχaʃm]
Não está bem!	**Ин хуб не!**	[in χub ne]
É ruim!	**Ин бад!**	[in bad]

Medicina

71. Doenças

doença (f)	**касалӣ, беморӣ**	[kasali:], [bemori:]
estar doente	**бемор будан**	[bemor budan]
saúde (f)	**тандурустӣ, саломатӣ**	[tandurusti:], [salomati:]
nariz (m) escorrendo	**зуком**	[zukom]
amigdalite (f)	**дарди гулӯ**	[dardi gulœ]
resfriado (m)	**шамол хӯрдани**	[ʃamol χœrdani]
ficar resfriado	**шамол хӯрдан**	[ʃamol χœrdan]
bronquite (f)	**бронхит**	[bronχit]
pneumonia (f)	**варами шуш**	[varami ʃuʃ]
gripe (f)	**грипп**	[gripp]
míope (adj)	**наздикбин**	[nazdikbin]
presbita (adj)	**дурбин**	[durbin]
estrabismo (m)	**олусӣ**	[olusi:]
estrábico, vesgo (adj)	**олус**	[olus]
catarata (f)	**катаракта**	[katarakta]
glaucoma (m)	**глаукома**	[glaukoma]
AVC (m), apoplexia (f)	**сактаи майна**	[saktai majna]
ataque (m) cardíaco	**инфаркт, сактаи дил**	[infarkt], [saktai dil]
enfarte (m) do miocárdio	**инфаркти миокард**	[infarkti miokard]
paralisia (f)	**фалаҷ**	[faladʒ]
paralisar (vt)	**фалаҷ шудан**	[faladʒ ʃudan]
alergia (f)	**аллергия**	[allergija]
asma (f)	**астма, зиққи нафас**	[astma], [ziqqi nafas]
diabetes (f)	**диабет**	[diabet]
dor (f) de dente	**дарди дандон**	[dardi dandon]
cárie (f)	**кариес**	[karies]
diarreia (f)	**шикамрав**	[ʃikamrav]
prisão (f) de ventre	**қабзият**	[qabzijat]
desarranjo (m) intestinal	**вайроншавии меъда**	[vajronʃavi:i me'da]
intoxicação (f) alimentar	**заҳролудшавӣ**	[zahroludʃavi:]
intoxicar-se	**заҳролуд шудан**	[zahrolud ʃudan]
artrite (f)	**артрит**	[artrit]
raquitismo (m)	**рахит, чиллаашӯр**	[raχit], [ʧillaaʃœr]
reumatismo (m)	**тарбод**	[tarbod]
arteriosclerose (f)	**атеросклероз**	[ateroskleroz]
gastrite (f)	**гастрит**	[gastrit]
apendicite (f)	**варами кӯррӯда**	[varami kœrrœda]

colecistite (f)	**холетсистит**	[χoletsistit]
úlcera (f)	**захм**	[zaχm]
sarampo (m)	**сурхча, сурхак**	[surχʧa], [surχak]
rubéola (f)	**сурхакон**	[surχakon]
icterícia (f)	**зардча, заъфарма**	[zardʧa], [za'farma]
hepatite (f)	**гепатит, қубод**	[gepatit], [qubod]
esquizofrenia (f)	**маҷзубият**	[madʒzubijat]
raiva (f)	**ҳорӣ**	[hori:]
neurose (f)	**невроз, чунун**	[nevroz], [ʧunun]
contusão (f) cerebral	**зарб хӯрдани майна**	[zarb χœrdani majna]
câncer (m)	**саратон**	[saraton]
esclerose (f)	**склероз**	[skleroz]
esclerose (f) múltipla	**склерози густаришёфта**	[sklerozi gustariʃjɔfta]
alcoolismo (m)	**майзадагӣ**	[majzadagi:]
alcoólico (m)	**майзада**	[majzada]
sífilis (f)	**оташак**	[otaʃak]
AIDS (f)	**СПИД**	[spid]
tumor (m)	**варам**	[varam]
maligno (adj)	**ганда**	[ganda]
benigno (adj)	**безарар**	[bezarar]
febre (f)	**табларза, вараҷа**	[tablarza], [varadʒa]
malária (f)	**вараҷа**	[varadʒa]
gangrena (f)	**гангрена**	[gangrena]
enjoo (m)	**касалии баҳр**	[kasali:i bahr]
epilepsia (f)	**саръ**	[sar']
epidemia (f)	**эпидемия**	[ɛpidemija]
tifo (m)	**арақа, домана**	[araqa], [domana]
tuberculose (f)	**сил**	[sil]
cólera (f)	**вабо**	[vabo]
peste (f) bubônica	**тоун**	[toun]

72. Sintomas. Tratamentos. Parte 1

sintoma (m)	**аломат**	[alomat]
temperatura (f)	**ҳарорат, таб**	[harorat], [tab]
febre (f)	**ҳарорати баланд**	[harorati baland]
pulso (m)	**набз**	[nabz]
vertigem (f)	**саргардӣ**	[sargardi:]
quente (testa, etc.)	**гарм**	[garm]
calafrio (m)	**ларза, вараҷа**	[larza], [varadʒa]
pálido (adj)	**рангпарида**	[rangparida]
tosse (f)	**сулфа**	[sulfa]
tossir (vi)	**сулфидан**	[sulfidan]
espirrar (vi)	**атса задан**	[atsa zadan]
desmaio (m)	**беҳушӣ**	[behuʃi:]

desmaiar (vi)	**беҳуш шудан**	[behuʃ ʃudan]
mancha (f) preta	**доғи кабуд, кабудӣ**	[doʁi kabud], [kabudi:]
galo (m)	**ғуррӣ**	[ʁurri:]
machucar-se (vr)	**зада шудан**	[zada ʃudan]
contusão (f)	**лат**	[lat]
machucar-se (vr)	**лату кӯб хӯрдан**	[latu kœb χœrdan]
mancar (vi)	**лангидан**	[langidan]
deslocamento (f)	**баромадан**	[baromadan]
deslocar (vt)	**баровардан**	[barovardan]
fratura (f)	**шикасти устухон**	[ʃikasti ustuχon]
fraturar (vt)	**устухон шикастан**	[ustuχon ʃikastan]
corte (m)	**буриш**	[buriʃ]
cortar-se (vr)	**буридан**	[buridan]
hemorragia (f)	**хунравӣ**	[χunravi:]
queimadura (f)	**сӯхта**	[sœχta]
queimar-se (vr)	**сӯзондан**	[sœzondan]
picar (vt)	**халондан**	[χalondan]
picar-se (vr)	**халидан**	[χalidan]
lesionar (vt)	**осеб дидан**	[oseb didan]
lesão (m)	**захм**	[zaχm]
ferida (f), ferimento (m)	**захм, реш**	[zaχm], [reʃ]
trauma (m)	**захм**	[zaχm]
delirar (vi)	**алой гуфтан**	[aloi: guftan]
gaguejar (vi)	**тутила шудан**	[tutila ʃudan]
insolação (f)	**офтобзанӣ**	[oftobzani:]

73. Sintomas. Tratamentos. Parte 2

dor (f)	**дард**	[dard]
farpa (no dedo, etc.)	**хор, зиреба**	[χor], [zireba]
suor (m)	**арақ**	[araq]
suar (vi)	**арақ кардан**	[araq kardan]
vômito (m)	**қайкунӣ**	[qajkuni:]
convulsões (f pl)	**рагкашӣ**	[ragkaʃi:]
grávida (adj)	**ҳомила**	[homila]
nascer (vi)	**таваллуд шудан**	[tavallud ʃudan]
parto (m)	**зоиш**	[zoiʃ]
dar à luz	**зоидан**	[zoidan]
aborto (m)	**аборт, бачапартоӣ**	[abort], [batʃapartoi:]
inspiração (f)	**нафасгирӣ**	[nafasgiri:]
expiração (f)	**нафасбарорӣ**	[nafasbarori:]
expirar (vi)	**нафас баровардаи**	[nafas barovardai]
inspirar (vi)	**нафас кашидан**	[nafas kaʃidan]
inválido (m)	**инвалид**	[invalid]
aleijado (m)	**маъюб**	[ma'jub]

drogado (m)	**нашъаманд**	[naʃ'amand]
surdo (adj)	**кар, гӯшкар**	[kar], [gœʃkar]
mudo (adj)	**гунг**	[gung]
surdo-mudo (adj)	**кару гунг**	[karu gung]
louco, insano (adj)	**девона**	[devona]
louco (m)	**девона**	[devona]
louca (f)	**девона**	[devona]
ficar louco	**аз ақл бегона шудан**	[az aql begona ʃudan]
gene (m)	**ген**	[gen]
imunidade (f)	**сироятнопазирӣ**	[sirojatnopaziri:]
hereditário (adj)	**меросӣ, ирсӣ**	[merosi:], [irsi:]
congênito (adj)	**модарзод**	[modarzod]
vírus (m)	**вирус**	[virus]
micróbio (m)	**микроб**	[mikrob]
bactéria (f)	**бактерия**	[bakterija]
infecção (f)	**сироят**	[sirojat]

74. Sintomas. Tratamentos. Parte 3

hospital (m)	**касалхона**	[kasalχona]
paciente (m)	**бемор**	[bemor]
diagnóstico (m)	**ташхиси касалӣ**	[taʃχisi kasali:]
cura (f)	**муоличa**	[muolidʒa]
tratamento (m) médico	**табобат**	[tabobat]
curar-se (vr)	**табобат гирифтан**	[tabobat giriftan]
tratar (vt)	**табобат кардан**	[tabobat kardan]
cuidar (pessoa)	**нигоҳубин кардан**	[nigohubin kardan]
cuidado (m)	**нигоҳубин**	[nigohubin]
operação (f)	**ҷарроҳи**	[dʒarrohi]
enfaixar (vt)	**бо бандина бастан**	[bo bandina bastan]
enfaixamento (m)	**ҷароҳатбандӣ**	[dʒarohatbandi:]
vacinação (f)	**доругузаронӣ**	[doruguzaroni:]
vacinar (vt)	**эмгузаронӣ кардан**	[ɛmguzaroni: kardan]
injeção (f)	**сӯзанзанӣ**	[sœzanzani:]
dar uma injeção	**сӯзандору кардан**	[sœzandoru kardan]
ataque (~ de asma, etc.)	**хуруҷ**	[χurudʒ]
amputação (f)	**ампутатсия**	[amputatsija]
amputar (vt)	**ампутатсия кардан**	[amputatsija kardan]
coma (f)	**кома, игмо**	[koma], [igmo]
estar em coma	**дар кома будан**	[dar koma budan]
reanimação (f)	**шӯъбаи эҳё**	[ʃœ'bai ɛhjɔ]
recuperar-se (vr)	**сиҳат шудан**	[sihat ʃudan]
estado (~ de saúde)	**аҳвол**	[ahvol]
consciência (perder a ~)	**ҳуш**	[huʃ]
memória (f)	**ҳофиза**	[hofiza]
tirar (vt)	**кандан**	[kandan]

obturação (f)	**пломба**	[plomba]
obturar (vt)	**пломба занондан**	[plomba zanondan]
hipnose (f)	**гипноз**	[gipnoz]
hipnotizar (vt)	**гипноз кардан**	[gipnoz kardan]

75. Médicos

médico (m)	**духтур**	[duχtur]
enfermeira (f)	**ҳамшираи тиббӣ**	[hamʃirai tibbi:]
médico (m) pessoal	**духтури шахсӣ**	[duχturi ʃaχsi:]
dentista (m)	**духтури дандон**	[duχturi dandon]
oculista (m)	**духтури чашм**	[duχturi ʧaʃm]
terapeuta (m)	**терапевт**	[terapevt]
cirurgião (m)	**ҷарроҳ**	[ʤarroh]
psiquiatra (m)	**равонпизишк**	[ravonpiziʃk]
pediatra (m)	**духтури касалиҳои кӯдакона**	[duχturi kasalihoi kœdakona]
psicólogo (m)	**равоншинос**	[ravonʃinos]
ginecologista (m)	**гинеколог**	[ginekolog]
cardiologista (m)	**кардиолог**	[kardiolog]

76. Medicina. Drogas. Acessórios

medicamento (m)	**дору**	[doru]
remédio (m)	**дору**	[doru]
receitar (vt)	**таъйин кардан**	[ta'jin kardan]
receita (f)	**нусхаи даво**	[nusχai davo]
comprimido (m)	**ҳаб**	[hab]
unguento (m)	**марҳам**	[marham]
ampola (f)	**ампул**	[ampul]
solução, preparado (m)	**доруи обакӣ**	[dorui obaki:]
xarope (m)	**сироп**	[sirop]
cápsula (f)	**ҳаб**	[hab]
pó (m)	**хока**	[χoka]
atadura (f)	**дока**	[doka]
algodão (m)	**пахта**	[paχta]
iodo (m)	**йод**	[jɔd]
curativo (m) adesivo	**лейкопластир**	[lejkoplastir]
conta-gotas (m)	**қатрачакон**	[qatraʧakon]
termômetro (m)	**ҳароратсанҷ**	[haroratsanʤ]
seringa (f)	**обдуздак**	[obduzdak]
cadeira (f) de rodas	**аробачаи маъюбӣ**	[arobaʧai ma'jubi:]
muletas (f pl)	**бағаласо**	[baʁalaso]
analgésico (m)	**доруи дард**	[dorui dard]
laxante (m)	**мусҳил**	[mushil]

álcool (m)	**спирт**	[spirt]
ervas (f pl) medicinais	**растаниҳои доругӣ**	[rastanihoi dorugi:]
de ervas (chá ~)	**... и алаф**	[i alaf]

77. Fumar. Produtos tabágicos

tabaco (m)	**тамоку**	[tamoku]
cigarro (m)	**сигарета**	[sigareta]
charuto (m)	**сигара**	[sigara]
cachimbo (m)	**чилим, чубук**	[ʧilim], [ʧubuk]
maço (~ de cigarros)	**қуттӣ**	[qutti:]
fósforos (m pl)	**гӯгирд**	[gœgird]
caixa (f) de fósforos	**қуттии гӯгирд**	[qutti:i gœgird]
isqueiro (m)	**оташафрӯзак**	[otaʃafrœzak]
cinzeiro (m)	**хокистардон**	[χokistardon]
cigarreira (f)	**папиросдон**	[papirosdon]
piteira (f)	**найча**	[najʧa]
filtro (m)	**филтр**	[filtr]
fumar (vi, vt)	**сигоркашидан**	[sigorkaʃidan]
acender um cigarro	**даргирондан**	[dargirondan]
tabagismo (m)	**сигоркашӣ**	[sigorkaʃi:]
fumante (m)	**сигоркаш**	[sigorkaʃ]
bituca (f)	**пасмондаи сигор**	[pasmondai sigor]
cinza (f)	**хокистар**	[χokistar]

HABITAT HUMANO

Cidade

78. Cidade. Vida na cidade

cidade (f)	**шаҳр**	[ʃahr]
capital (f)	**пойтахт**	[pojtaχt]
aldeia (f)	**деҳа, деҳ**	[deha], [deh]
mapa (m) da cidade	**нақшаи шаҳр**	[naqʃai ʃahr]
centro (m) da cidade	**маркази шаҳр**	[markazi ʃahr]
subúrbio (m)	**шаҳрча**	[ʃahrtʃa]
suburbano (adj)	**наздишаҳрӣ**	[nazdiʃahri:]
periferia (f)	**атроф, канор**	[atrof], [kanor]
arredores (m pl)	**атрофи шаҳр**	[atrofi ʃahr]
quarteirão (m)	**квартал, маҳалла**	[kvartal], [mahalla]
quarteirão (m) residencial	**маҳаллаи истиқоматӣ**	[mahallai istiqomati:]
tráfego (m)	**ҳаракат дар кӯча**	[harakat dar kœtʃa]
semáforo (m)	**чароғи раҳнамо**	[tʃaroʁi rahnamo]
transporte (m) público	**нақлиёти шаҳрӣ**	[naqlijɔti ʃahri:]
cruzamento (m)	**чорраҳа**	[tʃorraha]
faixa (f)	**гузаргоҳи пиёдагардон**	[guzargohi pijɔdagardon]
túnel (m) subterrâneo	**гузаргоҳи зеризаминӣ**	[guzargohi zerizamini:]
cruzar, atravessar (vt)	**гузаштан**	[guzaʃtan]
pedestre (m)	**пиёдагард**	[pijɔdagard]
calçada (f)	**пиёдараҳа**	[pijɔdaraha]
ponte (f)	**пул, кӯпрук**	[pul], [kœpruk]
margem (f) do rio	**соҳил**	[sohil]
fonte (f)	**фаввора**	[favvora]
alameda (f)	**кӯчабоғ**	[kœtʃaboʁ]
parque (m)	**боғ**	[boʁ]
bulevar (m)	**кӯчабоғ, гулгашт**	[kœtʃaboʁ], [gulgaʃt]
praça (f)	**майдон**	[majdon]
avenida (f)	**хиёбон**	[χijɔbon]
rua (f)	**кӯча**	[kœtʃa]
travessa (f)	**тангкӯча**	[tangkœtʃa]
beco (m) sem saída	**кӯчаи бумбаста**	[kœtʃai bumbasta]
casa (f)	**хона**	[χona]
edifício, prédio (m)	**бино**	[bino]
arranha-céu (m)	**иморати осмонхарош**	[imorati osmonχaroʃ]
fachada (f)	**намо**	[namo]
telhado (m)	**бом**	[bom]

janela (f)	**тиреза**	[tireza]
arco (m)	**равоқ, тоқ**	[ravoq], [toq]
coluna (f)	**сутун**	[sutun]
esquina (f)	**бурчак**	[burʧak]
vitrine (f)	**витрина**	[vitrina]
letreiro (m)	**лавҳа**	[lavha]
cartaz (do filme, etc.)	**эълоннома**	[ɛ'lonnoma]
cartaz (m) publicitário	**плакати реклама**	[plakati reklama]
painel (m) publicitário	**лавҳаи эълонҳо**	[lavhai ɛ'lonho]
lixo (m)	**ахлот, хокрӯба**	[aχlot], [χokrœba]
lata (f) de lixo	**ахлотқуттӣ**	[aχlotqutti:]
jogar lixo na rua	**ифлос кардан**	[iflos kardan]
aterro (m) sanitário	**партовгоҳ**	[partovgoh]
orelhão (m)	**будкаи телефон**	[budkai telefon]
poste (m) de luz	**сутуни фонус**	[sutuni fonus]
banco (m)	**нимкат**	[nimkat]
polícia (m)	**полис**	[polis]
polícia (instituição)	**полис**	[polis]
mendigo, pedinte (m)	**гадо**	[gado]
desabrigado (m)	**бехона**	[beχona]

79. Instituições urbanas

loja (f)	**магазин**	[magazin]
drogaria (f)	**дорухона**	[doruχona]
ótica (f)	**оптика**	[optika]
centro (m) comercial	**маркази савдо**	[markazi savdo]
supermercado (m)	**супермаркет**	[supermarket]
padaria (f)	**дӯкони нонфурӯшӣ**	[dœkoni nonfurœʃi:]
padeiro (m)	**нонвой**	[nonvoj]
pastelaria (f)	**қаннодӣ**	[qannodi:]
mercearia (f)	**дӯкони баққолӣ**	[dœkoni baqqoli:]
açougue (m)	**дӯкони гӯштфурӯшӣ**	[dœkoni gœʃtfurœʃi:]
fruteira (f)	**дӯкони сабзавот**	[dœkoni sabzavot]
mercado (m)	**бозор**	[bozor]
cafeteria (f)	**қаҳвахона**	[qahvaχona]
restaurante (m)	**тарабхона**	[tarabχona]
bar (m)	**пивохона**	[pivoχona]
pizzaria (f)	**питсерия**	[pitserija]
salão (m) de cabeleireiro	**сартарошхона**	[sartaroʃχona]
agência (f) dos correios	**пӯшта**	[pœʃta]
lavanderia (f)	**козургарии химиявӣ**	[kozurgari:i χimijavi:]
estúdio (m) fotográfico	**суратгирхона**	[suratgirχona]
sapataria (f)	**магазини пойафзолфурӯшӣ**	[magazini pojafzolfurœʃi:]

livraria (f)	**мағозаи китоб**	[maʁozai kitob]
loja (f) de artigos esportivos	**мағозаи варзишӣ**	[maʁozai varziʃi:]
costureira (m)	**таъмири либос**	[ta'miri libos]
aluguel (m) de roupa	**кироян либос**	[kirojai libos]
videolocadora (f)	**кироян филмҳо**	[kirojai filmho]
circo (m)	**сирк**	[sirk]
jardim (m) zoológico	**боғи ҳайвонот**	[boʁi hajvonot]
cinema (m)	**кинотеатр**	[kinoteatr]
museu (m)	**осорхона**	[osorχona]
biblioteca (f)	**китобхона**	[kitobχona]
teatro (m)	**театр**	[teatr]
ópera (f)	**опера**	[opera]
boate (casa noturna)	**клуби шабона**	[klubi ʃabona]
cassino (m)	**казино**	[kazino]
mesquita (f)	**масҷид**	[masdʒid]
sinagoga (f)	**каниса**	[kanisa]
catedral (f)	**собор**	[sobor]
templo (m)	**ибодатгоҳ**	[ibodatgoh]
igreja (f)	**калисо**	[kaliso]
faculdade (f)	**институт**	[institut]
universidade (f)	**университет**	[universitet]
escola (f)	**мактаб**	[maktab]
prefeitura (f)	**префектура**	[prefektura]
câmara (f) municipal	**мэрия**	[mɛrija]
hotel (m)	**меҳмонхона**	[mehmonχona]
banco (m)	**банк**	[bank]
embaixada (f)	**сафорат**	[saforat]
agência (f) de viagens	**турагенство**	[turagenstvo]
agência (f) de informações	**бюрои справкадиҳӣ**	[bjuroi spravkadihi:]
casa (f) de câmbio	**нуқтаи мубодила**	[nuqtai mubodila]
metrô (m)	**метро**	[metro]
hospital (m)	**касалхона**	[kasalχona]
posto (m) de gasolina	**нуқтаи фурӯши сӯзишворӣ**	[nuqtai furœʃi sœziʃvori:]
parque (m) de estacionamento	**истгоҳи мошинҳо**	[istgohi moʃinho]

80. Sinais

letreiro (m)	**лавҳа**	[lavha]
aviso (m)	**хат, навиштаҷот**	[χat], [naviʃtadʒot]
cartaz, pôster (m)	**плакат**	[plakat]
placa (f) de direção	**аломат, нишона**	[alomat], [niʃona]
seta (f)	**аломати тир**	[alomati tir]
aviso (advertência)	**огоҳӣ**	[ogohi:]
sinal (m) de aviso	**огоҳӣ**	[ogohi:]

avisar, advertir (vt)	**танбеҳ додан**	[tanbeh dodan]
dia (m) de folga	**рӯзи истироҳат**	[rœzi istirohat]
horário (~ dos trens, etc.)	**ҷадвал**	[ʤadval]
horário (m)	**соати корӣ**	[soati kori:]
BEM-VINDOS!	**ХУШ ОМАДЕД!**	[χuʃ omaded]
ENTRADA	**ДАРОМАД**	[daromad]
SAÍDA	**БАРОМАД**	[baromad]
EMPURRE	**АЗ ХУД**	[az χud]
PUXE	**БА ХУД**	[ba χud]
ABERTO	**КУШОДА**	[kuʃoda]
FECHADO	**ПӮШИДА**	[pœʃida]
MULHER	**БАРОИ ЗАНОН**	[baroi zanon]
HOMEM	**БАРОИ МАРДОН**	[baroi mardon]
DESCONTOS	**ТАХФИФ**	[taχfif]
SALDOS, PROMOÇÃO	**АРЗОНФУРӮШӢ**	[arzonfurœʃi:]
NOVIDADE!	**МОЛИ НАВ!**	[moli nav]
GRÁTIS	**БЕПУЛ**	[bepul]
ATENÇÃO!	**ДИҚҚАТ!**	[diqqat]
NÃO HÁ VAGAS	**ҶОЙ НЕСТ**	[ʤoj nest]
RESERVADO	**БАНД АСТ**	[band ast]
ADMINISTRAÇÃO	**МАЪМУРИЯТ**	[ma'murijat]
SOMENTE PESSOAL AUTORIZADO	**ФАҚАТ БАРОИ КОРМАНДОН**	[faqat baroi kormandon]
CUIDADO CÃO FEROZ	**САГИ ГАЗАНДА**	[sagi gazanda]
PROIBIDO FUMAR!	**ТАМОКУ НАКАШЕД!**	[tamoku nakaʃed]
NÃO TOCAR	**ДАСТ НАРАСОНЕД!**	[dast narasoned]
PERIGOSO	**ХАТАРНОК**	[χatarnok]
PERIGO	**ХАТАР**	[χatar]
ALTA TENSÃO	**ШИДДАТИ БАЛАНД**	[ʃiddati baland]
PROIBIDO NADAR	**ОББОЗӢ КАРДАН МАНЪ АСТ**	[obbozi: kardan man' ast]
COM DEFEITO	**КОР НАМЕКУНАД**	[kor namekunad]
INFLAMÁVEL	**ОТАШАНГЕЗ**	[otaʃangez]
PROIBIDO	**МАНЪ АСТ**	[man' ast]
ENTRADA PROIBIDA	**ДАРОМАД МАНЪ АСТ**	[daromad man' ast]
CUIDADO TINTA FRESCA	**РАНГ КАРДА ШУДААСТ**	[rang karda ʃudaast]

81. Transportes urbanos

ônibus (m)	**автобус**	[avtobus]
bonde (m) elétrico	**трамвай**	[tramvaj]
trólebus (m)	**троллейбус**	[trollejbus]
rota (f), itinerário (m)	**маршрут**	[marʃrut]
número (m)	**рақам**	[raqam]
ir de … (carro, etc.)	**савор будан**	[savor budan]

entrar no …	**савор шудан**	[savor ʃudan]
descer do …	**фуромадан**	[furomadan]
parada (f)	**истгоҳ**	[istgoh]
próxima parada (f)	**истгоҳи дигар**	[istgohi digar]
terminal (m)	**истгоҳи охирон**	[istgohi oχiron]
horário (m)	**ҷадвал**	[ʤadval]
esperar (vt)	**поидан**	[poidan]
passagem (f)	**билет**	[bilet]
tarifa (f)	**арзиши чипта**	[arziʃi ʧipta]
bilheteiro (m)	**кассир**	[kassir]
controle (m) de passagens	**назорат**	[nazorat]
revisor (m)	**нозир**	[nozir]
atrasar-se (vr)	**дер мондан**	[der mondan]
perder (o autocarro, etc.)	**дер мондан**	[der mondan]
estar com pressa	**шитоб кардан**	[ʃitob kardan]
táxi (m)	**такси**	[taksi]
taxista (m)	**таксичӣ**	[taksiʧi:]
de táxi (ir ~)	**дар такси**	[dar taksi]
ponto (m) de táxis	**истгоҳи таксӣ**	[istgohi taksi:]
chamar um táxi	**даъват кардани таксӣ**	[da'vat kardani taksi:]
pegar um táxi	**такси гирифтан**	[taksi giriftan]
tráfego (m)	**ҳаракат дар кӯча**	[harakat dar kœʧa]
engarrafamento (m)	**пробка**	[probka]
horas (f pl) de pico	**час пик**	[ʧas pik]
estacionar (vi)	**ҷой кардан**	[ʤoj kardan]
estacionar (vt)	**ҷой кардан**	[ʤoj kardan]
parque (m) de estacionamento	**истгоҳ**	[istgoh]
metrô (m)	**метро**	[metro]
estação (f)	**истгоҳ**	[istgoh]
ir de metrô	**бо метро рафтан**	[bo metro raftan]
trem (m)	**поезд, қатор**	[poezd], [qator]
estação (f) de trem	**вокзал**	[vokzal]

82. Turismo

monumento (m)	**ҳайкал**	[hajkal]
fortaleza (f)	**ҳисор**	[hisor]
palácio (m)	**қаср**	[qasr]
castelo (m)	**кӯшк**	[kœʃk]
torre (f)	**манора, бурҷ**	[manora], [burʤ]
mausoléu (m)	**мавзолей, мақбара**	[mavzolej], [maqbara]
arquitetura (f)	**меъморӣ**	[me'mori:]
medieval (adj)	**асримиёнагӣ**	[asrimijɔnagi:]
antigo (adj)	**қадим**	[qadim]
nacional (adj)	**миллӣ**	[milli:]
famoso, conhecido (adj)	**маъруф**	[ma'ruf]

turista (m)	**саёҳатчӣ**	[sajɔhatʧi:]
guia (pessoa)	**роҳбалад**	[rohbalad]
excursão (f)	**экскурсия**	[ɛkskursija]
mostrar (vt)	**нишон додан**	[niʃon dodan]
contar (vt)	**нақл кардан**	[naql kardan]
encontrar (vt)	**ёфтан**	[jɔftan]
perder-se (vr)	**роҳ гум кардан**	[roh gum kardan]
mapa (~ do metrô)	**накша**	[nakʃa]
mapa (~ da cidade)	**нақша**	[naqʃa]
lembrança (f), presente (m)	**тӯҳфа**	[tœhfa]
loja (f) de presentes	**мағозаи туҳфаҳо**	[maʁozai tuhfaho]
tirar fotos, fotografar	**сурат гирифтан**	[surat giriftan]
fotografar-se (vr)	**сурати худро гирондан**	[surati χudro girondan]

83. Compras

comprar (vt)	**харидан**	[χaridan]
compra (f)	**харид**	[χarid]
fazer compras	**харид кардан**	[χarid kardan]
compras (f pl)	**шопинг**	[ʃoping]
estar aberta (loja)	**кушода будан**	[kuʃoda budan]
estar fechada	**маҳкам будан**	[mahkam budan]
calçado (m)	**пойафзол**	[pojafzol]
roupa (f)	**либос**	[libos]
cosméticos (m pl)	**косметика**	[kosmetika]
alimentos (m pl)	**озуқаворӣ**	[ozuqavori:]
presente (m)	**тӯҳфа**	[tœhfa]
vendedor (m)	**фурӯш**	[furœʃ]
vendedora (f)	**фурӯш**	[furœʃ]
caixa (f)	**касса**	[kassa]
espelho (m)	**оина**	[oina]
balcão (m)	**пешдӯкон**	[peʃdœkon]
provador (m)	**ҷои пӯшида дидани либос**	[ʤoi pœʃida didani libos]
provar (vt)	**пӯшида дидан**	[pœʃida didan]
servir (roupa, caber)	**мувофиқ омадан**	[muvofiq omadan]
gostar (apreciar)	**форидан**	[foridan]
preço (m)	**нарх**	[narχ]
etiqueta (f) de preço	**нархнома**	[narχnoma]
custar (vt)	**арзидан**	[arzidan]
Quanto?	**Чанд пул?**	[ʧand pul]
desconto (m)	**тахфиф**	[taχfif]
não caro (adj)	**арзон**	[arzon]
barato (adj)	**арзон**	[arzon]
caro (adj)	**қимат**	[qimat]
É caro	**Ин қимат аст**	[in qimat ast]

aluguel (m)	**кироя**	[kiroja]
alugar (roupas, etc.)	**насия гирифтан**	[nasija giriftan]
crédito (m)	**қарз**	[qarz]
a crédito	**кредит гирифтан**	[kredit giriftan]

84. Dinheiro

dinheiro (m)	**пул**	[pul]
câmbio (m)	**мубодила, иваз**	[mubodila], [ivaz]
taxa (f) de câmbio	**қурб**	[qurb]
caixa (m) eletrônico	**банкомат**	[bankomat]
moeda (f)	**танга**	[tanga]
dólar (m)	**доллар**	[dollar]
lira (f)	**лираи италиявӣ**	[lirai italijavi:]
marco (m)	**маркаи олмонӣ**	[markai olmoni:]
franco (m)	**франк**	[frank]
libra (f) esterlina	**фунт стерлинг**	[funt sterling]
iene (m)	**иена**	[iena]
dívida (f)	**қарз**	[qarz]
devedor (m)	**қарздор**	[qarzdor]
emprestar (vt)	**қарз додан**	[qarz dodan]
pedir emprestado	**қарз гирифтан**	[qarz giriftan]
banco (m)	**банк**	[bank]
conta (f)	**ҳисоб**	[hisob]
depositar (vt)	**гузарондан**	[guzarondan]
depositar na conta	**ба суратҳисоб гузарондан**	[ba surathisob guzarondan]
sacar (vt)	**аз суратҳисоб гирифтан**	[az surathisob giriftan]
cartão (m) de crédito	**корти кредитӣ**	[korti krediti:]
dinheiro (m) vivo	**пули нақд, нақдина**	[puli naqd], [naqdina]
cheque (m)	**чек**	[ʧek]
passar um cheque	**чек навиштан**	[ʧek naviʃtan]
talão (m) de cheques	**дафтарчаи чек**	[daftarʧai ʧek]
carteira (f)	**ҳамён**	[hamjɔn]
niqueleira (f)	**ҳамён**	[hamjɔn]
cofre (m)	**сейф**	[sejf]
herdeiro (m)	**меросхӯр**	[merosχœr]
herança (f)	**мерос**	[meros]
fortuna (riqueza)	**дороӣ**	[doroi:]
arrendamento (m)	**иҷора**	[idʒora]
aluguel (pagar o ~)	**ҳаққи манзил**	[haqqi manzil]
alugar (vt)	**ба иҷора гирифтан**	[ba idʒora giriftan]
preço (m)	**нарх**	[narχ]
custo (m)	**арзиш**	[arziʃ]
soma (f)	**маблағ**	[mablaʁ]
gastar (vt)	**сарф кардан**	[sarf kardan]
gastos (m pl)	**харҷ, ҳазина**	[χardʒ], [hazina]

economizar (vi)	**сарфа кардан**	[sarfa kardan]
econômico (adj)	**сарфакор**	[sarfakor]
pagar (vt)	**пул додан**	[pul dodan]
pagamento (m)	**пардохт**	[pardoχt]
troco (m)	**бақияи пул**	[baqijai pul]
imposto (m)	**налог, андоз**	[nalog], [andoz]
multa (f)	**ҷарима**	[dʒarima]
multar (vt)	**ҷарима андохтан**	[dʒarima andoχtan]

85. Correios. Serviço postal

agência (f) dos correios	**почта**	[potʃta]
correio (m)	**почта**	[potʃta]
carteiro (m)	**хаткашон**	[χatkaʃon]
horário (m)	**соати корӣ**	[soati kori:]
carta (f)	**мактуб**	[maktub]
carta (f) registada	**хати супоришӣ**	[χati suporiʃi:]
cartão (m) postal	**руқъа**	[ruq'a]
telegrama (m)	**барқия**	[barqija]
encomenda (f)	**равонак**	[ravonak]
transferência (f) de dinheiro	**пули фиристодашуда**	[puli firistodaʃuda]
receber (vt)	**гирифтан**	[giriftan]
enviar (vt)	**ирсол кардан**	[irsol kardan]
envio (m)	**ирсол**	[irsol]
endereço (m)	**адрес, унвон**	[adres], [unvon]
código (m) postal	**индекси почта**	[indeksi potʃta]
remetente (m)	**ирсолкунанда**	[irsolkunanda]
destinatário (m)	**гиранда**	[giranda]
nome (m)	**ном**	[nom]
sobrenome (m)	**фамилия**	[familija]
tarifa (f)	**таърифа**	[ta'rifa]
ordinário (adj)	**муқаррарӣ**	[muqarrari:]
econômico (adj)	**камхарҷ**	[kamχardʒ]
peso (m)	**вазн**	[vazn]
pesar (estabelecer o peso)	**баркашидан**	[barkaʃidan]
envelope (m)	**конверт**	[konvert]
selo (m) postal	**марка**	[marka]
colar o selo	**марка часпонидан**	[marka tʃasponidan]

Moradia. Casa. Lar

86. Casa. Habitação

casa (f)	**хона**	[χona]
em casa	**дар хона**	[dar χona]
pátio (m), quintal (f)	**ҳавлӣ**	[havli:]
cerca, grade (f)	**панҷара**	[pandʒara]
tijolo (m)	**хишт**	[χiʃt]
de tijolos	**хиштӣ, ... и хишт**	[χiʃti:], [i χiʃt]
pedra (f)	**санг**	[sang]
de pedra	**сангин**	[sangin]
concreto (m)	**бетон**	[beton]
concreto (adj)	**бетонӣ**	[betoni:]
novo (adj)	**нав**	[nav]
velho (adj)	**кӯҳна**	[kœhna]
decrépito (adj)	**фарсуда**	[farsuda]
moderno (adj)	**ҳамаср, муосир**	[hamasr], [muosir]
de vários andares	**серошёна**	[seroʃɔna]
alto (adj)	**баланд**	[baland]
andar (m)	**қабат, ошёна**	[qabat], [oʃɔna]
de um andar	**якошёна**	[jakoʃɔna]
térreo (m)	**ошёнаи поён**	[oʃɔnai pojɔn]
andar (m) de cima	**ошёнаи боло**	[oʃɔnai bolo]
telhado (m)	**бом**	[bom]
chaminé (f)	**мӯрии дудкаш**	[mœri:i dudkaʃ]
telha (f)	**сафоли бомпӯшӣ**	[safoli bompœʃi:]
de telha	**... и сафоли бомпӯшӣ**	[i safoli bompœʃi:]
sótão (m)	**чердак**	[tʃerdak]
janela (f)	**тиреза**	[tireza]
vidro (m)	**шиша, оина**	[ʃiʃa], [oina]
parapeito (m)	**зертахтаи тиреза**	[zertaχtai tireza]
persianas (f pl)	**дари пушти тиреза**	[dari puʃti tireza]
parede (f)	**девор**	[devor]
varanda (f)	**балкон**	[balkon]
calha (f)	**тарнов, новадон**	[tarnov], [novadon]
em cima	**дар боло**	[dar bolo]
subir (vi)	**баромадан**	[baromadan]
descer (vi)	**фуромадан**	[furomadan]
mudar-se (vr)	**кӯчидан**	[kœtʃidan]

87. Casa. Entrada. Elevador

entrada (f)	**даромадгоҳ**	[daromadgoh]
escada (f)	**зина, зинапоя**	[zina], [zinapoja]
degraus (m pl)	**зинаҳо**	[zinaho]
corrimão (m)	**панҷара**	[pandʒara]
hall (m) de entrada	**толор**	[tolor]
caixa (f) de correio	**қуттии почта**	[qutti:i potʃta]
lata (f) do lixo	**қуттии партов**	[qutti:i partov]
calha (f) de lixo	**қубури ахлот**	[quburi aχlot]
elevador (m)	**лифт**	[lift]
elevador (m) de carga	**лифти боркаш**	[lifti borkaʃ]
cabine (f)	**лифт**	[lift]
pegar o elevador	**ба лифт рафтан**	[ba lift raftan]
apartamento (m)	**манзил**	[manzil]
residentes (pl)	**истиқоматкунандагон**	[istiqomatkunandagon]
vizinho (m)	**ҳамсоя**	[hamsoja]
vizinha (f)	**ҳамсоязан**	[hamsojazan]
vizinhos (pl)	**ҳамсояҳо**	[hamsojaho]

88. Casa. Eletricidade

eletricidade (f)	**барқ**	[barq]
lâmpada (f)	**лампача, чароғча**	[lampatʃa], [tʃaroʁtʃa]
interruptor (m)	**калидак**	[kalidak]
fusível, disjuntor (m)	**пробка**	[probka]
fio, cabo (m)	**сим**	[sim]
instalação (f) elétrica	**сими барқ**	[simi barq]
medidor (m) de eletricidade	**хисобкунаки электрикӣ**	[χisobkunaki ɛlektriki:]
indicação (f), registro (m)	**нишондод**	[niʃondod]

89. Casa. Portas. Fechaduras

porta (f)	**дар**	[dar]
portão (m)	**дарвоза**	[darvoza]
maçaneta (f)	**дастак**	[dastak]
destrancar (vt)	**кушодан**	[kuʃodan]
abrir (vt)	**кушодан**	[kuʃodan]
fechar (vt)	**пӯшидан, бастан**	[pœʃidan], [bastan]
chave (f)	**калид**	[kalid]
molho (m)	**даста**	[dasta]
ranger (vi)	**ғиҷиррос задан**	[ʁidʒirros zadan]
rangido (m)	**ғиҷиррос**	[ʁidʒirros]
dobradiça (f)	**ошиқ-маъшуқ**	[oʃiq-ma'ʃuq]
capacho (m)	**пойандоз**	[pojandoz]
fechadura (f)	**қулф**	[qulf]

buraco (m) da fechadura	**сӯрохи қулф**	[sœroχi qulf]
barra (f)	**ликаки дар**	[likaki dar]
fecho (ferrolho pequeno)	**ғалақаи дар**	[ʁalaqai dar]
cadeado (m)	**қулфи овезон**	[qulfi ovezon]
tocar (vt)	**занг задан**	[zang zadan]
toque (m)	**занг**	[zang]
campainha (f)	**занг**	[zang]
botão (m)	**кнопка**	[knopka]
batida (f)	**тақ-тақ**	[taq-taq]
bater (vi)	**тақ-тақ кардан**	[taq-taq kardan]
código (m)	**рамз, код**	[ramz], [kod]
fechadura (f) de código	**қулфи коддор**	[qulfi koddor]
interfone (m)	**домофон**	[domofon]
número (m)	**рақам**	[raqam]
placa (f) de porta	**чадвалча**	[dʒadvaltʃa]
olho (m) mágico	**чашмаки дар**	[tʃaʃmaki dar]

90. Casa de campo

aldeia (f)	**деҳа, деҳ**	[deha], [deh]
horta (f)	**обчакорӣ**	[obtʃakori:]
cerca (f)	**девор**	[devor]
cerca (f) de piquete	**панчара, деворча**	[pandʒara], [devortʃa]
portão (f) do jardim	**дарича**	[daritʃa]
celeiro (m)	**анбор**	[anbor]
adega (f)	**таҳхона**	[tahχona]
galpão, barracão (m)	**анбор**	[anbor]
poço (m)	**чоҳ**	[tʃoh]
fogão (m)	**оташдон**	[otaʃdon]
atiçar o fogo	**ба печка алав мондан**	[ba petʃka alav mondan]
lenha (carvão ou ~)	**ҳезум**	[hezum]
acha, lenha (f)	**тароша**	[taroʃa]
varanda (f)	**айвон, пешайвон**	[ajvon], [peʃajvon]
alpendre (m)	**пешайвон**	[peʃajvon]
degraus (m pl) de entrada	**айвон**	[ajvon]
balanço (m)	**арғунчак**	[arʁuntʃak]

91. Moradia. Mansão

casa (f) de campo	**хонаи берун аз шаҳр**	[χonai berun az ʃahr]
vila (f)	**кӯшк, чорбоғ**	[kœʃk], [tʃorboʁ]
ala (~ do edifício)	**қанот**	[qanot]
jardim (m)	**боғ**	[boʁ]
parque (m)	**боғ**	[boʁ]
estufa (f)	**гулхона**	[gulχona]
cuidar de …	**нигоҳубин кардан**	[nigohubin kardan]

piscina (f)	**ҳавз**	[havz]
academia (f) de ginástica	**толори варзишӣ**	[tolori varziʃi:]
quadra (f) de tênis	**майдони теннис**	[majdoni tennis]
cinema (m)	**кинотеатр**	[kinoteatr]
garagem (f)	**гараж**	[garaʒ]
propriedade (f) privada	**мулки хусусӣ**	[mulki χususi:]
terreno (m) privado	**моликияти хусусӣ**	[molikijati χususi:]
advertência (f)	**огоҳӣ**	[ogohi:]
sinal (m) de aviso	**хати огоҳӣ**	[χati ogohi:]
guarda (f)	**посбонӣ**	[posboni:]
guarda (m)	**посбон**	[posbon]
alarme (m)	**сигналдиҳӣ**	[signaldihi:]

92. Castelo. Palácio

castelo (m)	**кӯшк**	[kœʃk]
palácio (m)	**қаср**	[qasr]
fortaleza (f)	**ҳисор**	[hisor]
muralha (f)	**девор**	[devor]
torre (f)	**манора, бурҷ**	[manora], [burʤ]
calabouço (m)	**бурҷи асосӣ**	[burʤi asosi:]
grade (f) levadiça	**панҷараи болошаванда**	[panʤarai boloʃavanda]
passagem (f) subterrânea	**роҳи зеризаминӣ**	[rohi zerizamini:]
fosso (m)	**хандақ**	[χandaq]
corrente, cadeia (f)	**занҷир**	[zanʤir]
seteira (f)	**почанг**	[poʧang]
magnífico (adj)	**бошукӯҳ, боҳашамат**	[boʃukœh], [bohaʃamat]
majestoso (adj)	**боазамат, ҷалил**	[boazamat], [ʤalil]
inexpugnável (adj)	**фатҳнопазир**	[fathnopazir]
medieval (adj)	**асримиёнагӣ**	[asrimijɔnagi:]

93. Apartamento

apartamento (m)	**манзил**	[manzil]
quarto, cômodo (m)	**хона, ӯтоқ**	[χona], [œtoq]
quarto (m) de dormir	**хонаи хоб**	[χonai χob]
sala (f) de jantar	**хонаи хӯрокхӯрӣ**	[χonai χœrokχœri:]
sala (f) de estar	**меҳмонхона**	[mehmonχona]
escritório (m)	**утоқ**	[utoq]
sala (f) de entrada	**мадхал, даҳлез**	[madχal], [dahlez]
banheiro (m)	**ваннахона**	[vannaχona]
lavabo (m)	**ҳоҷатхона**	[hoʤatχona]
teto (m)	**шифт**	[ʃift]
chão, piso (m)	**фарш**	[farʃ]
canto (m)	**кунҷ**	[kunʤ]

94. Apartamento. Limpeza

arrumar, limpar (vt)	**рӯбучин кардан**	[rœbutʃin kardan]
guardar (no armário, etc.)	**ғундошта гирифтан**	[ʁundoʃta giriftan]
pó (m)	**чанг**	[tʃang]
empoeirado (adj)	**пурчанг**	[purtʃang]
tirar o pó	**чанг гирифтан**	[tʃang giriftan]
aspirador (m)	**чангкашак**	[tʃangkaʃak]
aspirar (vt)	**чанг кашидан**	[tʃang kaʃidan]
varrer (vt)	**рӯфтан**	[rœftan]
sujeira (f)	**ахлот**	[aχlot]
arrumação, ordem (f)	**тартиб**	[tartib]
desordem (f)	**бетартибӣ**	[betartibi:]
esfregão (m)	**пайкора**	[pajkora]
pano (m), trapo (m)	**латта**	[latta]
vassoura (f)	**ҷорӯб**	[dʒorœb]
pá (f) de lixo	**хокандози ахлот**	[χokandozi aχlot]

95. Mobiliário. Interior

mobiliário (m)	**мебел**	[mebel]
mesa (f)	**миз**	[miz]
cadeira (f)	**курсӣ**	[kursi:]
cama (f)	**кат**	[kat]
sofá, divã (m)	**диван**	[divan]
poltrona (f)	**курсӣ**	[kursi:]
estante (f)	**ҷевони китобмонӣ**	[dʒevoni kitobmoni:]
prateleira (f)	**раф, рафча**	[raf], [raftʃa]
guarda-roupas (m)	**ҷевони либос**	[dʒevoni libos]
cabide (m) de parede	**либосовезак**	[libosovezak]
cabideiro (m) de pé	**либосовезак**	[libosovezak]
cômoda (f)	**ҷевон**	[dʒevon]
mesinha (f) de centro	**мизи қаҳва**	[mizi qahva]
espelho (m)	**оина**	[oina]
tapete (m)	**гилем, қолин**	[gilem], [qolin]
tapete (m) pequeno	**гилемча**	[gilemtʃa]
lareira (f)	**оташдон**	[otaʃdon]
vela (f)	**шамъ**	[ʃam']
castiçal (m)	**шамъдон**	[ʃam'don]
cortinas (f pl)	**парда**	[parda]
papel (m) de parede	**зардеворӣ**	[zardevori:]
persianas (f pl)	**жалюзи**	[ʒaljuzi]
luminária (f) de mesa	**чароғи мизӣ**	[tʃaroʁi mizi:]
luminária (f) de parede	**чароғак**	[tʃaroʁak]

abajur (m) de pé	**торшер**	[torʃer]
lustre (m)	**қандил**	[qandil]
pé (de mesa, etc.)	**поя**	[poja]
braço, descanso (m)	**оринҷмонаки курсӣ**	[orindʒmonaki kursi:]
costas (f pl)	**пуштаки курсӣ**	[puʃtaki kursi:]
gaveta (f)	**ғаладон**	[ʁaladon]

96. Quarto de dormir

roupa (f) de cama	**ҷилдҳои болишту бистар**	[dʒildhoi boliʃtu bistar]
travesseiro (m)	**болишт**	[boliʃt]
fronha (f)	**ҷилди болишт**	[dʒildi boliʃt]
cobertor (m)	**кӯрпа**	[kœrpa]
lençol (m)	**ҷойпӯш**	[dʒojpœʃ]
colcha (f)	**болопӯш**	[bolopœʃ]

97. Cozinha

cozinha (f)	**ошхона**	[oʃχona]
gás (m)	**газ**	[gaz]
fogão (m) a gás	**плитаи газ**	[plitai gaz]
fogão (m) elétrico	**плитаи электрикӣ**	[plitai ɛlektriki:]
forno (m) de micro-ondas	**микроволновка**	[mikrovolnovka]
geladeira (f)	**яхдон**	[jaχdon]
congelador (m)	**яхдон**	[jaχdon]
máquina (f) de lavar louça	**мошини зарфшӯӣ**	[moʃini zarfʃœj]
moedor (m) de carne	**мошини гӯштқӯбӣ**	[moʃini gœʃtkœbi:]
espremedor (m)	**шарбатафшурак**	[ʃarbatafʃurak]
torradeira (f)	**тостер**	[toster]
batedeira (f)	**миксер**	[mikser]
máquina (f) de café	**қаҳваҷӯшонак**	[qahvadʒœʃonak]
cafeteira (f)	**зарфи қаҳваҷӯшонӣ**	[zarfi qahvadʒœʃoni:]
moedor (m) de café	**дастоси қаҳва**	[dastosi qahva]
chaleira (f)	**чойник**	[ʧojnik]
bule (m)	**чойник**	[ʧojnik]
tampa (f)	**сарпӯш**	[sarpœʃ]
coador (m) de chá	**ғалберча**	[ʁalberʧa]
colher (f)	**қошуқ**	[qoʃuq]
colher (f) de chá	**чойкошук**	[ʧojkoʃuk]
colher (f) de sopa	**қошуқи ошхӯрӣ**	[qoʃuqi oʃχœri:]
garfo (m)	**чангча, чангол**	[ʧangʧa], [ʧangol]
faca (f)	**корд**	[kord]
louça (f)	**табақ**	[tabaq]
prato (m)	**тақсимча**	[taqsimʧa]
pires (m)	**тақсимӣ, тақсимича**	[taqsimi:], [taqsimiʧa]

cálice (m)	**рюмка**	[rjumka]
copo (m)	**стакан**	[stakan]
xícara (f)	**косача**	[kosatʃa]
açucareiro (m)	**шакардон**	[ʃakardon]
saleiro (m)	**намакдон**	[namakdon]
pimenteiro (m)	**қаламфурдон**	[qalamfurdon]
manteigueira (f)	**равғандон**	[ravʁandon]
panela (f)	**дегча**	[degtʃa]
frigideira (f)	**тоба**	[toba]
concha (f)	**кафлез, обгардон, сархумӣ**	[kaflez], [obgardon], [sarχumi:]
bandeja (f)	**лаълӣ**	[la'li:]
garrafa (f)	**шиша, сурохӣ**	[ʃiʃa], [surohi:]
pote (m) de vidro	**банкаи шишагӣ**	[bankai ʃiʃagi:]
lata (~ de cerveja)	**банкаи тунукагӣ**	[bankai tunukagi:]
abridor (m) de garrafa	**саркушояк**	[sarkuʃojak]
abridor (m) de latas	**саркушояк**	[sarkuʃojak]
saca-rolhas (m)	**пӯккашак**	[pœkkaʃak]
filtro (m)	**филтр**	[filtr]
filtrar (vt)	**полоидан**	[poloidan]
lixo (m)	**ахлот**	[aχlot]
lixeira (f)	**сатили ахлот**	[satili aχlot]

98. Casa de banho

banheiro (m)	**ваннахона**	[vannaχona]
água (f)	**об**	[ob]
torneira (f)	**ҷуммак, мил**	[dʒummak], [mil]
água (f) quente	**оби гарм**	[obi garm]
água (f) fria	**оби сард**	[obi sard]
pasta (f) de dente	**хамираи дандон**	[χamirai dandon]
escovar os dentes	**дандон шустан**	[dandon ʃustan]
escova (f) de dente	**чӯткаи дандоншӯӣ**	[tʃœtkai dandonʃœi:]
barbear-se (vr)	**риш гирифтан**	[riʃ giriftan]
espuma (f) de barbear	**кафки ришгирӣ**	[kafki riʃgiri:]
gilete (f)	**ришгирак**	[riʃgirak]
lavar (vt)	**шустан**	[ʃustan]
tomar banho	**шустушӯ кардан**	[ʃustuʃœ kardan]
tomar uma ducha	**ба душ даромадан**	[ba duʃ daromadan]
banheira (f)	**ванна**	[vanna]
vaso (m) sanitário	**нишастгохи халоҷо**	[niʃastgohi χalodʒo]
pia (f)	**дастшӯяк**	[dastʃœjak]
sabonete (m)	**собун**	[sobun]
saboneteira (f)	**собундон**	[sobundon]

esponja (f)	**исфанҷ**	[isfandʒ]
xampu (m)	**шампун**	[ʃampun]
toalha (f)	**сачоқ**	[satʃoq]
roupão (m) de banho	**халат**	[χalat]
lavagem (f)	**ҷомашӯӣ**	[dʒomaʃœi:]
lavadora (f) de roupas	**мошини ҷомашӯӣ**	[moʃini dʒomaʃœi:]
lavar a roupa	**ҷомашӯӣ кардан**	[dʒomaʃœi: kardan]
detergente (m)	**хокаи ҷомашӯӣ**	[χokai dʒomaʃœi:]

99. Eletrodomésticos

televisor (m)	**телевизор**	[televizor]
gravador (m)	**магнитафон**	[magnitafon]
videogravador (m)	**видеомагнитафон**	[videomagnitafon]
rádio (m)	**радио**	[radio]
leitor (m)	**плеер**	[pleer]
projetor (m)	**видеопроектор**	[videoproektor]
cinema (m) em casa	**кинотеатри хонагӣ**	[kinoteatri χonagi:]
DVD Player (m)	**DVD-монак**	[εøε-monak]
amplificador (m)	**қувватафзо**	[quvvatafzo]
console (f) de jogos	**плейстейшн**	[plejstejʃn]
câmera (f) de vídeo	**видеокамера**	[videokamera]
máquina (f) fotográfica	**фотоаппарат**	[fotoapparat]
câmera (f) digital	**суратгираки рақамӣ**	[suratgiraki raqami:]
aspirador (m)	**чангкашак**	[tʃangkaʃak]
ferro (m) de passar	**дарзмол**	[darzmol]
tábua (f) de passar	**тахтаи дарзмолкунӣ**	[taχtai darzmolkuni:]
telefone (m)	**телефон**	[telefon]
celular (m)	**телефони мобилӣ**	[telefoni mobili:]
máquina (f) de escrever	**мошинаи хатнависӣ**	[moʃinai χatnavisi:]
máquina (f) de costura	**мошинаи чокдӯзӣ**	[moʃinai tʃokdœzi:]
microfone (m)	**микрофон**	[mikrofon]
fone (m) de ouvido	**гӯшак, гӯшпӯшак**	[gœʃak], [gœʃpœʃak]
controle remoto (m)	**пулт**	[pult]
CD (m)	**компакт-диск**	[kompakt-disk]
fita (f) cassete	**кассета**	[kasseta]
disco (m) de vinil	**пластинка**	[plastinka]

100. Reparações. Renovação

renovação (f)	**таъмир, тармим**	[ta'mir], [tarmim]
renovar (vt), fazer obras	**таъмир кардан**	[ta'mir kardan]
reparar (vt)	**таъмир кардан**	[ta'mir kardan]
consertar (vt)	**ба тартиб андохтан**	[ba tartib andoχtan]
refazer (vt)	**дубора хохтан**	[dubora χoχtan]

tinta (f)	**ранг**	[rang]
pintar (vt)	**ранг кардан**	[rang kardan]
pintor (m)	**рангзан, рангмол**	[rangzan], [rangmol]
pincel (m)	**мӯқалам**	[mœqalam]
cal (f)	**қабати оҳак**	[qabati ohak]
caiar (vt)	**сафед кардан**	[safed kardan]
papel (m) de parede	**зардеворӣ**	[zardevori:]
colocar papel de parede	**зардеворӣ часпондан**	[zardevori: ʧaspondan]
verniz (m)	**лок**	[lok]
envernizar (vt)	**лок задан**	[lok zadan]

101. Canalizações

água (f)	**об**	[ob]
água (f) quente	**оби гарм**	[obi garm]
água (f) fria	**оби сард**	[obi sard]
torneira (f)	**ҷуммак, мил**	[ʤummak], [mil]
gota (f)	**катра**	[katra]
gotejar (vi)	**чакидан**	[ʧakidan]
vazar (vt)	**чакидан**	[ʧakidan]
vazamento (m)	**сӯрох будан**	[sœroχ budan]
poça (f)	**кӯлмак**	[kœlmak]
tubo (m)	**қубур**	[qubur]
válvula (f)	**вентил**	[ventil]
entupir-se (vr)	**аз чирк маҳкам шудан**	[az ʧirk mahkam ʃudan]
ferramentas (f pl)	**асбобу анҷом**	[asbobu anʤom]
chave (f) inglesa	**калиди бозшаванда**	[kalidi bozʃavanda]
desenroscar (vt)	**тоб дода кушодан**	[tob doda kuʃodan]
enroscar (vt)	**тофтан, тоб додан**	[toftan], [tob dodan]
desentupir (vt)	**тоза кардан**	[toza kardan]
encanador (m)	**сантехник**	[santeχnik]
porão (m)	**таҳхона**	[tahχona]
rede (f) de esgotos	**канализатсия**	[kanalizatsija]

102. Fogo. Deflagração

incêndio (m)	**оташ**	[otaʃ]
chama (f)	**шӯъла**	[ʃœ'la]
faísca (f)	**шарора**	[ʃarora]
tocha (f)	**машъал**	[maʃ'al]
fogueira (f)	**гулхан**	[gulχan]
gasolina (f)	**бензин**	[benzin]
querosene (m)	**карасин**	[karasin]
inflamável (adj)	**сӯзанда**	[sœzanda]
explosivo (adj)	**тарканда**	[tarkanda]

PROIBIDO FUMAR!	**ТАМОКУ НАКАШЕД!**	[tamoku nakaʃed]
segurança (f)	**бехатарӣ**	[beχatari:]
perigo (m)	**хатар**	[χatar]
perigoso (adj)	**хатарнок**	[χatarnok]
incendiar-se (vr)	**даргирифтан**	[dargiriftan]
explosão (f)	**таркиш, таркидан**	[tarkiʃ], [tarkidan]
incendiar (vt)	**оташ задан**	[otaʃ zadan]
incendiário (m)	**оташзананда**	[otaʃzananda]
incêndio (m) criminoso	**оташ задан**	[otaʃ zadan]
flamejar (vi)	**аланга задан**	[alanga zadan]
queimar (vi)	**сӯхтан**	[sœχtan]
queimar tudo (vi)	**сӯхтан**	[sœχtan]
chamar os bombeiros	**даъват кардани сӯхторхомӯшкунҳо**	[da'vat kardani sœχtorχomœʃkunho]
bombeiro (m)	**сӯхторхомӯшкун**	[sœχtorχomœʃkun]
caminhão (m) de bombeiros	**мошини сӯхторхомӯшкунӣ**	[moʃini sœχtorχomœʃkuni:]
corpo (m) de bombeiros	**дастаи сӯхторхомӯшкунҳо**	[dastai sœχtorχomœʃkunho]
escada (f) extensível	**зинапояи дарозшаванда**	[zinapojai darozʃavanda]
mangueira (f)	**рӯда**	[rœda]
extintor (m)	**оташнишон**	[otaʃniʃon]
capacete (m)	**тоскулоҳ**	[toskuloh]
sirene (f)	**бурғу**	[burʁu]
gritar (vi)	**дод задан**	[dod zadan]
chamar por socorro	**ба ёрӣ чеғ задан**	[ba jɔri: ʤeʁ zadan]
socorrista (m)	**наҷотдиҳанда**	[naʤotdihanda]
salvar, resgatar (vt)	**наҷот додан**	[naʤot dodan]
chegar (vi)	**расидан**	[rasidan]
apagar (vt)	**хомӯш кардан**	[χomœʃ kardan]
água (f)	**об**	[ob]
areia (f)	**рег**	[reg]
ruínas (f pl)	**харобот**	[χarobot]
ruir (vi)	**гумбуррос зада афтодан**	[gumburros zada aftodan]
desmoronar (vi)	**ғалтидан**	[ʁaltidan]
desabar (vi)	**чӯкидан**	[ʧœkidan]
fragmento (m)	**шикастпора**	[ʃikastpora]
cinza (f)	**хокистар**	[χokistar]
sufocar (vi)	**нафас гашта мурдан**	[nafas gaʃta murdan]
perecer (vi)	**вафот кардан**	[vafot kardan]

ATIVIDADES HUMANAS

Emprego. Negócios. Parte 1

103. Escritório. O trabalho no escritório

escritório (~ de advogados)	**офис**	[ofis]
escritório (do diretor, etc.)	**утоқи кор**	[utoqi kor]
recepção (f)	**ресепшн**	[resepʃn]
secretário (m)	**котиб**	[kotib]
diretor (m)	**директор, мудир**	[direktor], [mudir]
gerente (m)	**менеҷер**	[menedʒer]
contador (m)	**бухғалтер**	[buχʁalter]
empregado (m)	**коркун**	[korkun]
mobiliário (m)	**мебел**	[mebel]
mesa (f)	**миз**	[miz]
cadeira (f)	**курсӣ**	[kursi:]
gaveteiro (m)	**ҷевонча**	[dʒevontʃa]
cabideiro (m) de pé	**либосовезак**	[libosovezak]
computador (m)	**компютер**	[kompjuter]
impressora (f)	**принтер**	[printer]
fax (m)	**факс**	[faks]
fotocopiadora (f)	**мошини нусхабардорӣ**	[moʃini nusχabardori:]
papel (m)	**қоғаз**	[qoʁaz]
artigos (m pl) de escritório	**молҳои конселярӣ**	[molhoi konseljari:]
tapete (m) para mouse	**гилемчаи муш**	[gilemtʃai muʃ]
folha (f)	**варақ**	[varaq]
pasta (f)	**папка**	[papka]
catálogo (m)	**каталог**	[katalog]
lista (f) telefônica	**маълумотнома**	[ma'lumotnoma]
documentação (f)	**ҳуҷҷатҳо**	[hudʒdʒatho]
brochura (f)	**рисола, китобча**	[risola], [kitobtʃa]
panfleto (m)	**варақа**	[varaqa]
amostra (f)	**намуна**	[namuna]
formação (f)	**машқ**	[maʃq]
reunião (f)	**маҷлис**	[madʒlis]
hora (f) de almoço	**танаффуси нисфирӯзӣ**	[tanaffusi nisfirœzi:]
fazer uma cópia	**нусха бардоштан**	[nusχa bardoʃtan]
tirar cópias	**бисёр кардан**	[bisjɔr kardan]
receber um fax	**факс гирифтан**	[faks giriftan]
enviar um fax	**факс фиристодан**	[faks firistodan]
fazer uma chamada	**занг задан**	[zang zadan]

responder (vt)	**ҷавоб додан**	[ʤavob dodan]
passar (vt)	**алоқаманд кардан**	[aloqamand kardan]
marcar (vt)	**муайян кардан**	[muajjan kardan]
demonstrar (vt)	**нишон додан**	[niʃon dodan]
estar ausente	**набудан**	[nabudan]
ausência (f)	**набуд**	[nabud]

104. Processos negociais. Parte 1

negócio (m)	**кор, соҳибкорӣ**	[kor], [sohibkori:]
ocupação (f)	**кор**	[kor]
firma, empresa (f)	**фирма**	[firma]
companhia (f)	**ширкат**	[ʃirkat]
corporação (f)	**корпоратсия**	[korporatsija]
empresa (f)	**муассиса, корхона**	[muassisa], [korχona]
agência (f)	**агенти шӯъба**	[agenti ʃœ'ba]
acordo (documento)	**шартнома, созишнома**	[ʃartnoma], [soziʃnoma]
contrato (m)	**шартнома**	[ʃartnoma]
acordo (transação)	**харидуфурӯш**	[χaridufurœʃ]
pedido (m)	**супориш**	[suporiʃ]
termos (m pl)	**шарт**	[ʃart]
por atacado	**кӯтара**	[kœtara]
por atacado (adj)	**кӯтара, яклухт**	[kœtara], [jakluχt]
venda (f) por atacado	**яклухтфурӯшӣ**	[jakluχtfurœʃi:]
a varejo	**чакана**	[ʧakana]
venda (f) a varejo	**чаканафурӯшӣ**	[ʧakanafurœʃi:]
concorrente (m)	**рақиб**	[raqib]
concorrência (f)	**рақобат**	[raqobat]
competir (vi)	**рақобат кардан**	[raqobat kardan]
sócio (m)	**ҳариф**	[harif]
parceria (f)	**ҳарифӣ**	[harifi:]
crise (f)	**бӯҳрон**	[bœhron]
falência (f)	**шикаст, муфлисӣ**	[ʃikast], [muflisi:]
entrar em falência	**муфлис шудан**	[muflis ʃudan]
dificuldade (f)	**душворӣ**	[duʃvori:]
problema (m)	**масъала**	[mas'ala]
catástrofe (f)	**шикаст**	[ʃikast]
economia (f)	**иқтисодиёт**	[iqtisodijɔt]
econômico (adj)	**... и иқтисодӣ**	[i iqtisodi:]
recessão (f) econômica	**таназзули иқтисодӣ**	[tanazzuli iqtisodi:]
objetivo (m)	**мақсад**	[maqsad]
tarefa (f)	**вазифа**	[vazifa]
comerciar (vi, vt)	**савдо кардан**	[savdo kardan]
rede (de distribuição)	**муассисаҳо**	[muassisaho]

estoque (m)	**анбор**	[anbor]
sortimento (m)	**навъхои мол**	[nav'hoi mol]
líder (m)	**роҳбар**	[rohbar]
grande (~ empresa)	**калон**	[kalon]
monopólio (m)	**монополия, инҳисор**	[monopolija], [inhisor]
teoria (f)	**назария**	[nazarija]
prática (f)	**таҷриба, амалия**	[taʤriba], [amalija]
experiência (f)	**таҷриба**	[taʤriba]
tendência (f)	**майл**	[majl]
desenvolvimento (m)	**пешравӣ**	[peʃravi:]

105. Processos negociais. Parte 2

rentabilidade (f)	**фоида**	[foida]
rentável (adj)	**фоиданок**	[foidanok]
delegação (f)	**ҳайати вакилон**	[hajati vakilon]
salário, ordenado (m)	**музди меҳнат**	[muzdi mehnat]
corrigir (~ um erro)	**ислоҳ кардан**	[isloh kardan]
viagem (f) de negócios	**командировка**	[komandirovka]
comissão (f)	**комиссия**	[komissija]
controlar (vt)	**назорат кардан**	[nazorat kardan]
conferência (f)	**конференсия**	[konferensija]
licença (f)	**ҷавознома**	[ʤavoznoma]
confiável (adj)	**боэътимод**	[boɛ'timod]
empreendimento (m)	**шурӯъ, ташаббус**	[ʃurœ'], [taʃabbus]
norma (f)	**норма**	[norma]
circunstância (f)	**ҳолат, маврид**	[holat], [mavrid]
dever (do empregado)	**вазифа**	[vazifa]
empresa (f)	**созмон**	[sozmon]
organização (f)	**ташкил**	[taʃkil]
organizado (adj)	**муташаккил**	[mutaʃakkil]
anulação (f)	**бекор кардани**	[bekor kardani]
anular, cancelar (vt)	**бекор кардан**	[bekor kardan]
relatório (m)	**ҳисоб, ҳисобот**	[hisob], [hisobot]
patente (f)	**патент**	[patent]
patentear (vt)	**патент додан**	[patent dodan]
planejar (vt)	**нақша кашидан**	[naqʃa kaʃidan]
bônus (m)	**ҷоиза**	[ʤoiza]
profissional (adj)	**касаба**	[kasaba]
procedimento (m)	**расму қоида**	[rasmu qoida]
examinar (~ a questão)	**матраҳ кардан**	[matrah kardan]
cálculo (m)	**муҳосиба**	[muhosiba]
reputação (f)	**шӯҳрат**	[ʃœhrat]
risco (m)	**хатар, таваккал**	[χatar], [tavakkal]
dirigir (~ uma empresa)	**сардорӣ кардан**	[sardori: kardan]

informação (f)	**маълумот**	[ma'lumot]
propriedade (f)	**моликият**	[molikijat]
união (f)	**иттиҳод**	[ittihod]
seguro (m) de vida	**суғуртакунии ҳаёт**	[suʁurtakuni:i hajɔt]
fazer um seguro	**суғурта кардан**	[suʁurta kardan]
seguro (m)	**суғурта**	[suʁurta]
leilão (m)	**савдо, фурӯш**	[savdo], [furœʃ]
notificar (vt)	**огоҳ кардан**	[ogoh kardan]
gestão (f)	**идоракунӣ**	[idorakuni:]
serviço (indústria de ~s)	**хизмат**	[χizmat]
fórum (m)	**маҷлис**	[madʒlis]
funcionar (vi)	**ҳаракат кардан**	[harakat kardan]
estágio (m)	**марҳала**	[marhala]
jurídico, legal (adj)	**ҳуқуқӣ, ... и ҳуқуқ**	[huquqi:], [i huquq]
advogado (m)	**ҳуқуқшинос**	[huquqʃinos]

106. Produção. Trabalhos

usina (f)	**завод**	[zavod]
fábrica (f)	**фабрика**	[fabrika]
oficina (f)	**сех**	[seχ]
local (m) de produção	**истеҳсолот**	[istehsolot]
indústria (f)	**саноат**	[sanoat]
industrial (adj)	**саноатӣ**	[sanoati:]
indústria (f) pesada	**саноати вазнин**	[sanoati vaznin]
indústria (f) ligeira	**саноати сабук**	[sanoati sabuk]
produção (f)	**тавлидот, маҳсул**	[tavlidot], [mahsul]
produzir (vt)	**истеҳсол кардан**	[istehsol kardan]
matérias-primas (f pl)	**ашёи хом**	[aʃɔi χom]
chefe (m) de obras	**сардори бригада**	[sardori brigada]
equipe (f)	**бригада**	[brigada]
operário (m)	**коргар**	[korgar]
dia (m) de trabalho	**рӯзи кор**	[rœzi kor]
intervalo (m)	**танаффус**	[tanaffus]
reunião (f)	**маҷлис**	[madʒlis]
discutir (vt)	**муҳокима кардан**	[muhokima kardan]
plano (m)	**нақша**	[naqʃa]
cumprir o plano	**иҷрои нақша**	[idʒroi naqʃa]
taxa (f) de produção	**нормаи кор**	[normai kor]
qualidade (f)	**сифат**	[sifat]
controle (m)	**назорат**	[nazorat]
controle (m) da qualidade	**назорати сифат**	[nazorati sifat]
segurança (f) no trabalho	**бехатарии меҳнат**	[beχatari:i mehnat]
disciplina (f)	**низом**	[nizom]
infração (f)	**вайронкунӣ**	[vajronkuni:]

violar (as regras)	**вайрон кардан**	[vajron kardan]
greve (f)	**корпартой**	[korpartoi:]
grevista (m)	**корпарто**	[korparto]
estar em greve	**корпартой кардан**	[korpartoi: kardan]
sindicato (m)	**ташкилоти касабавӣ**	[taʃkiloti kasabavi:]
inventar (vt)	**ихтироъ кардан**	[iχtiro' kardan]
invenção (f)	**ихтироъ**	[iχtiro']
pesquisa (f)	**таҳқиқ**	[tahqiq]
melhorar (vt)	**беҳтар кардан**	[behtar kardan]
tecnologia (f)	**технология**	[teχnologija]
desenho (m) técnico	**нақша, тарҳ**	[naqʃa], [tarh]
carga (f)	**бор**	[bor]
carregador (m)	**борбардор**	[borbardor]
carregar (o caminhão, etc.)	**бор кардан**	[bor kardan]
carregamento (m)	**бор кардан**	[bor kardan]
descarregar (vt)	**борро фуровардан**	[borro furovardan]
descarga (f)	**борфурорӣ**	[borfurori:]
transporte (m)	**нақлиёт**	[naqlijɔt]
companhia (f) de transporte	**ширкати нақлиётӣ**	[ʃirkati naqlijɔti:]
transportar (vt)	**кашондан**	[kaʃondan]
vagão (m) de carga	**вагони боркаш**	[vagoni borkaʃ]
tanque (m)	**систерна**	[sisterna]
caminhão (m)	**мошини боркаш**	[moʃini borkaʃ]
máquina (f) operatriz	**дастгоҳ**	[dastgoh]
mecanismo (m)	**механизм**	[meχanizm]
resíduos (m pl) industriais	**пасмондаҳо**	[pasmondaho]
embalagem (f)	**печонда бастан**	[petʃonda bastan]
embalar (vt)	**печонда бастан**	[petʃonda bastan]

107. Contrato. Acordo

contrato (m)	**шартнома**	[ʃartnoma]
acordo (m)	**созишнома**	[soziʃnoma]
adendo, anexo (m)	**илова**	[ilova]
assinar o contrato	**шартнома бастан**	[ʃartnoma bastan]
assinatura (f)	**имзо**	[imzo]
assinar (vt)	**имзо кардан**	[imzo kardan]
carimbo (m)	**мӯҳр**	[mœhr]
objeto (m) do contrato	**мавзӯи шартнома**	[mavzœi ʃartnoma]
cláusula (f)	**модда**	[modda]
partes (f pl)	**тарафҳо**	[tarafho]
domicílio (m) legal	**нишонии ҳуқуқӣ**	[niʃoni:i huquqi:]
violar o contrato	**вайрон кардани шартнома**	[vajron kardani ʃartnoma]
obrigação (f)	**вазифа, ӯҳдадорӣ**	[vazifa], [œhdadori:]

responsabilidade (f)	**масъулият**	[mas'ulijat]
força (f) maior	**форс-мажор**	[fors-maʒor]
litígio (m), disputa (f)	**баҳс**	[bahs]
multas (f pl)	**ҷаримаи шартномавӣ**	[ʤarimai ʃartnomavi:]

108. Importação & Exportação

importação (f)	**воридот**	[voridot]
importador (m)	**воридгари мол**	[voridgari mol]
importar (vt)	**ворид кардан**	[vorid kardan]
de importação	**... и воридот**	[i voridot]
exportação (f)	**содирот**	[sodirot]
exportador (m)	**содиргар**	[sodirgar]
exportar (vt)	**содирот кардан**	[sodirot kardan]
de exportação	**... и содирот**	[i sodirot]
mercadoria (f)	**мол**	[mol]
lote (de mercadorias)	**як миқдор**	[jak miqdor]
peso (m)	**вазн**	[vazn]
volume (m)	**ҳаҷм**	[haʤm]
metro (m) cúbico	**метри кубӣ**	[metri kubi:]
produtor (m)	**истеҳолкунанда**	[isteholkunanda]
companhia (f) de transporte	**ширкати нақлиётӣ**	[ʃirkati naqlijɔti:]
contêiner (m)	**контейнер**	[kontejner]
fronteira (f)	**сарҳад**	[sarhad]
alfândega (f)	**гумрукхона**	[gumrukχona]
taxa (f) alfandegária	**хаққи гумрукӣ**	[χaqqi gumruki:]
funcionário (m) da alfândega	**гумрукчӣ**	[gumrukʧi:]
contrabando (atividade)	**қочоқчигӣ**	[qoʧoqʧigi:]
contrabando (produtos)	**қочоқ**	[qoʧoq]

109. Finanças

ação (f)	**саҳмия**	[sahmija]
obrigação (f)	**облигасия**	[obligasija]
nota (f) promissória	**вексел**	[veksel]
bolsa (f) de valores	**биржа**	[birʒa]
cotação (m) das ações	**қурби саҳмия**	[qurbi sahmija]
tornar-se mais barato	**арзон шудан**	[arzon ʃudan]
tornar-se mais caro	**қимат шудан**	[qimat ʃudan]
parte (f)	**ҳақ, саҳм**	[haq], [sahm]
participação (f) majoritária	**пакети контролӣ**	[paketi kontroli:]
investimento (m)	**маблағтузорӣ**	[mablaʁtuzori:]
investir (vt)	**гузоштан**	[guzoʃtan]

porcentagem (f)	**фоиз**	[foiz]
juros (m pl)	**фоизҳо**	[foizho]
lucro (m)	**даромад, фоида**	[daromad], [foida]
lucrativo (adj)	**фоиданок**	[foidanok]
imposto (m)	**налог, андоз**	[nalog], [andoz]
divisa (f)	**валюта асъор**	[valjuta as'or]
nacional (adj)	**миллӣ**	[milli:]
câmbio (m)	**мубодила, иваз**	[mubodila], [ivaz]
contador (m)	**бухғалтер**	[buχʁalter]
contabilidade (f)	**бухғалтерия**	[buχʁalterija]
falência (f)	**шикаст, муфлисӣ**	[ʃikast], [muflisi:]
falência, quebra (f)	**шикаст, ҳалокат**	[ʃikast], [halokat]
ruína (f)	**муфлисӣ**	[muflisi:]
estar quebrado	**муфлис шудан**	[muflis ʃudan]
inflação (f)	**бекурбшавии пул**	[bekurbʃavi:i pul]
desvalorização (f)	**беқурбшавии пул**	[bequrbʃavi:i pul]
capital (m)	**капитал**	[kapital]
rendimento (m)	**даромад**	[daromad]
volume (m) de negócios	**гардиш**	[gardiʃ]
recursos (m pl)	**захира**	[zaχira]
recursos (m pl) financeiros	**маблағи пулӣ**	[mablaʁi puli:]
despesas (f pl) gerais	**хароҷоти иловагӣ**	[χarodʒoti ilovagi:]
reduzir (vt)	**кам кардан**	[kam kardan]

110. Marketing

marketing (m)	**маркетинг**	[marketing]
mercado (m)	**бозор**	[bozor]
segmento (m) do mercado	**сегменти бозор**	[segmenti bozor]
produto (m)	**мол, маҳсул**	[mol], [mahsul]
mercadoria (f)	**мол**	[mol]
marca (f)	**тамғаи савдо, бренд**	[tamʁai savdo], [brend]
marca (f) registrada	**тамға**	[tamʁa]
logotipo (m)	**маркаи фирма**	[markai firma]
logo (m)	**логотип**	[logotip]
demanda (f)	**талабот**	[talabot]
oferta (f)	**таклиф**	[taklif]
necessidade (f)	**ниёз, талабот**	[nijɔz], [talabot]
consumidor (m)	**истеъмолкунанда**	[iste'molkunanda]
análise (f)	**таҳлил**	[tahlil]
analisar (vt)	**таҳлил кардан**	[tahlil kardan]
posicionamento (m)	**мавқеъ гирифтан**	[mavqe' giriftan]
posicionar (vt)	**мавқеъгирӣ**	[mavqe'giri:]
preço (m)	**нарх**	[narχ]
política (f) de preços	**сиёсати нархгузорӣ**	[sijɔsati narχguzori:]
formação (f) de preços	**нархгузорӣ**	[narχguzori:]

111. Publicidade

publicidade (f)	**реклама**	[reklama]
fazer publicidade	**эълон кардан**	[ɛ'lon kardan]
orçamento (m)	**буҷет**	[buʤet]
anúncio (m)	**реклама, эълон**	[reklama], [ɛ'lon]
publicidade (f) na TV	**телереклама**	[telereklama]
publicidade (f) na rádio	**реклама дар радио**	[reklama dar radio]
publicidade (f) exterior	**рекламаи беруна**	[reklamai beruna]
comunicação (f) de massa	**васоити ахбор**	[vasoiti aχbor]
periódico (m)	**нашрияи даврӣ**	[naʃrijai davri:]
imagem (f)	**имидж**	[imiʤ]
slogan (m)	**шиор**	[ʃior]
mote (m), lema (f)	**шиор**	[ʃior]
campanha (f)	**маърака**	[ma'raka]
campanha (f) publicitária	**маърака реклама**	[ma'raka reklama]
grupo (m) alvo	**гурӯҳи одамони ба мақсад ҷавобгӯ**	[gurœhi odamoni ba maqsad ʤavobgœ]
cartão (m) de visita	**варақаи боздид**	[varakai bozdid]
panfleto (m)	**варақа**	[varaqa]
brochura (f)	**рисола, китобча**	[risola], [kitobʧa]
folheto (m)	**буклет**	[buklet]
boletim (~ informativo)	**бюллетен**	[bjulleten]
letreiro (m)	**лавҳа**	[lavha]
cartaz, pôster (m)	**плакат**	[plakat]
painel (m) publicitário	**лавҳаи эълонҳо**	[lavhai ɛ'lonho]

112. Banca

banco (m)	**банк**	[bank]
balcão (f)	**шӯъба**	[ʃœ'ba]
consultor (m) bancário	**мушовир**	[muʃovir]
gerente (m)	**идоракунанда**	[idorakunanda]
conta (f)	**ҳисоб**	[hisob]
número (m) da conta	**рақами суратҳисоб**	[raqami surathisob]
conta (f) corrente	**ҳисоби ҷорӣ**	[hisobi ʤori:]
conta (f) poupança	**суратҳисоби ҷамъшаванда**	[surathisobi ʤam'ʃavanda]
abrir uma conta	**суратҳисоб кушодан**	[surathisob kuʃodan]
fechar uma conta	**бастани суратҳисоб**	[bastani surathisob]
depositar na conta	**ба суратҳисоб гузарондан**	[ba surathisob guzarondan]
sacar (vt)	**аз суратҳисоб гирифтан**	[az surathisob giriftan]
depósito (m)	**амонат**	[amonat]
fazer um depósito	**маблағ гузоштан**	[mablaʁ guzoʃtan]

transferência (f) bancária	**интиқоли маблағ**	[intiqoli mablaʁ]
transferir (vt)	**интиқол додан**	[intiqol dodan]
soma (f)	**маблағ**	[mablaʁ]
Quanto?	**Чӣ қадар?**	[ʧi: qadar]
assinatura (f)	**имзо**	[imzo]
assinar (vt)	**имзо кардан**	[imzo kardan]
cartão (m) de crédito	**корти кредитӣ**	[korti krediti:]
senha (f)	**рамз, код**	[ramz], [kod]
número (m) do cartão de crédito	**рақами корти кредитӣ**	[raqami korti krediti:]
caixa (m) eletrônico	**банкомат**	[bankomat]
cheque (m)	**чек**	[ʧek]
passar um cheque	**чек навиштан**	[ʧek naviʃtan]
talão (m) de cheques	**дафтарчаи чек**	[daftarʧai ʧek]
empréstimo (m)	**қарз**	[qarz]
pedir um empréstimo	**барои кредит мурочиат кардан**	[baroi kredit murodʒiat kardan]
obter empréstimo	**кредит гирифтан**	[kredit giriftan]
dar um empréstimo	**кредит додан**	[kredit dodan]
garantia (f)	**кафолат, замонат**	[kafolat], [zamonat]

113. Telefone. Conversação telefônica

telefone (m)	**телефон**	[telefon]
celular (m)	**телефони мобилӣ**	[telefoni mobili:]
secretária (f) eletrônica	**худчавобгӯ**	[χuddʒavobgœ]
fazer uma chamada	**телефон кардан**	[telefon kardan]
chamada (f)	**занг**	[zang]
discar um número	**гирифтани рақамҳо**	[giriftani raqamho]
Alô!	**алло, ҳа**	[allo], [ha]
perguntar (vt)	**пурсидан**	[pursidan]
responder (vt)	**чавоб додан**	[dʒavob dodan]
ouvir (vt)	**шунидан**	[ʃunidan]
bem	**хуб, нағз**	[χub], [naʁz]
mal	**бад**	[bad]
ruído (m)	**садоҳои бегона**	[sadohoi begona]
fone (m)	**гӯшак**	[gi:ʃak]
pegar o telefone	**бардоштани гӯшак**	[bardoʃtani gœʃak]
desligar (vi)	**мондани гӯшак**	[mondani gœʃak]
ocupado (adj)	**банд**	[band]
tocar (vi)	**занг задан**	[zang zadan]
lista (f) telefônica	**китоби телефон**	[kitobi telefon]
local (adj)	**маҳаллӣ**	[mahalli:]
chamada (f) local	**занги маҳаллӣ**	[zangi mahalli:]

de longa distância	**байнишаҳрӣ**	[bajniʃahri:]
chamada (f) de longa distância	**занги байнишаҳрӣ**	[zangi bajniʃahri:]
internacional (adj)	**байналхалқӣ**	[bajnalχalqi:]

114. Telefone móvel

celular (m)	**телефони мобилӣ**	[telefoni mobili:]
tela (f)	**дисплей**	[displej]
botão (m)	**тугмача**	[tugmatʃa]
cartão SIM (m)	**сим-корт**	[sim-kort]
bateria (f)	**батарея**	[batareja]
descarregar-se (vr)	**бе заряд шудан**	[be zarjad ʃudan]
carregador (m)	**асбоби барқпуркунанда**	[asbobi barqpurkunanda]
menu (m)	**меню**	[menju]
configurações (f pl)	**соз кардан**	[soz kardan]
melodia (f)	**оҳанг**	[ohang]
escolher (vt)	**интихоб кардан**	[intiχob kardan]
calculadora (f)	**ҳисобкунак**	[hisobkunak]
correio (m) de voz	**худҷавобгӯ**	[χuddʒavobgœ]
despertador (m)	**соати рӯимизии зангдор**	[soati rœimizi:i zangdor]
contatos (m pl)	**китоби телефон**	[kitobi telefon]
mensagem (f) de texto	**СМС-хабар**	[sms-χabar]
assinante (m)	**муштарӣ**	[muʃtari:]

115. Estacionário

caneta (f)	**ручкаи саққочадор**	[rutʃkai saqqotʃador]
caneta (f) tinteiro	**парқалам**	[parqalam]
lápis (m)	**қалам**	[qalam]
marcador (m) de texto	**маркер**	[marker]
caneta (f) hidrográfica	**фломастер**	[flomaster]
bloco (m) de notas	**блокнот, дафтари ёддошт**	[bloknot], [daftari jɔddoʃt]
agenda (f)	**рӯзнома**	[rœznoma]
régua (f)	**ҷадвал**	[dʒadval]
calculadora (f)	**ҳисобкунак**	[hisobkunak]
borracha (f)	**ластик**	[lastik]
alfinete (m)	**кнопка**	[knopka]
clipe (m)	**скрепка**	[skrepka]
cola (f)	**елим, шилм**	[elim], [ʃilm]
grampeador (m)	**степлер**	[stepler]
apontador (m)	**чарх**	[tʃarχ]

116. Vários tipos de documentos

relatório (m)	**ҳисоб, ҳисобот**	[hisob], [hisobot]
acordo (m)	**созишнома**	[soziʃnoma]
ficha (f) de inscrição	**дархост**	[darχost]
autêntico (adj)	**аслӣ**	[asli:]
crachá (m)	**бэҷ**	[bɛʤ]
cartão (m) de visita	**варакаи боздид**	[varakai bozdid]
certificado (m)	**сертификат**	[sertifikat]
cheque (m)	**чек**	[ʧek]
conta (f)	**ҳисоб**	[hisob]
constituição (f)	**конститутсия**	[konstitutsija]
contrato (m)	**шартнома**	[ʃartnoma]
cópia (f)	**нусха**	[nusχa]
exemplar (~ assinado)	**нусха**	[nusχa]
declaração (f) alfandegária	**декларатсияи гумрукӣ**	[deklaratsijai gumruki:]
documento (m)	**ҳуҷҷат, санад**	[huʤʤat], [sanad]
carteira (f) de motorista	**хуқуқи ронандагӣ**	[χuquqi ronandagi:]
adendo, anexo (m)	**илова**	[ilova]
questionário (m)	**анкета, саволнома**	[anketa], [savolnoma]
carteira (f) de identidade	**шаҳодатномаи шахсӣ**	[ʃahodatnomai ʃaχsi:]
inquérito (m)	**дархост**	[darχost]
convite (m)	**даъватнома**	[da'vatnoma]
fatura (f)	**суратҳисоб**	[surathisob]
lei (f)	**қонун**	[qonun]
carta (correio)	**мактуб**	[maktub]
papel (m) timbrado	**бланк**	[blank]
lista (f)	**рӯйхат**	[rœjχat]
manuscrito (m)	**дастнавис**	[dastnavis]
boletim (~ informativo)	**бюллетен**	[bjulleten]
bilhete (mensagem breve)	**хатча**	[χatʧa]
passe (m)	**иҷозатнома**	[iʤozatnoma]
passaporte (m)	**шиноснома**	[ʃinosnoma]
permissão (f)	**иҷозат**	[iʤozat]
currículo (m)	**резюме, сивӣ**	[rezjume], [sivi:]
nota (f) promissória	**санади қарз**	[sanadi qarz]
recibo (m)	**квитансия**	[kvitansija]
talão (f)	**чек**	[ʧek]
relatório (m)	**гузориш**	[guzoriʃ]
mostrar (vt)	**пешниҳод кардан**	[peʃnihod kardan]
assinar (vt)	**имзо кардан**	[imzo kardan]
assinatura (f)	**имзо**	[imzo]
carimbo (m)	**мӯҳр**	[mœhr]
texto (m)	**матн**	[matn]
ingresso (m)	**билет**	[bilet]
riscar (vt)	**хат задан**	[χat zadan]
preencher (vt)	**пур кардан**	[pur kardan]

carta (f) de porte	**борхат**	[borχat]
testamento (m)	**васиятнома**	[vasijatnoma]

117. Tipos de negócios

serviços (m pl) de contabilidade	**хизмати муҳосиб**	[χizmati muhosib]
publicidade (f)	**реклама**	[reklama]
agência (f) de publicidade	**умури реклама**	[umuri reklama]
ar (m) condicionado	**кондитсионерҳо**	[konditsionerho]
companhia (f) aérea	**ширкати ҳавопаймоӣ**	[ʃirkati havopajmoi:]
bebidas (f pl) alcoólicas	**машруботи спиртдор**	[maʃruboti spirtdor]
comércio (m) de antiguidades	**атиқафурӯшӣ**	[atiqafurœʃi:]
galeria (f) de arte	**нигористон**	[nigoriston]
serviços (m pl) de auditoria	**хизмати аудиторӣ**	[χizmati auditori:]
negócios (m pl) bancários	**бизнеси бонкӣ**	[biznesi bonki:]
bar (m)	**бар**	[bar]
salão (m) de beleza	**кошонаи ҳусн**	[koʃonai husn]
livraria (f)	**мағозаи китоб**	[maʁozai kitob]
cervejaria (f)	**корхонаи пивопазӣ**	[korχonai pivopazi:]
centro (m) de escritórios	**маркази бизнес**	[markazi biznes]
escola (f) de negócios	**мактаби бизнес**	[maktabi biznes]
cassino (m)	**казино**	[kazino]
construção (f)	**сохтумон**	[soχtumon]
consultoria (f)	**консалтинг**	[konsalting]
clínica (f) dentária	**дандонпизишкӣ**	[dandonpiziʃki:]
design (m)	**дизайн, зебосозӣ**	[dizajn], [zebosozi:]
drogaria (f)	**дорухона**	[doruχona]
lavanderia (f)	**козургарии химиявӣ**	[kozurgari:i χimijavi:]
agência (f) de emprego	**шӯъбаи кадрҳо**	[ʃœ'bai kadrho]
serviços (m pl) financeiros	**хизмати молиявӣ**	[χizmati molijavi:]
alimentos (m pl)	**озуқаворӣ**	[ozuqavori:]
funerária (f)	**бюрои дафнкунӣ**	[bjuroi dafnkuni:]
mobiliário (m)	**мебел**	[mebel]
roupa (f)	**либос**	[libos]
hotel (m)	**меҳмонхона**	[mehmonχona]
sorvete (m)	**яхмос**	[jaχmos]
indústria (f)	**саноат**	[sanoat]
seguro (~ de vida, etc.)	**суғуртакунӣ**	[suʁurtakuni:]
internet (f)	**интернет**	[internet]
investimento (m)	**маблағтузорӣ**	[mablaʁtuzori:]
joalheiro (m)	**ҷавҳарӣ**	[dʒavhari:]
joias (f pl)	**ҷавоҳирот**	[dʒavohirot]
lavanderia (f)	**ҷомашӯйхона**	[dʒomaʃœjχona]
assessorias (f pl) jurídicas	**ёрии ҳуқуқӣ**	[jɔri:i huquqi:]
indústria (f) ligeira	**саноати сабук**	[sanoati sabuk]
revista (f)	**маҷалла**	[madʒalla]

vendas (f pl) por catálogo	**савдо аз рӯи рӯйхат**	[savdo az rœi rœjχat]
medicina (f)	**тиб**	[tib]
cinema (m)	**кинотеатр**	[kinoteatr]
museu (m)	**осорхона**	[osorχona]
agência (f) de notícias	**оҷонсии хабарӣ**	[odʒonsi:i χabari:]
jornal (m)	**рӯзнома**	[rœznoma]
boate (casa noturna)	**клуби шабона**	[klubi ʃabona]
petróleo (m)	**нефт**	[neft]
serviços (m pl) de remessa	**шӯъбаи хаткашонӣ**	[ʃœ'bai χatkaʃoni:]
indústria (f) farmacêutica	**дорусозӣ**	[dorusozi:]
tipografia (f)	**чопхона**	[ʧopχona]
editora (f)	**нашриёт**	[naʃrijɔt]
rádio (m)	**радио**	[radio]
imobiliário (m)	**мулки ғайриманкул**	[mulki ʁajrimankul]
restaurante (m)	**тарабхона**	[tarabχona]
empresa (f) de segurança	**оҷонсии посбонӣ**	[odʒonsi:i posboni:]
esporte (m)	**варзиш**	[varziʃ]
bolsa (f) de valores	**биржа**	[birʒa]
loja (f)	**магазин**	[magazin]
supermercado (m)	**супермаркет**	[supermarket]
piscina (f)	**ҳавз**	[havz]
alfaiataria (f)	**ателе, коргоҳ**	[atele], [korgoh]
televisão (f)	**телевизион**	[televizion]
teatro (m)	**театр**	[teatr]
comércio (m)	**савдо**	[savdo]
serviços (m pl) de transporte	**кашондан**	[kaʃondan]
viagens (f pl)	**туризм, саёхат**	[turizm], [sajɔχat]
veterinário (m)	**духтури ҳайвонот**	[duχturi hajvonot]
armazém (m)	**анбор**	[anbor]
recolha (f) do lixo	**баровардани партов**	[barovardani partov]

Emprego. Negócios. Parte 2

118. Espetáculo. Feira

feira, exposição (f)	**намоишгоҳ**	[namoiʃgoh]
feira (f) comercial	**намоишгоҳи тиҷоратӣ**	[namoiʃgohi tidʒorati:]
participação (f)	**иштирок**	[iʃtirok]
participar (vi)	**иштирок кардан**	[iʃtirok kardan]
participante (m)	**иштирокчӣ**	[iʃtiroktʃi:]
diretor (m)	**директор, мудир**	[direktor], [mudir]
direção (f)	**кумитаи ташкилкунанда**	[kumitai taʃkilkunanda]
organizador (m)	**ташкилотчӣ**	[taʃkilottʃi:]
organizar (vt)	**ташкил кардан**	[taʃkil kardan]
ficha (f) de inscrição	**ариза барои иштирок**	[ariza baroi iʃtirok]
preencher (vt)	**пур кардан**	[pur kardan]
detalhes (m pl)	**ҷузъиёт**	[dʒuz'ijɔt]
informação (f)	**ахборот**	[aχborot]
preço (m)	**нарх**	[narχ]
incluindo	**дохил карда**	[doχil karda]
incluir (vt)	**дохил кардан**	[doχil kardan]
pagar (vt)	**пул додан**	[pul dodan]
taxa (f) de inscrição	**пардохти бақайдгирӣ**	[pardoχti baqajdgiri:]
entrada (f)	**даромад**	[daromad]
pavilhão (m), salão (f)	**намоишгоҳ**	[namoiʃgoh]
inscrever (vt)	**қайд кардан**	[qajd kardan]
crachá (m)	**бэҷ**	[bɛdʒ]
stand (m)	**лавҳаи намоишӣ**	[lavhai namoiʃi:]
reservar (vt)	**нигоҳ доштан**	[nigoh doʃtan]
vitrine (f)	**витрина**	[vitrina]
lâmpada (f)	**чароғ**	[tʃaroʁ]
design (m)	**дизайн, зебосозӣ**	[dizajn], [zebosozi:]
pôr (posicionar)	**ҷойгир кардан**	[dʒojgir kardan]
ser colocado, -a	**ҷойгир шудан**	[dʒojgir ʃudan]
distribuidor (m)	**дистрибютор**	[distribjutor]
fornecedor (m)	**таъминкунанда**	[ta'minkunanda]
fornecer (vt)	**таъмин кардан**	[ta'min kardan]
país (m)	**кишвар**	[kiʃvar]
estrangeiro (adj)	**хориҷӣ**	[χoridʒi:]
produto (m)	**мол, маҳсул**	[mol], [mahsul]
associação (f)	**ассотсиатсия**	[assotsiatsija]
sala (f) de conferência	**маҷлисгоҳ**	[madʒlisgoh]

congresso (m)	**конгресс, анҷуман**	[kongress], [andʒuman]
concurso (m)	**конкурс**	[konkurs]
visitante (m)	**тамошобин**	[tamoʃobin]
visitar (vt)	**ба меҳмонӣ рафтан**	[ba mehmoni: raftan]
cliente (m)	**супоришдиҳанда**	[suporiʃdihanda]

119. Media

jornal (m)	**рӯзнома**	[rœznoma]
revista (f)	**маҷалла**	[madʒalla]
imprensa (f)	**матбуот**	[matbuot]
rádio (m)	**радио**	[radio]
estação (f) de rádio	**радиошунавой**	[radioʃunavoi:]
televisão (f)	**телевизион**	[televizion]
apresentador (m)	**баранда, роҳбалад**	[baranda], [rohbalad]
locutor (m)	**диктор**	[diktor]
comentarista (m)	**шореҳ**	[ʃoreh]
jornalista (m)	**рӯзноманигор**	[rœznomanigor]
correspondente (m)	**мухбир**	[muχbir]
repórter (m) fotográfico	**фотомухбир**	[fotomuχbir]
repórter (m)	**хабарнигор**	[χabarnigor]
redator (m)	**муҳаррир**	[muharrir]
redator-chefe (m)	**сармуҳаррир**	[sarmuharrir]
assinar a ...	**обуна шудан**	[obuna ʃudan]
assinatura (f)	**обуна**	[obuna]
assinante (m)	**обуначӣ**	[obunatʃi:]
ler (vt)	**хондан**	[χondan]
leitor (m)	**хонанда**	[χonanda]
tiragem (f)	**тираж**	[tiraʒ]
mensal (adj)	**ҳармоҳа**	[harmoha]
semanal (adj)	**ҳафтаина**	[haftaina]
número (jornal, revista)	**шумора**	[ʃumora]
recente, novo (adj)	**нав**	[nav]
manchete (f)	**сарлавҳа**	[sarlavha]
pequeno artigo (m)	**хабар**	[χabar]
coluna (~ semanal)	**сарлавҳа**	[sarlavha]
artigo (m)	**макола**	[makola]
página (f)	**саҳифа**	[sahifa]
reportagem (f)	**хабарнигорӣ**	[χabarnigori:]
evento (festa, etc.)	**воқеа, ҳодиса**	[voqea], [hodisa]
sensação (f)	**ҳангома**	[hangoma]
escândalo (m)	**ҷанҷол**	[dʒandʒol]
escandaloso (adj)	**ҷанҷолӣ**	[dʒandʒoli:]
grande (adj)	**овозадор**	[ovozador]
programa (m)	**намоиш**	[namoiʃ]
entrevista (f)	**мусоҳиба**	[musohiba]

transmissão (f) ao vivo	**намоиши мустақим**	[namoiʃi mustaqim]
canal (m)	**канал**	[kanal]

120. Agricultura

agricultura (f)	**хоҷагии қишлоқ**	[χoʤagi:i qiʃloq]
camponês (m)	**деҳқон**	[dehqon]
camponesa (f)	**деҳқонзан**	[dehqonzan]
agricultor, fazendeiro (m)	**фермер**	[fermer]
trator (m)	**трактор**	[traktor]
colheitadeira (f)	**комбайн**	[kombajn]
arado (m)	**сипор**	[sipor]
arar (vt)	**шудгор кардан**	[ʃudgor kardan]
campo (m) lavrado	**шудгор**	[ʃudgor]
sulco (m)	**огард, ҷӯяк**	[ogard], [ʤœjak]
semear (vt)	**коштан, коридан**	[koʃtan], [koridan]
plantadeira (f)	**сеялка**	[sejalka]
semeadura (f)	**кишт**	[kiʃt]
foice (m)	**пойдос**	[pojdos]
cortar com foice	**даравидан**	[daravidan]
pá (f)	**бел**	[bel]
cavar (vt)	**каланд кардан**	[kaland kardan]
enxada (f)	**каландча**	[kalandʧa]
capinar (vt)	**хишова кардан**	[χiʃova kardan]
erva (f) daninha	**алафи бегона**	[alafi begona]
regador (m)	**даҳанак**	[dahanak]
regar (plantas)	**об мондан**	[ob mondan]
rega (f)	**обмонӣ**	[obmoni:]
forquilha (f)	**панҷшоха, чоршоха**	[panʤʃoχa], [ʧorʃoχa]
ancinho (m)	**хаскашак**	[χaskaʃak]
fertilizante (m)	**пору**	[poru]
fertilizar (vt)	**пору андохтан**	[poru andoχtan]
estrume, esterco (m)	**пору**	[poru]
campo (m)	**саҳро**	[sahro]
prado (m)	**марғзор**	[marʁzor]
horta (f)	**обчакорӣ**	[obʧakori:]
pomar (m)	**боғ**	[boʁ]
pastar (vt)	**чарондан**	[ʧarondan]
pastor (m)	**подабон**	[podabon]
pastagem (f)	**чарогоҳ**	[ʧarogoh]
pecuária (f)	**чорводорӣ**	[ʧorvodori:]
criação (f) de ovelhas	**гӯсфандпарварӣ**	[gœsfandparvari:]

plantação (f)	**киштзор**	[kiʃtzor]
canteiro (m)	**чӯя, пушта**	[ʤœja], [puʃta]
estufa (f)	**гармхона**	[garmχona]
seca (f)	**хушксолӣ, хушкӣ**	[χuʃksoli:], [χuʃki:]
seco (verão ~)	**хушк**	[χuʃk]
grão (m)	**ғалла, ғалладона**	[ʁalla], [ʁalladona]
cereais (m pl)	**ғалла, ғалладона**	[ʁalla], [ʁalladona]
colher (vt)	**ғундоштан**	[ʁundoʃtan]
moleiro (m)	**осиёбон**	[osijɔbon]
moinho (m)	**осиё**	[osijɔ]
moer (vt)	**орд кардан**	[ord kardan]
farinha (f)	**орд**	[ord]
palha (f)	**коҳ**	[koh]

121. Construção. Processo de construção

canteiro (m) de obras	**бинокорӣ**	[binokori:]
construir (vt)	**бино кардан**	[bino kardan]
construtor (m)	**бинокор**	[binokor]
projeto (m)	**лоиҳа**	[loiha]
arquiteto (m)	**меъмор**	[me'mor]
operário (m)	**коргар**	[korgar]
fundação (f)	**тахкурсӣ**	[taχkursi:]
telhado (m)	**бом**	[bom]
estaca (f)	**поя**	[poja]
parede (f)	**девор**	[devor]
colunas (f pl) de sustentação	**арматура**	[armatura]
andaime (m)	**чӯбу тахтаи сохтумонӣ**	[ʧœbu taχtai soχtumoni:]
concreto (m)	**бетон**	[beton]
granito (m)	**хоро**	[χoro]
pedra (f)	**санг**	[sang]
tijolo (m)	**хишт**	[χiʃt]
areia (f)	**рег**	[reg]
cimento (m)	**симон**	[simon]
emboço, reboco (m)	**андова**	[andova]
emboçar, rebocar (vt)	**андова кардан**	[andova kardan]
tinta (f)	**ранг**	[rang]
pintar (vt)	**ранг кардан**	[rang kardan]
barril (m)	**бочка, чалак**	[boʧka], [ʧalak]
grua (f), guindaste (m)	**крани борбардор**	[krani borbardor]
erguer (vt)	**бардоштан**	[bardoʃtan]
baixar (vt)	**фуровардан**	[furovardan]
buldózer (m)	**булдозер**	[buldozer]
escavadora (f)	**экскаватор**	[ɛkskavator]

caçamba (f)	**хокандоз**	[χokandoz]
escavar (vt)	**кандан**	[kandan]
capacete (m) de proteção	**тоскулоҳ**	[toskuloh]

122. Ciência. Investigação. Cientistas

ciência (f)	**фан, илм**	[fan], [ilm]
científico (adj)	**илмӣ, фаннӣ**	[ilmi:], [fanni:]
cientista (m)	**олим**	[olim]
teoria (f)	**назария**	[nazarija]
axioma (m)	**аксиома**	[aksioma]
análise (f)	**таҳлил**	[tahlil]
analisar (vt)	**таҳлил кардан**	[tahlil kardan]
argumento (m)	**далел, бурҳон**	[dalel], [burhon]
substância (f)	**модда**	[modda]
hipótese (f)	**гипотеза, фарзия**	[gipoteza], [farzija]
dilema (m)	**дилемма**	[dilemma]
tese (f)	**рисола**	[risola]
dogma (m)	**догма**	[dogma]
doutrina (f)	**доктрина**	[doktrina]
pesquisa (f)	**таҳқиқ**	[tahqiq]
pesquisar (vt)	**таҳқиқ кардан**	[tahqiq kardan]
testes (m pl)	**назорат**	[nazorat]
laboratório (m)	**лаборатория**	[laboratorija]
método (m)	**метод**	[metod]
molécula (f)	**молекула**	[molekula]
monitoramento (m)	**мониторинг**	[monitoring]
descoberta (f)	**кашф, ихтироъ**	[kaʃf], [iχtiro']
postulado (m)	**постулат**	[postulat]
princípio (m)	**принсип**	[prinsip]
prognóstico (previsão)	**пешгӯӣ**	[peʃgœi:]
prognosticar (vt)	**пешгӯӣ кардан**	[peʃgœi: kardan]
síntese (f)	**синтез**	[sintez]
tendência (f)	**майл**	[majl]
teorema (m)	**теорема**	[teorema]
ensinamentos (m pl)	**таълимот**	[ta'limot]
fato (m)	**факт**	[fakt]
expedição (f)	**экспедитсия**	[ɛkspeditsija]
experiência (f)	**таҷриба, санҷиш**	[tadʒriba], [sandʒiʃ]
acadêmico (m)	**академик**	[akademik]
bacharel (m)	**бакалавр**	[bakalavr]
doutor (m)	**духтур, табиб**	[duχtur], [tabib]
professor (m) associado	**дотсент**	[dotsent]
mestrado (m)	**магистр**	[magistr]
professor (m)	**профессор**	[professor]

Profissões e ocupações

123. Procura de emprego. Demissão

trabalho (m)	**кор**	[kor]
equipe (f)	**кадрҳо**	[kadrho]
pessoal (m)	**ҳайат**	[hajat]
carreira (f)	**пешравӣ дар мансаб**	[peʃravi: dar mansab]
perspectivas (f pl)	**дурнамо**	[durnamo]
habilidades (f pl)	**ҳунар**	[hunar]
seleção (f)	**интихоб**	[intiχob]
agência (f) de emprego	**шӯъбаи кадрҳо**	[ʃœ'bai kadrho]
currículo (m)	**резюме, сивӣ**	[rezjume], [sivi:]
entrevista (f) de emprego	**сӯҳбат**	[sœhbat]
vaga (f)	**вазифаи холӣ**	[vazifai χoli:]
salário (m)	**музди меҳнат**	[muzdi mehnat]
salário (m) fixo	**моҳона**	[mohona]
pagamento (m)	**ҳақдиҳӣ**	[haqdihi:]
cargo (m)	**вазифа**	[vazifa]
dever (do empregado)	**вазифа**	[vazifa]
gama (f) de deveres	**ҳудуди вазифа**	[hududi vazifa]
ocupado (adj)	**серкор**	[serkor]
despedir, demitir (vt)	**озод кардан**	[ozod kardan]
demissão (f)	**аз кор холӣ шудан**	[az kor χoli: ʃudan]
desemprego (m)	**бекорӣ**	[bekori:]
desempregado (m)	**бекор**	[bekor]
aposentadoria (f)	**нафақа**	[nafaqa]
aposentar-se (vr)	**ба нафақа баромадан**	[ba nafaqa baromadan]

124. Gente de negócios

diretor (m)	**директор, мудир**	[direktor], [mudir]
gerente (m)	**идоракунанда**	[idorakunanda]
patrão, chefe (m)	**роҳбар, сардор**	[rohbar], [sardor]
superior (m)	**сардор**	[sardor]
superiores (m pl)	**сардорон**	[sardoron]
presidente (m)	**президент**	[prezident]
chairman (m)	**раис**	[rais]
substituto (m)	**ҷонишин**	[ʤoniʃin]
assistente (m)	**ёвар**	[jɔvar]

secretário (m)	**котиб**	[kotib]
secretário (m) pessoal	**котиби шахсӣ**	[kotibi ʃaχsi:]
homem (m) de negócios	**корчаллон**	[kortʃallon]
empreendedor (m)	**соҳибкор**	[sohibkor]
fundador (m)	**таъсис**	[ta'sis]
fundar (vt)	**таъсис кардан**	[ta'sis kardan]
principiador (m)	**муассис**	[muassis]
parceiro, sócio (m)	**шарик**	[ʃarik]
acionista (m)	**саҳмиядор**	[sahmijador]
milionário (m)	**миллионер**	[millioner]
bilionário (m)	**миллиардер**	[milliarder]
proprietário (m)	**соҳиб**	[sohib]
proprietário (m) de terras	**заминдор**	[zamindor]
cliente (m)	**мизоҷ, муштарӣ**	[mizodʒ], [muʃtari:]
cliente (m) habitual	**мизоҷи доимӣ**	[mizodʒi doimi:]
comprador (m)	**харидор, муштарӣ**	[χaridor], [muʃtari:]
visitante (m)	**тамошобин**	[tamoʃobin]
profissional (m)	**усто, устод**	[usto], [ustod]
perito (m)	**мумайиз**	[mumajiz]
especialista (m)	**мутахассис**	[mutaχassis]
banqueiro (m)	**соҳиби банк**	[sohibi bank]
corretor (m)	**брокер**	[broker]
caixa (m, f)	**кассир**	[kassir]
contador (m)	**бухғалтер**	[buχʁalter]
guarda (m)	**посбон**	[posbon]
investidor (m)	**маблағгузоранда**	[mablaʁguzoranda]
devedor (m)	**қарздор**	[qarzdor]
credor (m)	**қарздиҳанда**	[qarzdihanda]
mutuário (m)	**вомгир**	[vomgir]
importador (m)	**воридгари мол**	[voridgari mol]
exportador (m)	**содиргар**	[sodirgar]
produtor (m)	**истеҳолкунанда**	[isteholkunanda]
distribuidor (m)	**дистрибютор**	[distribjutor]
intermediário (m)	**даллол**	[dallol]
consultor (m)	**мушовир**	[muʃovir]
representante comercial	**намоянда**	[namojanda]
agente (m)	**агент**	[agent]
agente (m) de seguros	**идораи суғурта**	[idorai suʁurta]

125. Profissões de serviços

cozinheiro (m)	**ошпаз**	[oʃpaz]
chefe (m) de cozinha	**сарошпаз**	[saroʃpaz]

padeiro (m)	**нонвой**	[nonvoj]
barman (m)	**бармен**	[barmen]
garçom (m)	**пешхизмат**	[peʃχizmat]
garçonete (f)	**пешхизмат**	[peʃχizmat]
advogado (m)	**адвокат, ҳимоягар**	[advokat], [himojagar]
jurista (m)	**ҳуқуқшинос**	[huquqʃinos]
notário (m)	**нотариус**	[notarius]
eletricista (m)	**барқчӣ**	[barqʧi:]
encanador (m)	**сантехник**	[santeχnik]
carpinteiro (m)	**дуредгар**	[duredgar]
massagista (m)	**масҳгар**	[mashgar]
massagista (f)	**маҳсгарзан**	[mahsgarzan]
médico (m)	**духтур**	[duχtur]
taxista (m)	**таксичӣ**	[taksiʧi:]
condutor (automobilista)	**ронанда**	[ronanda]
entregador (m)	**хаткашон**	[χatkaʃon]
camareira (f)	**пешхизмат**	[peʃχizmat]
guarda (m)	**посбон**	[posbon]
aeromoça (f)	**стюардесса**	[stjuardessa]
professor (m)	**муаллим**	[muallim]
bibliotecário (m)	**китобдор**	[kitobdor]
tradutor (m)	**тарҷумон**	[tarʤumon]
intérprete (m)	**тарҷумон**	[tarʤumon]
guia (m)	**роҳбалад**	[rohbalad]
cabeleireiro (m)	**сартарош**	[sartaroʃ]
carteiro (m)	**хаткашон**	[χatkaʃon]
vendedor (m)	**фурӯш**	[furœʃ]
jardineiro (m)	**боғбон**	[boʁbon]
criado (m)	**хизматгор**	[χizmatgor]
criada (f)	**хизматгорзан**	[χizmatgorzan]
empregada (f) de limpeza	**фаррошзан**	[farroʃzan]

126. Profissões militares e postos

soldado (m) raso	**аскари қаторӣ**	[askari qatori:]
sargento (m)	**сержант**	[serʒant]
tenente (m)	**лейтенант**	[lejtenant]
capitão (m)	**капитан**	[kapitan]
major (m)	**майор**	[majɔr]
coronel (m)	**полковник**	[polkovnik]
general (m)	**генерал**	[general]
marechal (m)	**маршал**	[marʃal]
almirante (m)	**адмирал**	[admiral]
militar (m)	**ҳарбӣ, чангӣ**	[harbi:], [ʧangi:]
soldado (m)	**аскар**	[askar]

oficial (m)	**афсар**	[afsar]
comandante (m)	**командир**	[komandir]
guarda (m) de fronteira	**сарҳадбон**	[sarhadbon]
operador (m) de rádio	**радиочӣ**	[radiotʃi:]
explorador (m)	**разведкачӣ**	[razvedkatʃi:]
sapador-mineiro (m)	**сапёр**	[sapjɔr]
atirador (m)	**тирандоз**	[tirandoz]
navegador (m)	**штурман**	[ʃturman]

127. Oficiais. Padres

rei (m)	**шоҳ**	[ʃoh]
rainha (f)	**малика**	[malika]
príncipe (m)	**шоҳзода**	[ʃohzoda]
princesa (f)	**шоҳдухтар**	[ʃohduχtar]
czar (m)	**шоҳ**	[ʃoh]
czarina (f)	**шоҳзан**	[ʃohzan]
presidente (m)	**президент**	[prezident]
ministro (m)	**вазир**	[vazir]
primeiro-ministro (m)	**сарвазир**	[sarvazir]
senador (m)	**сенатор**	[senator]
diplomata (m)	**дипломат**	[diplomat]
cônsul (m)	**консул**	[konsul]
embaixador (m)	**сафир**	[safir]
conselheiro (m)	**мушовир**	[muʃovir]
funcionário (m)	**амалдор**	[amaldor]
prefeito (m)	**префект**	[prefekt]
Presidente (m) da Câmara	**мир**	[mir]
juiz (m)	**довар**	[dovar]
procurador (m)	**прокурор, додситон**	[prokuror], [dodsiton]
missionário (m)	**миссионер, мубаллиғ**	[missioner], [muballiʁ]
monge (m)	**роҳиб**	[rohib]
abade (m)	**аббат**	[abbat]
rabino (m)	**раббӣ**	[rabbi:]
vizir (m)	**вазир**	[vazir]
xá (m)	**шоҳ**	[ʃoh]
xeique (m)	**шайх**	[ʃajχ]

128. Profissões agrícolas

abelheiro (m)	**занбӯрпарвар**	[zanbœrparvar]
pastor (m)	**подабон**	[podabon]
agrônomo (m)	**агроном**	[agronom]

criador (m) de gado	**чорводор**	[ʧorvodor]
veterinário (m)	**духтури ҳайвонот**	[duχturi hajvonot]
agricultor, fazendeiro (m)	**фермер**	[fermer]
vinicultor (m)	**шаробсоз**	[ʃarobsoz]
zoólogo (m)	**зоолог**	[zoolog]
vaqueiro (m)	**ковбой**	[kovboj]

129. Profissões artísticas

ator (m)	**ҳунарманд**	[hunarmand]
atriz (f)	**ҳунарманд**	[hunarmand]
cantor (m)	**сурудхон, ҳофиз**	[surudχon], [hofiz]
cantora (f)	**сароянда**	[sarojanda]
bailarino (m)	**раққос**	[raqqos]
bailarina (f)	**раққоса**	[raqqosa]
artista (m)	**ҳунарманд**	[hunarmand]
artista (f)	**ҳунарманд**	[hunarmand]
músico (m)	**мусиқачӣ**	[musiqaʧi:]
pianista (m)	**пианинонавоз**	[pianinonavoz]
guitarrista (m)	**гиторчӣ**	[gitorʧi:]
maestro (m)	**дирижёр**	[diriʒjɔr]
compositor (m)	**композитор, бастакор**	[kompozitor], [bastakor]
empresário (m)	**импрессарио**	[impressario]
diretor (m) de cinema	**коргардон**	[korgardon]
produtor (m)	**продюсер**	[prodjuser]
roteirista (m)	**муаллифи сенарий**	[muallifi senarij]
crítico (m)	**мунаққид**	[munaqqid]
escritor (m)	**нависанда**	[navisanda]
poeta (m)	**шоир**	[ʃoir]
escultor (m)	**ҳайкалтарош**	[hajkaltaroʃ]
pintor (m)	**рассом**	[rassom]
malabarista (m)	**жонглёр**	[ʒongljɔr]
palhaço (m)	**масхарабоз**	[masχaraboz]
acrobata (m)	**дорбоз, акробат**	[dorboz], [akrobat]
ilusionista (m)	**найрангбоз**	[najrangboz]

130. Várias profissões

médico (m)	**духтур**	[duχtur]
enfermeira (f)	**ҳамшираи тиббӣ**	[hamʃirai tibbi:]
psiquiatra (m)	**равонпизишк**	[ravonpiziʃk]
dentista (m)	**дандонпизишк**	[dandonpiziʃk]
cirurgião (m)	**ҷарроҳ**	[ʤarroh]

astronauta (m)	**кайҳоннавард**	[kajhonnavard]
astrônomo (m)	**ситорашинос**	[sitoraʃinos]
piloto (m)	**лётчик**	[ljɔttʃik]
motorista (m)	**ронанда**	[ronanda]
maquinista (m)	**мошинист**	[moʃinist]
mecânico (m)	**механик**	[meχanik]
mineiro (m)	**конкан**	[konkan]
operário (m)	**коргар**	[korgar]
serralheiro (m)	**челонгар**	[tʃelongar]
marceneiro (m)	**дуредгар, наҷҷор**	[duredgar], [nadʒdʒor]
torneiro (m)	**харрот**	[χarrot]
construtor (m)	**бинокор**	[binokor]
soldador (m)	**кафшергар**	[kafʃergar]
professor (m)	**профессор**	[professor]
arquiteto (m)	**меъмор**	[me'mor]
historiador (m)	**таърихдон**	[ta'riχdon]
cientista (m)	**олим**	[olim]
físico (m)	**физик**	[fizik]
químico (m)	**химик**	[χimik]
arqueólogo (m)	**археолог**	[arχeolog]
geólogo (m)	**геолог**	[geolog]
pesquisador (cientista)	**таҳқиқотчӣ**	[tahqikottʃi:]
babysitter, babá (f)	**бачабардор**	[batʃabardor]
professor (m)	**муаллим**	[muallim]
redator (m)	**муҳаррир**	[muharrir]
redator-chefe (m)	**сармуҳаррир**	[sarmuharrir]
correspondente (m)	**мухбир**	[muχbir]
datilógrafa (f)	**мошинистка**	[moʃinistka]
designer (m)	**дизайнгар, зебосоз**	[dizajngar], [zebosoz]
especialista (m) em informática	**устои компютер**	[ustoi kompjuter]
programador (m)	**барномасоз**	[barnomasoz]
engenheiro (m)	**инженер**	[inʒener]
marujo (m)	**баҳрчӣ**	[bahrtʃi:]
marinheiro (m)	**баҳрчӣ, маллоҳ**	[bahrtʃi:], [malloh]
socorrista (m)	**наҷотдиҳанда**	[nadʒotdihanda]
bombeiro (m)	**сӯхторхомӯшкун**	[sœχtorχomœʃkun]
polícia (m)	**полис**	[polis]
guarda-noturno (m)	**посбон**	[posbon]
detetive (m)	**ҷустуҷӯкунанда**	[dʒustudʒœkunanda]
funcionário (m) da alfândega	**гумрукчӣ**	[gumruktʃi:]
guarda-costas (m)	**муҳофиз**	[muhofiz]
guarda (m) prisional	**назоратчии ҳабсхона**	[nazorattʃi:i habsχona]
inspetor (m)	**назоратчӣ**	[nazorattʃi:]
esportista (m)	**варзишгар**	[varziʃgar]
treinador (m)	**тренер**	[trener]

açougueiro (m)	**қассоб, гӯштфурӯш**	[qassob], [gœʃtfurœʃ]
sapateiro (m)	**мӯзадӯз**	[mœzadœz]
comerciante (m)	**савдогар, тоҷир**	[savdogar], [todʒir]
carregador (m)	**борбардор**	[borbardor]
estilista (m)	**тарҳсоз**	[tarhsoz]
modelo (f)	**модел**	[model]

131. Ocupações. Estatuto social

estudante (~ de escola)	**мактабхон**	[maktabχon]
estudante (~ universitária)	**донишҷӯ**	[doniʃdʒœ]
filósofo (m)	**файласуф**	[fajlasuf]
economista (m)	**иқтисодчӣ**	[iqtisodtʃi:]
inventor (m)	**ихтироъкор**	[iχtiro'kor]
desempregado (m)	**бекор**	[bekor]
aposentado (m)	**нафақахӯр**	[nafaqaχœr]
espião (m)	**ҷосус**	[dʒosus]
preso, prisioneiro (m)	**маҳбус**	[mahbus]
grevista (m)	**корпарто**	[korparto]
burocrata (m)	**бюрократ**	[bjurokrat]
viajante (m)	**сайёҳ**	[sajjoχ]
homossexual (m)	**гомосексуалист**	[gomoseksualist]
hacker (m)	**хакер**	[χaker]
hippie (m, f)	**хиппи**	[χippi]
bandido (m)	**роҳзан**	[rohzan]
assassino (m)	**қотили зархарид**	[qotili zarχarid]
drogado (m)	**нашъаманд**	[naʃ'amand]
traficante (m)	**нашъаҷаллоб**	[naʃ'adʒallob]
prostituta (f)	**фоҳиша**	[fohiʃa]
cafetão (m)	**занҷаллоб**	[zandʒallob]
bruxo (m)	**ҷодугар**	[dʒodugar]
bruxa (f)	**занаки ҷодугар**	[zanaki dʒodugar]
pirata (m)	**роҳзани баҳрӣ**	[rohzani bahri:]
escravo (m)	**ғулом**	[ʁulom]
samurai (m)	**самурай**	[samuraj]
selvagem (m)	**одами ваҳшӣ**	[odami vahʃi:]

Desportos

132. Tipos de desportos. Desportistas

esportista (m)	**варзишгар**	[varziʃgar]
tipo (m) de esporte	**намуди варзиш**	[namudi varziʃ]
basquete (m)	**баскетбол**	[basketbol]
jogador (m) de basquete	**баскетболбоз**	[basketbolboz]
beisebol (m)	**бейсбол**	[bejsbol]
jogador (m) de beisebol	**бейсболчӣ**	[bejsboltʃi:]
futebol (m)	**футбол**	[futbol]
jogador (m) de futebol	**футболбоз**	[futbolboz]
goleiro (m)	**дарвозабон**	[darvozabon]
hóquei (m)	**хоккей**	[χokkej]
jogador (m) de hóquei	**хоккейбоз**	[χokkejboz]
vôlei (m)	**волейбол**	[volejbol]
jogador (m) de vôlei	**волейболбоз**	[volejbolboz]
boxe (m)	**бокс**	[boks]
boxeador (m)	**боксёр**	[boksjɔr]
luta (f)	**гӯштин**	[gœʃtin]
lutador (m)	**гӯштингир**	[gœʃtingir]
caratê (m)	**карате**	[karate]
carateca (m)	**каратечӣ**	[karatetʃi:]
judô (m)	**дзюдо**	[dzjudo]
judoca (m)	**дзюдочӣ**	[dzjudotʃi:]
tênis (m)	**теннис**	[tennis]
tenista (m)	**теннисбоз**	[tennisboz]
natação (f)	**шиноварӣ**	[ʃinovari:]
nadador (m)	**шиновар**	[ʃinovar]
esgrima (f)	**шамшербозӣ**	[ʃamʃerbozi:]
esgrimista (m)	**шамшербоз**	[ʃamʃerboz]
xadrez (m)	**шоҳмот**	[ʃohmot]
jogador (m) de xadrez	**шоҳмотбоз**	[ʃohmotboz]
alpinismo (m)	**кӯҳнавардӣ**	[kœhnavardi:]
alpinista (m)	**кӯҳнавард**	[kœhnavard]
corrida (f)	**давидани**	[davidani]

corredor (m)	**даванда**	[davanda]
atletismo (m)	**атлетикаи сабук**	[atletikai sabuk]
atleta (m)	**варзишгар**	[varziʃgar]
hipismo (m)	**варзиши аспӣ**	[varziʃi aspi:]
cavaleiro (m)	**човандоз**	[ʧovandoz]
patinação (f) artística	**рақси рӯи ях**	[raqsi rœi jaχ]
patinador (m)	**раққоси рӯи ях**	[raqqosi rœi jaχ]
patinadora (f)	**раққосаи рӯи ях**	[raqqosai rœi jaχ]
halterofilismo (m)	**варзиши вазнин**	[varziʃi vaznin]
halterofilista (m)	**вазнабардор**	[vaznabardor]
corrida (f) de carros	**пойгаи мошинҳо**	[pojgai moʃinho]
piloto (m)	**пойгачи**	[pojgaʧi]
ciclismo (m)	**спорти велосипедронӣ**	[sporti velosipedroni:]
ciclista (m)	**велосипедрон**	[velosipedron]
salto (m) em distância	**ҷаҳиш ба дарозӣ**	[ʤahiʃ ba darozi:]
salto (m) com vara	**ҷаҳиш бо хода**	[ʤahiʃ bo χoda]
atleta (m) de saltos	**ҷаҳанда**	[ʤahanda]

133. Tipos de desportos. Diversos

futebol (m) americano	**футболи америкоӣ**	[futboli amerikoi:]
badminton (m)	**бадминтон**	[badminton]
biatlo (m)	**биатлон**	[biatlon]
bilhar (m)	**билярдбозӣ**	[biljardbozi:]
bobsled (m)	**бобслей**	[bobslej]
musculação (f)	**бодибилдинг**	[bodibilding]
polo (m) aquático	**тӯббозӣ дар об**	[tœbbozj dar ob]
handebol (m)	**гандбол**	[gandbol]
golfe (m)	**голф**	[golf]
remo (m)	**қаиқронӣ**	[qaiqroni:]
mergulho (m)	**дайвинг**	[dajving]
corrida (f) de esqui	**пойгаи лижаронҳо**	[pojgai liʒaronho]
tênis (m) de mesa	**тенниси рӯимизӣ**	[tennisi rœimizi:]
vela (f)	**варзиши парусӣ**	[varziʃi parusi:]
rali (m)	**ралли**	[ralli]
rúgbi (m)	**регби**	[regbi]
snowboard (m)	**сноуборд**	[snoubord]
arco-e-flecha (m)	**камонварӣ**	[kamonvari:]

134. Ginásio

barra (f)	**вазна**	[vazna]
halteres (m pl)	**гантел**	[gantel]

aparelho (m) de musculação — **дастгоҳи варзишӣ** — [dastgohi varziʃi:]
bicicleta (f) ergométrica — **велотренажёр** — [velotrenaʒjɔr]
esteira (f) de corrida — **роҳи пойга** — [rohi pojga]

barra (f) fixa — **турник** — [turnik]
barras (f pl) paralelas — **брус** — [brus]
cavalo (m) — **асп** — [asp]
tapete (m) de ginástica — **гилеми варзишӣ** — [gilemi varziʃi:]

corda (f) de saltar — **ҷастак** — [dʒastak]
aeróbica (f) — **аэробика** — [aɛrobika]
ioga, yoga (f) — **йога** — [jɔga]

135. Hóquei

hóquei (m) — **хоккей** — [χokkej]
jogador (m) de hóquei — **хоккейбоз** — [χokkejboz]
jogar hóquei — **хоккейбозӣ кардан** — [χokkejbozi: kardan]
gelo (m) — **ях** — [jaχ]

disco (m) — **шайба** — [ʃajba]
taco (m) de hóquei — **чавгон** — [ʧavgon]
patins (m pl) de gelo — **конки** — [konki]

muro (m) — **девора** — [devora]
tiro (m) — **партофт** — [partoft]

goleiro (m) — **дарвозабон** — [darvozabon]
gol (m) — **гол, хол** — [gol], [χol]
marcar um gol — **гол задан** — [gol zadan]

tempo (m) — **қисм** — [qism]
segundo tempo (m) — **қисми дуюм** — [qismi dujum]
banco (m) de reservas — **нишастгоҳи бозингарони эҳтиётӣ** — [niʃastgohi bozingaroni ɛhtijɔti:]

136. Futebol

futebol (m) — **футбол** — [futbol]
jogador (m) de futebol — **футболбоз** — [futbolboz]
jogar futebol — **футболбозӣ кардан** — [futbolbozi: kardan]

Time (m) Principal — **лигаи олӣ** — [ligai oli:]
time (m) de futebol — **клуби футбол** — [klubi futbol]
treinador (m) — **тренер** — [trener]
proprietário (m) — **соҳиб** — [sohib]

equipe (f) — **команда** — [komanda]
capitão (m) — **капитани даста** — [kapitani dasta]
jogador (m) — **бозингар** — [bozingar]
jogador (m) reserva — **бозигари эҳтиётӣ** — [bozigari ɛhtijɔti:]
atacante (m) — **ҳуҷумкунанда** — [hudʒumkunanda]

centroavante (m) **ҳуҷумкунандаи марказӣ** [hudʒumkunandai markazi:]
marcador (m) **нишонзан** [niʃonzan]
defesa (m) **ҳимоятгар** [himojatgar]
meio-campo (m) **ниммуҳофиз** [nimmuhofiz]

jogo (m), partida (f) **вохӯрӣ** [voχœri:]
encontrar-se (vr) **мулоқот кардан** [muloqot kardan]
final (m) **финал** [final]
semifinal (f) **нимфинал** [nimfinal]
campeonato (m) **чемпионат** [ʧempionat]

tempo (m) **тайм** [tajm]
primeiro tempo (m) **қисми якум** [qismi jakum]
intervalo (m) **танаффус** [tanaffus]

goleira (f) **дарвоза** [darvoza]
goleiro (m) **дарвозабон** [darvozabon]
trave (f) **пахлучӯб** [pahluʧœb]
travessão (m) **болочӯби дарвоза** [boloʧœbi darvoza]
rede (f) **тӯр** [tœr]
tomar um gol **гол сар додан** [gol sar dodan]

bola (f) **тӯб** [tœb]
passe (m) **тӯбро додан** [tœbro dodan]
chute (m) **зарб, зарба** [zarb], [zarba]
chutar (vt) **зарба задан** [zarba zadan]
pontapé (m) **тӯби ҷаримавӣ** [tœbi dʒarimavi:]
escanteio (m) **тӯби кунҷӣ** [tœbi kundʒi:]

ataque (m) **ҳуҷум, ҳамла** [hudʒum], [hamla]
contra-ataque (m) **ҳамлаи ҷавобӣ** [hamlai dʒavobi:]
combinação (f) **комбинатсия** [kombinatsija]

árbitro (m) **довар** [dovar]
apitar (vi) **ҳуштак кашидан** [huʃtak kaʃidan]
apito (m) **ҳуштак** [huʃtak]
falta (f) **вайронкунии қоидаи бозӣ** [vajronkuni:i qoidai bozi:]
cometer a falta **вайрон кардани қоидаи бозӣ** [vajron kardani qoidai bozi:]
expulsar (vt) **берун кардан аз майдон** [berun kardan az majdon]

cartão (m) amarelo **корти зард** [korti zard]
cartão (m) vermelho **корти сурх** [korti surχ]
desqualificação (f) **маҳрум** [mahrum]
desqualificar (vt) **маҳрум кардан** [mahrum kardan]

pênalti (m) **ҷаримаи ёздаҳметра** [dʒarimai jɔzdahmetra]
barreira (f) **девор** [devor]
marcar (vt) **гол задан** [gol zadan]
gol (m) **гол, хол** [gol], [χol]
marcar um gol **гол задан** [gol zadan]

substituição (f) **иваз** [ivaz]
substituir (vt) **иваз кардан** [ivaz kardan]
regras (f pl) **қоидаҳо** [qoidaho]
tática (f) **тактика** [taktika]

estádio (m)	**варзишгоҳ**	[varziʃgoh]
arquibancadas (f pl)	**нишастгоҳ**	[niʃastgoh]
fã, torcedor (m)	**мухлис**	[muχlis]
gritar (vi)	**дод задан**	[dod zadan]
placar (m)	**намолавҳа**	[namolavha]
resultado (m)	**ҳисоб**	[hisob]
derrota (f)	**бохт**	[boχt]
perder (vt)	**бохтан**	[boχtan]
empate (m)	**дуранг**	[durang]
empatar (vi)	**бозиро дуранг кардан**	[boziro durang kardan]
vitória (f)	**ғалаба**	[ʁalaba]
vencer (vi, vt)	**ғалаба кардан**	[ʁalaba kardan]
campeão (m)	**чемпион**	[ʧempion]
melhor (adj)	**беҳтарин**	[behtarin]
felicitar (vt)	**муборакбод гуфтан**	[muborakbod guftan]
comentarista (m)	**шореҳ**	[ʃoreh]
comentar (vt)	**шарҳ додан**	[ʃarh dodan]
transmissão (f)	**намоиш**	[namoiʃ]

137. Esqui alpino

esqui (m)	**лижа**	[liʒa]
esquiar (vi)	**лижаронӣ**	[liʒaroni:]
estação (f) de esqui	**истироҳатгоҳи лижаронӣ**	[istirohatgohi liʒaroni:]
teleférico (m)	**болобардор**	[bolobardor]
bastões (m pl) de esqui	**ходаҳо**	[χodaho]
declive (m)	**нишебӣ**	[niʃebi:]
slalom (m)	**слалом**	[slalom]

138. Tênis. Golfe

golfe (m)	**голф**	[golf]
clube (m) de golfe	**клуби голф**	[klubi golf]
jogador (m) de golfe	**бозингари голф**	[bozingari golf]
buraco (m)	**чуқурча, марра**	[ʧuqurʧa], [marra]
taco (m)	**чавгон**	[ʧavgon]
trolley (m)	**ароба чавгонкашӣ**	[aroba ʧavgonkaʃi:]
tênis (m)	**теннис**	[tennis]
quadra (f) de tênis	**корт**	[kort]
saque (m)	**задан**	[zadan]
sacar (vi)	**задан**	[zadan]
raquete (f)	**ракетка**	[raketka]
rede (f)	**тӯр**	[tœr]
bola (f)	**тӯб**	[tœb]

139. Xadrez

xadrez (m)	**шоҳмотбозӣ**	[ʃohmotbozi:]
peças (f pl) de xadrez	**мӯҳраҳо**	[mœhraho]
jogador (m) de xadrez	**шоҳмотбоз**	[ʃohmotboz]
tabuleiro (m) de xadrez	**тахтаи шоҳмот**	[taχtai ʃohmot]
peça (f)	**мӯҳра**	[mœhra]
brancas (f pl)	**мӯҳраҳои сафед**	[mœhrahoi safed]
pretas (f pl)	**сиёҳҳо**	[sijɔhho]
peão (m)	**пиёда**	[pijɔda]
bispo (m)	**фил**	[fil]
cavalo (m)	**асп**	[asp]
torre (f)	**рух**	[ruχ]
dama (f)	**фарзин**	[farzin]
rei (m)	**шоҳ**	[ʃoh]
vez (f)	**гашт**	[gaʃt]
mover (vt)	**гаштан**	[gaʃtan]
sacrificar (vt)	**нисор кардан**	[nisor kardan]
roque (m)	**қалъабандӣ**	[qal'abandi:]
xeque (m)	**кишт**	[kiʃt]
xeque-mate (m)	**мот**	[mot]
torneio (m) de xadrez	**мусобиқаи шоҳмотбозӣ**	[musobiqai ʃohmotbozi:]
grão-mestre (m)	**гроссмейстер**	[grossmejster]
combinação (f)	**комбинатсия**	[kombinatsija]
partida (f)	**як бор бозӣ**	[jak bor bozi:]
jogo (m) de damas	**дамкабозӣ**	[damkabozi:]

140. Boxe

boxe (m)	**бокс**	[boks]
combate (m)	**ҷанг**	[ʤang]
luta (f) de boxe	**ҷанги тан ба тан**	[ʤangi tan ba tan]
round (m)	**давр**	[davr]
ringue (m)	**ринг**	[ring]
gongo (m)	**гонг**	[gong]
murro, soco (m)	**зарб, зарба**	[zarb], [zarba]
derrubada (f)	**нокдаун**	[nokdaun]
nocaute (m)	**нокаут**	[nokaut]
nocautear (vt)	**нокаут кардан**	[nokaut kardan]
luva (f) de boxe	**дастпӯшаки боксёр**	[dastpœʃaki boksjɔr]
juiz (m)	**ҳакам**	[hakam]
peso-pena (m)	**вазни сабук**	[vazni sabuk]
peso-médio (m)	**вазни миёна**	[vazni mijɔna]
peso-pesado (m)	**вазни калон**	[vazni kalon]

141. Desportos. Diversos

Jogos (m pl) Olímpicos	**Бозиҳои олимпӣ**	[bozihoi olimpi:]
vencedor (m)	**ғолиб**	[ʁolib]
vencer (vi)	**ғалаба кардан**	[ʁalaba kardan]
vencer (vi, vt)	**бурдан**	[burdan]
líder (m)	**пешсаф**	[peʃsaf]
liderar (vt)	**пешсаф будан**	[peʃsaf budan]
primeiro lugar (m)	**ҷойи аввал**	[ʤoji avval]
segundo lugar (m)	**ҷойи дуюм**	[ʤoji dujum]
terceiro lugar (m)	**ҷойи сеюм**	[ʤoji sejum]
medalha (f)	**медал**	[medal]
troféu (m)	**ғанимат**	[ʁanimat]
taça (f)	**кубок**	[kubok]
prêmio (m)	**мукофот**	[mukofot]
prêmio (m) principal	**мукофоти асосӣ**	[mukofoti asosi:]
recorde (m)	**рекорд**	[rekord]
estabelecer um recorde	**рекорд нишон додан**	[rekord niʃon dodan]
final (m)	**финал**	[final]
final (adj)	**финалӣ**	[finali:]
campeão (m)	**чемпион**	[ʧempion]
campeonato (m)	**чемпионат**	[ʧempionat]
estádio (m)	**варзишгоҳ**	[varziʃgoh]
arquibancadas (f pl)	**нишастгоҳ**	[niʃastgoh]
fã, torcedor (m)	**мухлис**	[muχlis]
adversário (m)	**рақиб**	[raqib]
partida (f)	**пилла**	[pilla]
linha (f) de chegada	**марра**	[marra]
derrota (f)	**бохт**	[boχt]
perder (vt)	**бохтан**	[boχtan]
árbitro, juiz (m)	**довар**	[dovar]
júri (m)	**ҳакамон**	[hakamon]
resultado (m)	**ҳисоб**	[hisob]
empate (m)	**дуранг**	[durang]
empatar (vi)	**бозиро дуранг кардан**	[boziro durang kardan]
ponto (m)	**хол**	[χol]
resultado (m) final	**натиҷа**	[natiʤa]
tempo (m)	**қисм**	[qism]
intervalo (m)	**танаффус**	[tanaffus]
doping (m)	**допинг**	[doping]
penalizar (vt)	**ҷарима андохтан**	[ʤarima andoχtan]
desqualificar (vt)	**маҳрум кардан**	[mahrum kardan]
aparelho, aparato (m)	**асбобу олати варзиш**	[asbobu olati varziʃ]

dardo (m)	**найза**	[najza]
peso (m)	**гулӯла**	[gulœla]
bola (f)	**сакқо**	[sakqo]
alvo, objetivo (m)	**ҳадаф**	[hadaf]
alvo (~ de papel)	**ҳадаф, нишон**	[hadaf], [niʃon]
disparar, atirar (vi)	**тир задан**	[tir zadan]
preciso (tiro ~)	**аниқ**	[aniq]
treinador (m)	**тренер**	[trener]
treinar (vt)	**машқ додан**	[maʃq dodan]
treinar-se (vr)	**машқ кардан**	[maʃq kardan]
treino (m)	**машқ**	[maʃq]
academia (f) de ginástica	**толори варзишӣ**	[tolori varziʃi:]
exercício (m)	**машқ**	[maʃq]
aquecimento (m)	**гарм кардани бадан**	[garm kardani badan]

Educação

142. Escola

escola (f)	**мактаб**	[maktab]
diretor (m) de escola	**директори мактаб**	[direktori maktab]
aluno (m)	**талаба**	[talaba]
aluna (f)	**толиба**	[toliba]
estudante (m)	**мактабхон**	[maktabχon]
estudante (f)	**духтари мактабхон**	[duχtari maktabχon]
ensinar (vt)	**меомӯзонад**	[meomœzonad]
aprender (vt)	**омӯхтан**	[omœχtan]
decorar (vt)	**аз ёд кардан**	[az jɔd kardan]
estudar (vi)	**омӯхтан**	[omœχtan]
estar na escola	**дар мактаб хондан**	[dar maktab χondan]
ir à escola	**ба мактаб рафтан**	[ba maktab raftan]
alfabeto (m)	**алифбо**	[alifbo]
disciplina (f)	**фан**	[fan]
sala (f) de aula	**синф, дарсхона**	[sinf], [darsχona]
lição, aula (f)	**дарс**	[dars]
recreio (m)	**танаффус**	[tanaffus]
toque (m)	**занг**	[zang]
classe (f)	**парта**	[parta]
quadro (m) negro	**тахтаи синф**	[taχtai sinf]
nota (f)	**баҳо**	[baho]
boa nota (f)	**баҳои хуб**	[bahoi χub]
nota (f) baixa	**баҳои бад**	[bahoi bad]
dar uma nota	**баҳо гузоштан**	[baho guzoʃtan]
erro (m)	**хато**	[χato]
errar (vi)	**хато кардан**	[χato kardan]
corrigir (~ um erro)	**ислоҳ кардан**	[isloh kardan]
cola (f)	**шпаргалка**	[ʃpargalka]
dever (m) de casa	**вазифаи хонагӣ**	[vazifai χonagi:]
exercício (m)	**машқ**	[maʃq]
estar presente	**иштирок доштан**	[iʃtirok doʃtan]
estar ausente	**набудан**	[nabudan]
faltar às aulas	**ба дарс нарафтан**	[ba dars naraftan]
punir (vt)	**ҷазо додан**	[dʒazo dodan]
punição (f)	**ҷазо**	[dʒazo]
comportamento (m)	**рафтор**	[raftor]

boletim (m) escolar	**рӯзнома**	[rœznoma]
lápis (m)	**қалам**	[qalam]
borracha (f)	**ластик**	[lastik]
giz (m)	**бӯр**	[bœr]
porta-lápis (m)	**қаламдон**	[qalamdon]
mala, pasta, mochila (f)	**ҷузвкаш**	[ʤuzvkaʃ]
caneta (f)	**ручка**	[ruʧka]
caderno (m)	**дафтар**	[daftar]
livro (m) didático	**китоби дарсӣ**	[kitobi darsi:]
compasso (m)	**паргор**	[pargor]
traçar (vt)	**нақша кашидан**	[naqʃa kaʃidan]
desenho (m) técnico	**нақша, тарҳ**	[naqʃa], [tarh]
poesia (f)	**шеър**	[ʃe'r]
de cor	**аз ёд**	[az jɔd]
decorar (vt)	**аз ёд кардан**	[az jɔd kardan]
férias (f pl)	**таътил**	[ta'til]
estar de férias	**дар таътил будан**	[dar ta'til budan]
passar as férias	**таътилро гузаронидан**	[ta'tilro guzaronidan]
teste (m), prova (f)	**кори санҷишӣ**	[kori sanʤiʃi:]
redação (f)	**иншо**	[inʃo]
ditado (m)	**диктант, имло**	[diktant], [imlo]
exame (m), prova (f)	**имтиҳон**	[imtihon]
fazer prova	**имтиҳон супоридан**	[imtihon suporidan]
experiência (~ química)	**таҷриба, санҷиш**	[taʤriba], [sanʤiʃ]

143. Colégio. Universidade

academia (f)	**академия**	[akademija]
universidade (f)	**университет**	[universitet]
faculdade (f)	**факулта**	[fakulta]
estudante (m)	**донишҷӯ**	[doniʃʤœ]
estudante (f)	**донишҷӯ**	[doniʃʤœ]
professor (m)	**устод**	[ustod]
auditório (m)	**синф**	[sinf]
graduado (m)	**хатмкунанда**	[χatmkunanda]
diploma (m)	**диплом**	[diplom]
tese (f)	**рисола**	[risola]
estudo (obra)	**тадқиқот**	[tadqiqot]
laboratório (m)	**лаборатория**	[laboratorija]
palestra (f)	**лексия**	[lekcija]
colega (m) de curso	**ҳамкурс**	[hamkurs]
bolsa (f) de estudos	**стипендия**	[stipendija]
grau (m) acadêmico	**унвони илмӣ**	[unvoni ilmi:]

144. Ciências. Disciplinas

matemática (f)	**математика**	[matematika]
álgebra (f)	**алгебра, алҷабр**	[algebra], [alʤabr]
geometria (f)	**геометрия**	[geometrija]
astronomia (f)	**ситорашиносӣ**	[sitoraʃinosi:]
biologia (f)	**биология, илми ҳаёт**	[biologija], [ilmi hajɔt]
geografia (f)	**география**	[geografija]
geologia (f)	**геология**	[geologija]
história (f)	**таърих**	[ta'riχ]
medicina (f)	**тиб**	[tib]
pedagogia (f)	**омӯзгорӣ**	[omœzgori:]
direito (m)	**ҳуқуқ**	[huquq]
física (f)	**физика**	[fizika]
química (f)	**химия**	[χimija]
filosofia (f)	**фалсафа**	[falsafa]
psicologia (f)	**равоншиносӣ**	[ravonʃinosi:]

145. Sistema de escrita. Ortografia

gramática (f)	**грамматика**	[grammatika]
vocabulário (m)	**лексика**	[leksika]
fonética (f)	**савтиёт**	[savtijɔt]
substantivo (m)	**исм**	[ism]
adjetivo (m)	**сифат**	[sifat]
verbo (m)	**феъл**	[fe'l]
advérbio (m)	**зарф**	[zarf]
pronome (m)	**ҷонишин**	[ʤoniʃin]
interjeição (f)	**нидо**	[nido]
preposição (f)	**пешоянд**	[peʃojand]
raiz (f)	**решаи калима**	[reʃai kalima]
terminação (f)	**бандак**	[bandak]
prefixo (m)	**префикс**	[prefiks]
sílaba (f)	**ҳиҷо**	[hiʤo]
sufixo (m)	**суффикс**	[suffiks]
acento (m)	**зада**	[zada]
apóstrofo (f)	**апостроф**	[apostrof]
ponto (m)	**нуқта**	[nuqta]
vírgula (f)	**вергул**	[vergul]
ponto e vírgula (m)	**нуқтаву вергул**	[nuqtavu vergul]
dois pontos (m pl)	**ду нуқта**	[du nuqta]
reticências (f pl)	**бисёрнуқта**	[bisjɔrnuqta]
ponto (m) de interrogação	**аломати савол**	[alomati savol]
ponto (m) de exclamação	**аломати хитоб**	[alomati χitob]

aspas (f pl)	**нохунак**	[noχunak]
entre aspas	**дар нохунак**	[dar noχunak]
parênteses (m pl)	**қавсҳо**	[qavsho]
entre parênteses	**дар қавс**	[dar qavs]
hífen (m)	**нимтире**	[nimtire]
travessão (m)	**тире**	[tire]
espaço (m)	**масофа**	[masofa]
letra (f)	**ҳарф**	[harf]
letra (f) maiúscula	**ҳарфи калон**	[harfi kalon]
vogal (f)	**садонок**	[sadonok]
consoante (f)	**овози ҳамсадо**	[ovozi hamsado]
frase (f)	**ҷумла**	[ʤumla]
sujeito (m)	**мубтадо**	[mubtado]
predicado (m)	**хабар**	[χabar]
linha (f)	**сатр, хат**	[satr], [χat]
em uma nova linha	**аз хати нав**	[az χati nav]
parágrafo (m)	**сарсатр**	[sarsatr]
palavra (f)	**калима**	[kalima]
grupo (m) de palavras	**ибора**	[ibora]
expressão (f)	**ибора**	[ibora]
sinônimo (m)	**муродиф**	[murodif]
antônimo (m)	**антоним**	[antonim]
regra (f)	**қоида**	[qoida]
exceção (f)	**истисно**	[istisno]
correto (adj)	**дуруст**	[durust]
conjugação (f)	**тасриф**	[tasrif]
declinação (f)	**тасриф**	[tasrif]
caso (m)	**ҳолат**	[holat]
pergunta (f)	**савол**	[savol]
sublinhar (vt)	**хат кашидан**	[χat kaʃidan]
linha (f) pontilhada	**қаторнуқта**	[qatornuqta]

146. Línguas estrangeiras

língua (f)	**забон**	[zabon]
estrangeiro (adj)	**хориҷӣ**	[χoriʤi:]
língua (f) estrangeira	**забони хориҷӣ**	[zaboni χoriʤi:]
estudar (vt)	**омӯхтан**	[omœχtan]
aprender (vt)	**омӯхтан**	[omœχtan]
ler (vt)	**хондан**	[χondan]
falar (vi)	**гап задан**	[gap zadan]
entender (vt)	**фаҳмидан**	[fahmidan]
escrever (vt)	**навиштан**	[naviʃtan]
rapidamente	**босуръат**	[bosur'at]
devagar, lentamente	**оҳиста**	[ohista]

fluentemente	**озодона**	[ozodona]
regras (f pl)	**қоидаҳо**	[qoidaho]
gramática (f)	**грамматика**	[grammatika]
vocabulário (m)	**лексика**	[leksika]
fonética (f)	**савтиёт**	[savtijɔt]
livro (m) didático	**китоби дарсӣ**	[kitobi darsi:]
dicionário (m)	**луғат**	[luʁat]
manual (m) autodidático	**худомӯз**	[χudomœz]
guia (m) de conversação	**сӯҳбатнома**	[sœhbatnoma]
fita (f) cassete	**кассета**	[kasseta]
videoteipe (m)	**видеокассета**	[videokasseta]
CD (m)	**CD, диски компактӣ**	[ɔɛ], [diski kompakti:]
DVD (m)	**DVD-диск**	[ɛøɛ-disk]
alfabeto (m)	**алифбо**	[alifbo]
soletrar (vt)	**ҳарфакӣ гап задан**	[harfaki: gap zadan]
pronúncia (f)	**талаффуз**	[talaffuz]
sotaque (m)	**зада, аксент**	[zada], [aksent]
com sotaque	**бо аксент**	[bo aksent]
sem sotaque	**бе аксент**	[be aksent]
palavra (f)	**калима**	[kalima]
sentido (m)	**маънӣ, маъно**	[ma'ni:], [ma'no]
curso (m)	**курсҳо, дарсҳо**	[kursho], [darsho]
inscrever-se (vr)	**дохил шудан**	[doχil ʃudan]
professor (m)	**муаллим**	[muallim]
tradução (processo)	**тарҷума**	[tarʤuma]
tradução (texto)	**тарҷума**	[tarʤuma]
tradutor (m)	**тарҷумон**	[tarʤumon]
intérprete (m)	**тарҷумон**	[tarʤumon]
poliglota (m)	**забондон**	[zabondon]
memória (f)	**ҳофиза**	[hofiza]

147. Personagens de contos de fadas

Papai Noel (m)	**Бобои барфӣ**	[boboi barfi:]
Cinderela (f)	**Золушка**	[zoluʃka]
sereia (f)	**парии обӣ**	[pari:i obi:]
Netuno (m)	**Нептун**	[neptun]
bruxo, feiticeiro (m)	**сеҳркунанда**	[sehrkunanda]
fada (f)	**зани сеҳркунанда**	[zani sehrkunanda]
mágico (adj)	**... и сеҳрнок**	[i sehrnok]
varinha (f) mágica	**чӯбчаи сеҳрнок**	[ʧœbʧai sehrnok]
conto (m) de fadas	**афсона**	[afsona]
milagre (m)	**мӯъҷиза**	[mœ'ʤiza]
anão (m)	**гном**	[gnom]

transformar-se em ...	**табдил ёфтан**	[tabdil jɔftan]
fantasma (m)	**шабаҳ**	[ʃabah]
fantasma (m)	**шабаҳ**	[ʃabah]
monstro (m)	**дев, аждар**	[dev], [aʒdar]
dragão (m)	**аждар, аждаҳо**	[aʒdar], [aʒdaho]
gigante (m)	**азимҷусса**	[azimdʒussa]

148. Signos do Zodíaco

Áries (f)	**Ҳамал**	[hamal]
Touro (m)	**Савр**	[savr]
Gêmeos (m pl)	**Дугоник**	[dugonik]
Câncer (m)	**Саратон**	[saraton]
Leão (m)	**Асад**	[asad]
Virgem (f)	**Ҷавзо**	[dʒavzo]
Libra (f)	**Мизон**	[mizon]
Escorpião (m)	**Ақраб**	[aqrab]
Sagitário (m)	**қавс**	[qavs]
Capricórnio (m)	**Ҷадӣ**	[dʒadi:]
Aquário (m)	**Далв**	[dalv]
Peixes (pl)	**Ҳут**	[hut]
caráter (m)	**феъл, табиат**	[fe'l], [tabiat]
traços (m pl) do caráter	**нишонаҳои хислат**	[niʃonahoi χislat]
comportamento (m)	**хулқ**	[χulq]
prever a sorte	**фол дидан**	[fol didan]
adivinha (f)	**фолбин, фолбинзан**	[folbin], [folbinzan]
horóscopo (m)	**фолнома**	[folnoma]

Artes

149. Teatro

teatro (m)	**театр**	[teatr]
ópera (f)	**опера**	[opera]
opereta (f)	**оперетта**	[operetta]
balé (m)	**балет**	[balet]
cartaz (m)	**эълонномa**	[ɛ'lonnoma]
companhia (f) de teatro	**ҳайат**	[hajat]
turnê (f)	**сафари ҳунарӣ**	[safari hunari:]
estar em turnê	**сафари ҳунарӣ кардан**	[safari hunari: kardan]
ensaiar (vt)	**машқ кардан**	[maʃq kardan]
ensaio (m)	**машқ**	[maʃq]
repertório (m)	**репертуар**	[repertuar]
apresentação (f)	**намоиш, тамошо**	[namoiʃ], [tamoʃo]
espetáculo (m)	**тамошо**	[tamoʃo]
peça (f)	**намоишнома**	[namoiʃnoma]
entrada (m)	**билет**	[bilet]
bilheteira (f)	**кассаи чиптафурӯшӣ**	[kassai ʧiptafurœʃi:]
hall (m)	**толор**	[tolor]
vestiário (m)	**ҷевони либос**	[ʤevoni libos]
senha (f) numerada	**нумура**	[numura]
binóculo (m)	**дурбин**	[durbin]
lanterninha (m)	**нозир**	[nozir]
plateia (f)	**партер**	[parter]
balcão (m)	**балкон**	[balkon]
primeiro balcão (m)	**белэтаж**	[belɛtaʒ]
camarote (m)	**ложа, нишем**	[loʒa], [niʃem]
fila (f)	**қатор**	[qator]
assento (m)	**ҷой**	[ʤoj]
público (m)	**тамошобинон**	[tamoʃobinon]
espectador (m)	**тамошобин**	[tamoʃobin]
aplaudir (vt)	**чапакзанӣ кардан**	[ʧapakzani: kardan]
aplauso (m)	**чапакзанӣ**	[ʧapakzani:]
ovação (f)	**чапакзани пурғулғула**	[ʧapakzani purʁulʁula]
palco (m)	**саҳна**	[sahna]
cortina (f)	**парда**	[parda]
cenário (m)	**оройиши саҳна**	[oroiʃi sahna]
bastidores (m pl)	**пушти саҳна**	[puʃti sahna]
cena (f)	**намоиш**	[namoiʃ]
ato (m)	**парда**	[parda]
intervalo (m)	**антракт**	[antrakt]

150. Cinema

ator (m)	**ҳунарманд**	[hunarmand]
atriz (f)	**ҳунарманд**	[hunarmand]
cinema (m)	**кино, синамо**	[kino], [sinamo]
filme (m)	**филм**	[film]
episódio (m)	**серия**	[serija]
filme (m) policial	**детектив**	[detektiv]
filme (m) de ação	**ҷангӣ**	[ʤangi:]
filme (m) de aventuras	**филми пурмоҷаро**	[filmi purmoʤaro]
filme (m) de ficção científica	**филми фантастикӣ**	[filmi fantastiki:]
filme (m) de horror	**филми даҳшатнок**	[filmi dahʃatnok]
comédia (f)	**филми ҳаҷвӣ**	[filmi haʤvi:]
melodrama (m)	**мелодрама**	[melodrama]
drama (m)	**драма**	[drama]
filme (m) de ficção	**филми ҳунарӣ**	[filmi hunari:]
documentário (m)	**филми ҳуҷҷатӣ**	[filmi huʤʤati:]
desenho (m) animado	**мултфилм**	[multfilm]
cinema (m) mudo	**кинои беовоз**	[kinoi beovoz]
papel (m)	**нақш**	[naqʃ]
papel (m) principal	**нақши асосӣ**	[naqʃi asosi:]
representar (vt)	**бозидан**	[bozidan]
estrela (f) de cinema	**ситораи санъати кино**	[sitorai san'ati kino]
conhecido (adj)	**маъруф**	[ma'ruf]
famoso (adj)	**машҳур**	[maʃhur]
popular (adj)	**маъруф**	[ma'ruf]
roteiro (m)	**филмнома**	[filmnoma]
roteirista (m)	**муаллифи сенарий**	[muallifi senarij]
diretor (m) de cinema	**коргардон**	[korgardon]
produtor (m)	**продюсер**	[prodjuser]
assistente (m)	**ассистент**	[assistent]
diretor (m) de fotografia	**филмбардор**	[filmbardor]
dublê (m)	**каскадёр**	[kaskadjɔr]
dublê (m) de corpo	**дублёр**	[dubljɔr]
filmar (vt)	**филм гирифтан**	[film giriftan]
audição (f)	**санҷиш**	[sanʤiʃ]
filmagem (f)	**суратгирӣ**	[suratgiri:]
equipe (f) de filmagem	**гурӯҳи наворбардорон**	[gurœhi navorbardoron]
set (m) de filmagem	**саҳнаи наворбардорӣ**	[sahnai navorbardori:]
câmera (f)	**камераи киногирӣ**	[kamerai kinogiri:]
cinema (m)	**кинотеатр**	[kinoteatr]
tela (f)	**экран**	[ɛkran]
exibir um filme	**филм намоиш додан**	[film namoiʃ dodan]
trilha (f) sonora	**мавҷи садо**	[mavʤi sado]
efeitos (m pl) especiais	**эффектҳои махсус**	[ɛffekthoi maχsus]

legendas (f pl)	**субтитрҳо**	[subtitrho]
crédito (m)	**титрҳо**	[titrho]
tradução (f)	**тарҷума**	[tarʤuma]

151. Pintura

arte (f)	**санъат**	[san'at]
belas-artes (f pl)	**саноеи нафиса**	[sanoei nafisa]
galeria (f) de arte	**нигористон**	[nigoriston]
exibição (f) de arte	**намоишгоҳи расмҳо**	[namoiʃgohi rasmho]
pintura (f)	**рассомӣ**	[rassomi:]
arte (f) gráfica	**графика**	[grafika]
arte (f) abstrata	**абстрактсионизм**	[abstraktsionizm]
impressionismo (m)	**импрессионизм**	[impressionizm]
pintura (f), quadro (m)	**расм**	[rasm]
desenho (m)	**расм**	[rasm]
cartaz, pôster (m)	**плакат**	[plakat]
ilustração (f)	**расм, сурат**	[rasm], [surat]
miniatura (f)	**миниатюра**	[miniatjura]
cópia (f)	**нусха**	[nusχa]
reprodução (f)	**нусхаи чопии сурат**	[nusχai ʧopi:i surat]
mosaico (m)	**кошинкорӣ**	[koʃinkori:]
vitral (m)	**витраж**	[vitraʒ]
afresco (m)	**фреска**	[freska]
gravura (f)	**расми кандакорӣ**	[rasmi kandakori:]
busto (m)	**бюст**	[bjust]
escultura (f)	**ҳайкал**	[hajkal]
estátua (f)	**ҳайкал**	[hajkal]
gesso (m)	**гач**	[gaʧ]
em gesso (adj)	**аз гач**	[az gaʧ]
retrato (m)	**портрет**	[portret]
autorretrato (m)	**автопортрет**	[avtoportret]
paisagem (f)	**манзара**	[manzara]
natureza (f) morta	**натюрморт**	[natjurmort]
caricatura (f)	**карикатура**	[karikatura]
esboço (m)	**қайдҳои хомакӣ**	[qajdhoi χomaki:]
tinta (f)	**ранг**	[rang]
aquarela (f)	**акварел**	[akvarel]
tinta (f) a óleo	**равған**	[ravʁan]
lápis (m)	**қалам**	[qalam]
tinta (f) nanquim	**туш**	[tuʃ]
carvão (m)	**сиёҳқалам**	[sijɔhqalam]
desenhar (vt)	**расм кашидан**	[rasm kaʃidan]
pintar (vt)	**расм кашидан**	[rasm kaʃidan]
posar (vi)	**ба таври махсус истодан**	[ba tavri maχsus istodan]
modelo (m)	**марди модел**	[mardi model]

modelo (f)	**зани модел**	[zani model]
pintor (m)	**рассом**	[rassom]
obra (f)	**асар**	[asar]
obra-prima (f)	**шоҳасар**	[ʃohasar]
estúdio (m)	**коргоҳи рассом**	[korgohi rassom]
tela (f)	**холст**	[χolst]
cavalete (m)	**сепояи рассомӣ**	[sepojai rassomi:]
paleta (f)	**лавҳачаи рассомӣ**	[lavhatʃai rassomi:]
moldura (f)	**чорчӯба**	[tʃortʃœba]
restauração (f)	**таъмир**	[ta'mir]
restaurar (vt)	**таъмир кардан**	[ta'mir kardan]

152. Literatura & Poesia

literatura (f)	**адабиёт**	[adabijɔt]
autor (m)	**муаллиф**	[muallif]
pseudônimo (m)	**тахаллус**	[taχallus]
livro (m)	**китоб**	[kitob]
volume (m)	**ҷилд**	[dʒild]
índice (m)	**мундариҷа**	[mundaridʒa]
página (f)	**саҳифа**	[sahifa]
protagonista (m)	**қаҳрамони асосӣ**	[qahramoni asosi:]
autógrafo (m)	**автограф**	[avtograf]
conto (m)	**ҳикоя, ҳикоят**	[hikoja], [hikojat]
novela (f)	**нақл**	[naql]
romance (m)	**роман**	[roman]
obra (f)	**асар**	[asar]
fábula (m)	**масал, матал**	[masal], [matal]
romance (m) policial	**детектив**	[detektiv]
verso (m)	**шеър**	[ʃe'r]
poesia (f)	**назм**	[nazm]
poema (m)	**достон**	[doston]
poeta (m)	**шоир**	[ʃoir]
ficção (f)	**адабиёти мансур**	[adabijɔti mansur]
ficção (f) científica	**фантастикаи илмӣ**	[fantastikai ilmi:]
aventuras (f pl)	**саргузаштҳо**	[sarguzaʃtho]
literatura (f) didática	**адабиёти таълимӣ**	[adabijɔti ta'limi:]
literatura (f) infantil	**адабиёти кӯдакона**	[adabijɔti kœdakona]

153. Circo

circo (m)	**сирк**	[sirk]
circo (m) ambulante	**сирки шапито**	[sirki ʃapito]
programa (m)	**барнома**	[barnoma]
apresentação (f)	**намоиш, тамошо**	[namoiʃ], [tamoʃo]
número (m)	**баромад**	[baromad]

picadeiro (f)	**саҳнаи сирк**	[sahnai sirk]
pantomima (f)	**пантомима**	[pantomima]
palhaço (m)	**масхарабоз**	[masχaraboz]
acrobata (m)	**дорбоз, акробат**	[dorboz], [akrobat]
acrobacia (f)	**дорбоза, акробатика**	[dorboza], [akrobatika]
ginasta (m)	**гимнаст**	[gimnast]
ginástica (f)	**гимнастика**	[gimnastika]
salto (m) mortal	**салто**	[salto]
homem (m) forte	**паҳлавон**	[pahlavon]
domador (m)	**ромкунанда, дастомӯз кунанда**	[romkunanda], [dastomœz kunanda]
cavaleiro (m) equilibrista	**човандоз**	[ʧovandoz]
assistente (m)	**ассистент**	[assistent]
truque (m)	**найранг, ҳила**	[najrang], [hila]
truque (m) de mágica	**найрангбозӣ**	[najrangbozi:]
ilusionista (m)	**найрангбоз**	[najrangboz]
malabarista (m)	**жонглёр**	[ʒongljɔr]
fazer malabarismos	**жонглёрӣ кардан**	[ʒongljɔrj kardan]
adestrador (m)	**ромкунанда**	[romkunanda]
adestramento (m)	**ром кардан**	[rom kardan]
adestrar (vt)	**ром кардан**	[rom kardan]

154. Música. Música popular

música (f)	**мусиқӣ**	[musiqi:]
músico (m)	**мусиқачӣ**	[musiqaʧi:]
instrumento (m) musical	**асбоби мусиқӣ**	[asbobi musiqi:]
tocar ...	**навохтан**	[navoχtan]
guitarra (f)	**гитара**	[gitara]
violino (m)	**скрипка**	[skripka]
violoncelo (m)	**виолончел**	[violonʧel]
contrabaixo (m)	**контрабас**	[kontrabas]
harpa (f)	**уд**	[ud]
piano (m)	**пианино**	[pianino]
piano (m) de cauda	**роял**	[rojal]
órgão (m)	**арғунун**	[arʁunun]
oboé (m)	**гобой, сурнай**	[goboj], [surnaj]
saxofone (m)	**саксофон**	[saksofon]
clarinete (m)	**кларнет, сурнай**	[klarnet], [surnaj]
flauta (f)	**най**	[naj]
trompete (m)	**карнай**	[karnaj]
acordeão (m)	**аккордеон**	[akkordeon]
tambor (m)	**накора, табл**	[nakora], [tabl]
trio (m)	**трио**	[trio]
quarteto (m)	**квартет**	[kvartet]

coro (m)	**хор**	[χor]
orquestra (f)	**оркестр**	[orkestr]
música (f) pop	**поп-мусиқӣ**	[pop-musiqi:]
música (f) rock	**рок-мусиқӣ**	[rok-musiqi:]
grupo (m) de rock	**рок-даста**	[rok-dasta]
jazz (m)	**ҷаз**	[ʤaz]
ídolo (m)	**бут, санам**	[but], [sanam]
fã, admirador (m)	**мухлис**	[muχlis]
concerto (m)	**консерт**	[konsert]
sinfonia (f)	**симфония**	[simfonija]
composição (f)	**тасниф**	[tasnif]
compor (vt)	**навиштан**	[naviʃtan]
canto (m)	**овозхонӣ**	[ovozχoni:]
canção (f)	**суруд**	[surud]
melodia (f)	**оҳанг**	[ohang]
ritmo (m)	**вазн, усул**	[vazn], [usul]
blues (m)	**блюз**	[bljuz]
notas (f pl)	**нотаҳо**	[notaho]
batuta (f)	**чӯбчаи дирижёрӣ**	[ʧœbʧai diriʒjɔri:]
arco (m)	**камонча**	[kamonʧa]
corda (f)	**тор**	[tor]
estojo (m)	**ғилоф**	[ʁilof]

Descanso. Entretenimento. Viagens

155. Viagens

turismo (m)	**туризм, саёхат**	[turizm], [sajɔχat]
turista (m)	**саёҳатчӣ**	[sajɔhattʃi:]
viagem (f)	**саёҳат**	[sajɔhat]
aventura (f)	**саргузашт**	[sarguzaʃt]
percurso (curta viagem)	**сафар**	[safar]
férias (f pl)	**рухсатӣ**	[ruχsati:]
estar de férias	**дар рухсатӣ будан**	[dar ruχsati: budan]
descanso (m)	**истироҳат**	[istirohat]
trem (m)	**поезд, қатор**	[poezd], [qator]
de trem (chegar ~)	**бо қатора**	[bo qatora]
avião (m)	**ҳавопаймо**	[havopajmo]
de avião	**бо ҳавопаймо**	[bo havopajmo]
de carro	**бо мошин**	[bo moʃin]
de navio	**бо киштӣ**	[bo kiʃti:]
bagagem (f)	**бағоҷ, бор**	[baʁodʒ], [bor]
mala (f)	**ҷомадон**	[dʒomadon]
carrinho (m)	**аробаи боғочкашӣ**	[arobai boʁotʃkaʃi:]
passaporte (m)	**шиноснома**	[ʃinosnoma]
visto (m)	**виза**	[viza]
passagem (f)	**билет**	[bilet]
passagem (f) aérea	**чиптаи ҳавопаймо**	[tʃiptai havopajmo]
guia (m) de viagem	**роҳнома**	[rohnoma]
mapa (m)	**харита**	[χarita]
área (f)	**ҷой, маҳал**	[dʒoj], [mahal]
lugar (m)	**ҷой**	[dʒoj]
exotismo (m)	**ғароибот**	[ʁaroibot]
exótico (adj)	**... и ғароиб**	[i ʁaroib]
surpreendente (adj)	**ҳайратангез**	[hajratangez]
grupo (m)	**гурӯҳ**	[gurœh]
excursão (f)	**экскурсия, саёҳат**	[ɛkskursija], [sajɔhat]
guia (m)	**роҳбари экскурсия**	[rohbari ɛkskursija]

156. Hotel

hotel (m)	**меҳмонхона**	[mehmonχona]
motel (m)	**меҳмонхона**	[mehmonχona]
três estrelas	**се ситорадор**	[se sitorador]

cinco estrelas	**панҷ ситорадор**	[pandʒ sitorador]
ficar (vi, vt)	**фуромадан**	[furomadan]
quarto (m)	**ҳуҷра**	[hudʒra]
quarto (m) individual	**ҳуҷраи якнафара**	[hudʒrai jaknafara]
quarto (m) duplo	**ҳуҷраи дунафара**	[hudʒrai dunafara]
reservar um quarto	**банд кардани ҳуҷра**	[band kardani hudʒra]
meia pensão (f)	**бо нимтаъминот**	[bo nimta'minot]
pensão (f) completa	**бо таъминоти пурра**	[bo ta'minoti purra]
com banheira	**ваннадор**	[vannador]
com chuveiro	**душдор**	[duʃdor]
televisão (m) por satélite	**телевизиони спутникӣ**	[televizioni sputniki:]
ar (m) condicionado	**кондитсионер**	[konditsioner]
toalha (f)	**сачоқ**	[satʃoq]
chave (f)	**калид**	[kalid]
administrador (m)	**маъмур, мудир**	[ma'mur], [mudir]
camareira (f)	**пешхизмат**	[peʃχizmat]
bagageiro (m)	**ҳаммол**	[hammol]
porteiro (m)	**дарбони меҳмонхона**	[darboni mehmonχona]
restaurante (m)	**тарабхона**	[tarabχona]
bar (m)	**бар**	[bar]
café (m) da manhã	**ноништа**	[noniʃta]
jantar (m)	**шом**	[ʃom]
bufê (m)	**мизи шведӣ**	[mizi ʃvedi:]
saguão (m)	**миёнсарой**	[mijɔnsaroj]
elevador (m)	**лифт**	[lift]
NÃO PERTURBE	**ХАЛАЛ НАРАСОНЕД**	[χalal narasoned]
PROIBIDO FUMAR!	**ТАМОКУ НАКАШЕД!**	[tamoku nakaʃed]

157. Livros. Leitura

livro (m)	**китоб**	[kitob]
autor (m)	**муаллиф**	[muallif]
escritor (m)	**нависанда**	[navisanda]
escrever (~ um livro)	**навиштан**	[naviʃtan]
leitor (m)	**хонанда**	[χonanda]
ler (vt)	**хондан**	[χondan]
leitura (f)	**хониш**	[χoniʃ]
para si	**ба дили худ**	[ba dili χud]
em voz alta	**бо овози баланд**	[bo ovozi baland]
publicar (vt)	**нашр кардан**	[naʃr kardan]
publicação (f)	**нашр**	[naʃr]
editor (m)	**ношир**	[noʃir]
editora (f)	**нашриёт**	[naʃrijɔt]
sair (vi)	**нашр шудан**	[naʃr ʃudan]

lançamento (m)	**аз чоп баромадани**	[az ʧop baromadani]
tiragem (f)	**адади нашр**	[adadi naʃr]
livraria (f)	**мағозаи китоб**	[maʁozai kitob]
biblioteca (f)	**китобхона**	[kitobχona]
novela (f)	**нақл**	[naql]
conto (m)	**ҳикоя, ҳикоят**	[hikoja], [hikojat]
romance (m)	**роман**	[roman]
romance (m) policial	**детектив**	[detektiv]
memórias (f pl)	**хотираҳо**	[χotiraho]
lenda (f)	**афсона**	[afsona]
mito (m)	**асотир, қисса**	[asotir], [qissa]
poesia (f)	**шеърҳо**	[ʃe'rho]
autobiografia (f)	**тарҷумаи ҳоли худ, автобиография**	[tarʤumai holi χud], [avtobiografija]
obras (f pl) escolhidas	**асарҳои мунтахаб**	[asarhoi muntaχab]
ficção (f) científica	**фантастика**	[fantastika]
título (m)	**ном**	[nom]
introdução (f)	**муқаддима**	[muqaddima]
folha (f) de rosto	**варақаи унвон**	[varaqai unvon]
capítulo (m)	**ҷузъи китоб**	[ʤuz'i kitob]
excerto (m)	**порча**	[porʧa]
episódio (m)	**лавҳа**	[lavha]
enredo (m)	**сюжет**	[sjuʒet]
conteúdo (m)	**мундариҷа**	[mundariʤa]
índice (m)	**мундариҷа**	[mundariʤa]
protagonista (m)	**қаҳрамони асосӣ**	[qahramoni asosi:]
volume (m)	**ҷилд**	[ʤild]
capa (f)	**мукова**	[mukova]
encadernação (f)	**муқова**	[muqova]
marcador (m) de página	**хатчӯб, чӯбалиф**	[χattʃœb], [ʧœbalif]
página (f)	**саҳифа**	[sahifa]
folhear (vt)	**варак задан**	[varak zadan]
margem (f)	**ҳошия**	[hoʃija]
anotação (f)	**нишона**	[niʃona]
nota (f) de rodapé	**поварақ**	[povaraq]
texto (m)	**матн**	[matn]
fonte (f)	**ҳуруф**	[huruf]
falha (f) de impressão	**саҳв, ғалат**	[sahv], [ʁalat]
tradução (f)	**тарҷума**	[tarʤuma]
traduzir (vt)	**тарҷума кардан**	[tarʤuma kardan]
original (m)	**матни асл**	[matni asl]
famoso (adj)	**машҳур**	[maʃhur]
desconhecido (adj)	**номаъруф**	[noma'ruf]
interessante (adj)	**шавқовар**	[ʃavqovar]

best-seller (m)	**бестселлер**	[bestseller]
dicionário (m)	**луғат**	[luʁat]
livro (m) didático	**китоби дарсӣ**	[kitobi darsi:]
enciclopédia (f)	**энсиклопедия**	[ɛnsiklopedija]

158. Caça. Pesca

caça (f)	**шикор, сайд**	[ʃikor], [sajd]
caçar (vi)	**шикор кардан**	[ʃikor kardan]
caçador (m)	**шикорчӣ**	[ʃikortʃi:]
disparar, atirar (vi)	**тир задан**	[tir zadan]
rifle (m)	**милтиқ**	[miltiq]
cartucho (m)	**тир**	[tir]
chumbo (m) de caça	**сочма**	[sotʃma]
armadilha (f)	**қапқон**	[qapqon]
armadilha (com corda)	**дом**	[dom]
cair na armadilha	**ба қапқон афтодан**	[ba qapqon aftodan]
pôr a armadilha	**қапқон мондан**	[qapqon mondan]
caçador (m) furtivo	**қӯруқшикан**	[qœruqʃikan]
caça (animais)	**сайд**	[sajd]
cão (m) de caça	**саги шикорӣ**	[sagi ʃikori:]
safári (m)	**сафари**	[safari]
animal (m) empalhado	**хӯса**	[χœsa]
pescador (m)	**моҳигир**	[mohigir]
pesca (f)	**моҳигирӣ**	[mohigiri:]
pescar (vt)	**моҳӣ гирифтан**	[mohi: giriftan]
vara (f) de pesca	**шаст**	[ʃast]
linha (f) de pesca	**ресмони шаст**	[resmoni ʃast]
anzol (m)	**қалмок**	[qalmok]
boia (f), flutuador (m)	**ғаммозак**	[ʁammozak]
isca (f)	**хӯрхӯрак**	[χœrχœrak]
lançar a linha	**шаст партофтан**	[ʃast partoftan]
morder (peixe)	**нул задан**	[nul zadan]
pesca (f)	**сайди моҳӣ**	[sajdi mohi:]
buraco (m) no gelo	**яхбурча**	[jaχburtʃa]
rede (f)	**тӯр**	[tœr]
barco (m)	**қаиқ**	[qaiq]
pescar com rede	**бо тӯр доштан**	[bo tœr doʃtan]
lançar a rede	**тӯр партофтан**	[tœr partoftan]
puxar a rede	**тӯр кашидан**	[tœr kaʃidan]
cair na rede	**ба тӯр афтодан**	[ba tœr aftodan]
baleeiro (m)	**шикори китҳо**	[ʃikori kitho]
baleeira (f)	**киштии шикори китҳо**	[kiʃti:i ʃikori kitho]
arpão (m)	**соскан**	[soskan]

159. Jogos. Bilhar

bilhar (m)	**билярдбозӣ**	[biljardbozi:]
sala (f) de bilhar	**толори саққобозӣ**	[tolori saqqobozi:]
bola (f) de bilhar	**саққо**	[saqqo]
embolsar uma bola	**даровардани саққо**	[darovardani saqqo]
taco (m)	**кий**	[kij]
caçapa (f)	**тӯрхалтаи билярд**	[tœrχaltai biljard]

160. Jogos. Jogar cartas

ouros (m pl)	**қартаҳои хишт**	[qartahoi χiʃt]
espadas (f pl)	**қарамашшоқ**	[qaramaʃʃoq]
copas (f pl)	**дил**	[dil]
paus (m pl)	**қартаҳои чилликхол**	[qartahoi ʧillikχol]
ás (m)	**зот**	[zot]
rei (m)	**шоҳ**	[ʃoh]
dama (f), rainha (f)	**модка**	[modka]
valete (m)	**валет**	[valet]
carta (f) de jogar	**картаи бозӣ**	[kartai bozi:]
cartas (f pl)	**қарта**	[qarta]
trunfo (m)	**кузур**	[kuzur]
baralho (m)	**дастаи қарта**	[dastai qarta]
ponto (m)	**хол**	[χol]
dar, distribuir (vt)	**кашидан**	[kaʃidan]
embaralhar (vt)	**тагу рӯ кардан**	[tagu rœ kardan]
vez, jogada (f)	**гашт**	[gaʃt]
trapaceiro (m)	**қаллоб, ғиром**	[qallob], [ʁirom]

161. Casino. Roleta

cassino (m)	**казино**	[kazino]
roleta (f)	**қиморбозӣ**	[qimorbozi:]
aposta (f)	**пулмонӣ дар қимор**	[pulmoni: dar qimor]
apostar (vt)	**пул мондан**	[pul mondan]
vermelho (m)	**сурх**	[surχ]
preto (m)	**сиёҳ**	[sijɔh]
apostar no vermelho	**ба сурх мондан**	[ba surχ mondan]
apostar no preto	**ба сиёҳ мондан**	[ba sijɔh mondan]
croupier (m, f)	**чӯталгир**	[ʧœtalgir]
girar da roleta	**давр занондани барабан**	[davr zanondani baraban]
regras (f pl) do jogo	**қоидаи бозӣ**	[qoidai bozi:]
ficha (f)	**мӯҳрача**	[mœhraʧa]
ganhar (vi, vt)	**бурдан**	[burdan]
ganho (m)	**бурд**	[burd]

perder (dinheiro)	**бохтан**	[boχtan]
perda (f)	**бой додан**	[boj dodan]
jogador (m)	**бозингар**	[bozingar]
blackjack, vinte-e-um (m)	**блек чек**	[blek ʤek]
jogo (m) de dados	**мӯҳрабозӣ кардан**	[mœhrabozi: kardan]
dados (m pl)	**муҳра**	[muhra]
caça-níqueis (m)	**автомати бозӣ**	[avtomati bozi:]

162. Descanso. Jogos. Diversos

passear (vi)	**сайр кардан**	[sajr kardan]
passeio (m)	**гардиш, гашт**	[gardiʃ], [gaʃt]
viagem (f) de carro	**сайрон**	[sajron]
aventura (f)	**саргузашт**	[sarguzaʃt]
piquenique (m)	**пикник**	[piknik]
jogo (m)	**бозӣ**	[bozi:]
jogador (m)	**бозингар**	[bozingar]
partida (f)	**як бор бозӣ**	[jak bor bozi:]
colecionador (m)	**коллексионер**	[kolleksioner]
colecionar (vt)	**коллексия кардан**	[kolleksija kardan]
coleção (f)	**коллексия**	[kolleksija]
palavras (f pl) cruzadas	**кроссворд**	[krossvord]
hipódromo (m)	**ипподром**	[ippodrom]
discoteca (f)	**дискотека**	[diskoteka]
sauna (f)	**сауна, ҳаммом**	[sauna], [hammom]
loteria (f)	**лотерея**	[lotereja]
campismo (m)	**роҳпаймоӣ**	[rohpajmoi:]
acampamento (m)	**лагер**	[lager]
barraca (f)	**хаймаи сайёҳон**	[χajmai sajjɔhon]
bússola (f)	**компас, қутбнамо**	[kompas], [qutbnamo]
campista (m)	**сайёҳ, турист**	[sajjɔh], [turist]
ver (vt), assistir à …	**нигоҳ кардан**	[nigoh kardan]
telespectador (m)	**бинанда**	[binanda]
programa (m) de TV	**теленамоиш**	[telenamoiʃ]

163. Fotografia

máquina (f) fotográfica	**фотоаппарат**	[fotoapparat]
foto, fotografia (f)	**акс, сурат**	[aks], [surat]
fotógrafo (m)	**суратгир**	[suratgir]
estúdio (m) fotográfico	**фотостудия**	[fotostudija]
álbum (m) de fotografias	**албоми сурат**	[albomi surat]
lente (f) fotográfica	**объектив**	[ob'ektiv]
lente (f) teleobjetiva	**телеобъектив**	[teleob'ektiv]

filtro (m)	**филтр**	[filtr]
lente (f)	**линза**	[linza]
ótica (f)	**оптика**	[optika]
abertura (f)	**диафрагма**	[diafragma]
exposição (f)	**дошт**	[doʃt]
visor (m)	**манзараҷӯ**	[manzaraʤœ]
câmera (f) digital	**суратгираки рақамӣ**	[suratgiraki raqami:]
tripé (m)	**поя**	[poja]
flash (m)	**чароғак**	[ʧaroʁak]
fotografar (vt)	**сурат гирифтан**	[surat giriftan]
tirar fotos	**сурат гирифтан**	[surat giriftan]
fotografar-se (vr)	**сурати худро гирондан**	[surati χudro girondan]
foco (m)	**фокус**	[fokus]
focar (vt)	**ба рангҳои баланд мондан**	[ba ranghoi baland mondan]
nítido (adj)	**баланд**	[baland]
nitidez (f)	**баланди ранг**	[balandi rang]
contraste (m)	**акс**	[aks]
contrastante (adj)	**возеҳ**	[vozeh]
retrato (m)	**сурат**	[surat]
negativo (m)	**негатив**	[negativ]
filme (m)	**фотонавор**	[fotonavor]
fotograma (m)	**кадр**	[kadr]
imprimir (vt)	**чоп кардан**	[ʧop kardan]

164. Praia. Natação

praia (f)	**пляж**	[pljaʒ]
areia (f)	**рег**	[reg]
deserto (adj)	**хилват**	[χilvat]
bronzeado (m)	**офтобхӯрӣ**	[oftobχœri:]
bronzear-se (vr)	**гандумгун шудан**	[gandumgun ʃudan]
bronzeado (adj)	**гандумгун**	[gandumgun]
protetor (m) solar	**креми офтобхӯрӣ**	[kremi oftobχœri:]
biquíni (m)	**бикини**	[bikini]
maiô (m)	**либоси оббозӣ**	[libosi obbozi:]
calção (m) de banho	**плавка**	[plavka]
piscina (f)	**ҳавз**	[havz]
nadar (vi)	**шино кардан**	[ʃino kardan]
mudar, trocar (vt)	**либоси дигар пӯшидан**	[libosi digar pœʃidan]
toalha (f)	**сачоқ**	[saʧoq]
barco (m)	**қаиқ**	[qaiq]
lancha (f)	**катер**	[kater]
esqui (m) aquático	**лижаҳои обӣ**	[liʒahoi obi:]

barco (m) de pedais	**велосипеди обӣ**	[velosipedi obi:]
surf, surfe (m)	**серфинг**	[serfing]
surfista (m)	**серфингчӣ**	[serfingʧi:]
equipamento (m) de mergulho	**акваланг**	[akvalang]
pé (m pl) de pato	**ластҳо**	[lastho]
máscara (f)	**ниқоб**	[niqob]
mergulhador (m)	**ғӯтазан**	[ʁœtazan]
mergulhar (vi)	**ғӯта задан**	[ʁœta zadan]
debaixo d'água	**таги об**	[tagi ob]
guarda-sol (m)	**чатр**	[ʧatr]
espreguiçadeira (f)	**шезлонг**	[ʃezlong]
óculos (m pl) de sol	**айнаки сиёҳ**	[ajnaki sijɔh]
colchão (m) de ar	**матраси оббозӣ**	[matrasi obbozi:]
brincar (vi)	**бозӣ кардан**	[bozi: kardan]
ir nadar	**оббозӣ кардан**	[obbozi: kardan]
bola (f) de praia	**тӯб**	[tœb]
encher (vt)	**дам кардан**	[dam kardan]
inflável (adj)	**дамшаванда**	[damʃavanda]
onda (f)	**мавҷ**	[mavʤ]
boia (f)	**шиноварак**	[ʃinovarak]
afogar-se (vr)	**ғарқ шудан**	[ʁark ʃudan]
salvar (vt)	**наҷот додан**	[naʤot dodan]
colete (m) salva-vidas	**камзӯли наҷотдиҳанда**	[kamzœli naʤotdihanda]
observar (vt)	**назорат кардан**	[nazorat kardan]
salva-vidas (pessoa)	**наҷотдиҳанда**	[naʤotdihanda]

EQUIPAMENTO TÉCNICO. TRANSPORTES

Equipamento técnico. Transportes

165. Computador

computador (m)	**компютер**	[kompjuter]
computador (m) portátil	**ноутбук**	[noutbuk]
ligar (vt)	**даргирондан**	[dargirondan]
desligar (vt)	**куштан**	[kuʃtan]
teclado (m)	**клавиатура**	[klaviatura]
tecla (f)	**тугмача**	[tugmatʃa]
mouse (m)	**муш**	[muʃ]
tapete (m) para mouse	**гилемчаи муш**	[gilemtʃai muʃ]
botão (m)	**тугмача**	[tugmatʃa]
cursor (m)	**курсор**	[kursor]
monitor (m)	**монитор**	[monitor]
tela (f)	**экран**	[ɛkran]
disco (m) rígido	**диски сахт**	[diski saχt]
capacidade (f) do disco rígido	**ҳаҷми диски сахт**	[hadʒmi diski saχt]
memória (f)	**ҳофиза**	[hofiza]
memória RAM (f)	**хотираи фаврӣ**	[χotirai favri:]
arquivo (m)	**файл**	[fajl]
pasta (f)	**папка**	[papka]
abrir (vt)	**кушодан**	[kuʃodan]
fechar (vt)	**пӯшидан, бастан**	[pœʃidan], [bastan]
salvar (vt)	**нигоҳ доштан**	[nigoh doʃtan]
deletar (vt)	**нобуд кардан**	[nobud kardan]
copiar (vt)	**нусха бардоштан**	[nusχa bardoʃtan]
ordenar (vt)	**ба хелҳо ҷудо кардан**	[ba χelho dʒudo kardan]
copiar (vt)	**аз нав навиштан**	[az nav naviʃtan]
programa (m)	**барнома**	[barnoma]
software (m)	**барномаи таъминотӣ**	[barnomai ta'minoti:]
programador (m)	**барномасоз**	[barnomasoz]
programar (vt)	**барномасозӣ кардан**	[barnomasozi: kardan]
hacker (m)	**хакер**	[χaker]
senha (f)	**рамз**	[ramz]
vírus (m)	**вирус**	[virus]
detectar (vt)	**кашф кардан**	[kaʃf kardan]
byte (m)	**байт**	[bajt]

megabyte (m)	**мегабайт**	[megabajt]
dados (m pl)	**маълумот**	[ma'lumot]
base (f) de dados	**манбаи маълумот**	[manbai ma'lumot]
cabo (m)	**кабел**	[kabel]
desconectar (vt)	**ҷудо кардан**	[dʒudo kardan]
conectar (vt)	**васл кардан**	[vasl kardan]

166. Internet. E-mail

internet (f)	**интернет**	[internet]
browser (m)	**браузер**	[brauzer]
motor (m) de busca	**манбаи ҷустуҷӯкунанда**	[manbai dʒustudʒœkunanda]
provedor (m)	**провайдер**	[provajder]
webmaster (m)	**веб-мастер**	[veb-master]
website (m)	**веб-сомона**	[veb-somona]
web page (f)	**веб-саҳифа**	[veb-sahifa]
endereço (m)	**адрес, унвон**	[adres], [unvon]
livro (m) de endereços	**дафтари адресҳо**	[daftari adresho]
caixa (f) de correio	**қуттии почта**	[qutti:i potʃta]
correio (m)	**почта**	[potʃta]
cheia (caixa de correio)	**пур**	[pur]
mensagem (f)	**хабар**	[χabar]
mensagens (f pl) recebidas	**хабари дароянда**	[χabari darojanda]
mensagens (f pl) enviadas	**хабари бароянда**	[χabari barojanda]
remetente (m)	**ирсолкунанда**	[irsolkunanda]
enviar (vt)	**ирсол кардан**	[irsol kardan]
envio (m)	**ирсол**	[irsol]
destinatário (m)	**гиранда**	[giranda]
receber (vt)	**гирифтан**	[giriftan]
correspondência (f)	**мукотиба**	[mukotiba]
corresponder-se (vr)	**мукотиба доштан**	[mukotiba doʃtan]
arquivo (m)	**файл**	[fajl]
fazer download, baixar (vt)	**нусха бардоштан**	[nusχa bardoʃtan]
criar (vt)	**сохтан**	[soχtan]
deletar (vt)	**нобуд кардан**	[nobud kardan]
deletado (adj)	**нобудшуда**	[nobudʃuda]
conexão (f)	**алоқа**	[aloqa]
velocidade (f)	**суръат**	[sur'at]
modem (m)	**модем**	[modem]
acesso (m)	**даромадан**	[daromadan]
porta (f)	**порт**	[port]
conexão (f)	**пайвастан**	[pajvastan]
conectar (vi)	**пайваст шудан**	[pajvast ʃudan]

escolher (vt)	**интихоб кардан**	[intiχob kardan]
buscar (vt)	**ҷустан**	[ʤustan]

167. Eletricidade

eletricidade (f)	**барқ**	[barq]
elétrico (adj)	**барқӣ**	[barqi:]
planta (f) elétrica	**стансияи барқӣ**	[stansijai barqi:]
energia (f)	**қувва, қувват**	[quvva], [quvvat]
energia (f) elétrica	**кувваи электрикӣ**	[kuvvai ɛlektriki:]
lâmpada (f)	**лампача, чароғча**	[lampatʃa], [tʃaroʁtʃa]
lanterna (f)	**фонуси дастӣ**	[fonusi dasti:]
poste (m) de iluminação	**фонуси кӯчагӣ**	[fonusi kœtʃagi:]
luz (f)	**чароғ**	[tʃaroʁ]
ligar (vt)	**даргирондан**	[dargirondan]
desligar (vt)	**куштан**	[kuʃtan]
apagar a luz	**чароғро куштан**	[tʃaroʁro kuʃtan]
queimar (vi)	**сухтан**	[suχtan]
curto-circuito (m)	**расиши кӯтоҳ**	[rasiʃi kœtoh]
ruptura (f)	**канда шуданӣ**	[kanda ʃudani:]
contato (m)	**васл**	[vasl]
interruptor (m)	**калидак**	[kalidak]
tomada (de parede)	**розетка**	[rozetka]
plugue (m)	**вилка**	[vilka]
extensão (f)	**удлинител**	[udlinitel]
fusível (m)	**пешгирикунанда**	[peʃgirikunanda]
fio, cabo (m)	**сим**	[sim]
instalação (f) elétrica	**сими барқ**	[simi barq]
ampère (m)	**ампер**	[amper]
amperagem (f)	**қувваи барқ**	[quvvai barq]
volt (m)	**волт**	[volt]
voltagem (f)	**шиддат**	[ʃiddat]
aparelho (m) elétrico	**асбоби барқӣ**	[asbobi barqi:]
indicador (m)	**индикатор**	[indikator]
eletricista (m)	**барқчӣ**	[barqtʃi:]
soldar (vt)	**лаҳим кардан**	[lahim kardan]
soldador (m)	**лаҳимкаш**	[lahimkaʃ]
corrente (f) elétrica	**барқ**	[barq]

168. Ferramentas

ferramenta (f)	**абзор**	[abzor]
ferramentas (f pl)	**асбобу анҷом**	[asbobu anʤom]
equipamento (m)	**таҷҳизот**	[taʤhizot]

martelo (m)	**болғача**	[bolʁatʃa]
chave (f) de fenda	**мурваттоб**	[murvattob]
machado (m)	**табар**	[tabar]
serra (f)	**арра**	[arra]
serrar (vt)	**арра кардан**	[arra kardan]
plaina (f)	**ранда**	[randa]
aplainar (vt)	**ранда кардан**	[randa kardan]
soldador (m)	**лаҳимкаш**	[lahimkaʃ]
soldar (vt)	**лаҳим кардан**	[lahim kardan]
lima (f)	**сӯҳон**	[sœhon]
tenaz (f)	**анбӯр**	[anbœr]
alicate (m)	**анбур**	[anbur]
formão (m)	**искана**	[iskana]
broca (f)	**парма**	[parma]
furadeira (f) elétrica	**парма**	[parma]
furar (vt)	**парма кардан**	[parma kardan]
faca (f)	**корд**	[kord]
lâmina (f)	**теғ, дам**	[teʁ], [dam]
afiado (adj)	**тез**	[tez]
cego (adj)	**кунд**	[kund]
embotar-se (vr)	**кунд шудан**	[kund ʃudan]
afiar, amolar (vt)	**тез кардан**	[tez kardan]
parafuso (m)	**болт**	[bolt]
porca (f)	**гайка**	[gajka]
rosca (f)	**рахапеч**	[raχapetʃ]
parafuso (para madeira)	**мехи печдор**	[meχi petʃdor]
prego (m)	**мех**	[meχ]
cabeça (f) do prego	**сари мех**	[sari meχ]
régua (f)	**ҷадвал**	[dʒadval]
fita (f) métrica	**чентаноб**	[tʃentanob]
nível (m)	**уровен**	[uroven]
lupa (f)	**лупа, пурбин**	[lupa], [purbin]
medidor (m)	**асбоби ченкунӣ**	[asbobi tʃenkuni:]
medir (vt)	**чен кардан**	[tʃen kardan]
escala (f)	**ҷадвал**	[dʒadval]
indicação (f), registro (m)	**нишондод**	[niʃondod]
compressor (m)	**компрессор**	[kompressor]
microscópio (m)	**микроскоп, заррабин**	[mikroskop], [zarrabin]
bomba (f)	**насос, обдуздак**	[nasos], [obduzdak]
robô (m)	**робот**	[robot]
laser (m)	**лазер**	[lazer]
chave (f) de boca	**калиди гайка**	[kalidi gajka]
fita (f) adesiva	**скоч**	[skotʃ]
cola (f)	**елим, шилм**	[elim], [ʃilm]

lixa (f)	**коғази сунбода**	[koʁazi sunboda]
mola (f)	**пружин**	[pruʒin]
ímã (m)	**магнит, оҳанрабо**	[magnit], [ohanrabo]
luva (f)	**дастпӯшак**	[dastpœʃak]
corda (f)	**арғамчин, таноб**	[arʁamtʃin], [tanob]
cabo (~ de nylon, etc.)	**ресмон**	[resmon]
fio (m)	**сим**	[sim]
cabo (~ elétrico)	**кабел**	[kabel]
marreta (f)	**босқон**	[bosqon]
pé de cabra (m)	**мисрон**	[misron]
escada (f) de mão	**зина, зинапоя**	[zina], [zinapoja]
escada (m)	**нардбонча**	[nardbontʃa]
enroscar (vt)	**тофтан, тоб додан**	[toftan], [tob dodan]
desenroscar (vt)	**тоб дода кушодан**	[tob doda kuʃodan]
apertar (vt)	**фишурдан**	[fiʃurdan]
colar (vt)	**часпонидан**	[tʃasponidan]
cortar (vt)	**буридан**	[buridan]
falha (f)	**нодурустӣ, носозӣ**	[nodurusti:], [nosozi:]
conserto (m)	**таъмир**	[ta'mir]
consertar, reparar (vt)	**таъмир кардан**	[ta'mir kardan]
regular, ajustar (vt)	**танзим кардан**	[tanzim kardan]
verificar (vt)	**тафтиш кардан**	[taftiʃ kardan]
verificação (f)	**тафтиш**	[taftiʃ]
indicação (f), registro (m)	**нишондод**	[niʃondod]
seguro (adj)	**боэътимод**	[boɛ'timod]
complicado (adj)	**мураккаб**	[murakkab]
enferrujar (vi)	**занг задан**	[zang zadan]
enferrujado (adj)	**зангзада**	[zangzada]
ferrugem (f)	**занг**	[zang]

Transportes

169. Avião

avião (m)	**ҳавопаймо**	[ɦavopajmo]
passagem (f) aérea	**чиптаи ҳавопаймо**	[ʧiptai havopajmo]
companhia (f) aérea	**ширкати ҳавопаймой**	[ʃirkati havopajmoi:]
aeroporto (m)	**аэропорт**	[aɛroport]
supersônico (adj)	**фавқуссадо**	[favqussado]
comandante (m) do avião	**фармондеҳи киштӣ**	[farmondehi kiʃti:]
tripulação (f)	**экипаж**	[ɛkipaʒ]
piloto (m)	**сарнишин**	[sarniʃin]
aeromoça (f)	**стюардесса**	[stjuardessa]
copiloto (m)	**штурман**	[ʃturman]
asas (f pl)	**қанот**	[qanot]
cauda (f)	**дум**	[dum]
cabine (f)	**кабина**	[kabina]
motor (m)	**муҳаррик**	[muharrik]
trem (m) de pouso	**шассӣ**	[ʃassi:]
turbina (f)	**турбина**	[turbina]
hélice (f)	**пропеллер**	[propeller]
caixa-preta (f)	**қуттии сиёҳ**	[qutti:i sijɔh]
coluna (f) de controle	**суккон**	[sukkon]
combustível (m)	**сӯзишворӣ**	[sœziʃvori:]
instruções (f pl) de segurança	**дастурамали бехатарӣ**	[dasturamali beχatari:]
máscara (f) de oxigênio	**ниқоби ҳавои тоза**	[niqobi havoi toza]
uniforme (m)	**либоси расмӣ**	[libosi rasmi:]
colete (m) salva-vidas	**камзӯли наҷотдиҳанда**	[kamzœli naʤotdihanda]
paraquedas (m)	**парашют**	[paraʃjut]
decolagem (f)	**парвоз**	[parvoz]
descolar (vi)	**парвоз кардан**	[parvoz kardan]
pista (f) de decolagem	**хати парвоз**	[χati parvoz]
visibilidade (f)	**софии ҳаво**	[sofi:i havo]
voo (m)	**парвоз**	[parvoz]
altura (f)	**баландӣ**	[balandi:]
poço (m) de ar	**чоҳи ҳаво**	[ʧohi havo]
assento (m)	**ҷой**	[ʤoj]
fone (m) de ouvido	**гӯшак, гӯшпӯшак**	[gœʃak], [gœʃpœʃak]
mesa (f) retrátil	**мизчаи вошаванда**	[miztʃai voʃavanda]
janela (f)	**иллюминатор**	[illjuminator]
corredor (m)	**гузаргоҳ**	[guzargoh]

170. Comboio

trem (m)	**поезд, қатор**	[poezd], [qator]
trem (m) elétrico	**қатораи барқӣ**	[qatorai barqi:]
trem (m)	**қатораи тезгард**	[qatorai tezgard]
locomotiva (f) diesel	**тепловоз**	[teplovoz]
locomotiva (f) a vapor	**паровоз**	[parovoz]
vagão (f) de passageiros	**вагон**	[vagon]
vagão-restaurante (m)	**вагон-ресторан**	[vagon-restoran]
carris (m pl)	**релсҳо**	[relsho]
estrada (f) de ferro	**роҳи оҳан**	[rohi ohan]
travessa (f)	**шпала**	[ʃpala]
plataforma (f)	**платформа**	[platforma]
linha (f)	**роҳ**	[roh]
semáforo (m)	**семафор**	[semafor]
estação (f)	**истгоҳ**	[istgoh]
maquinista (m)	**мошинист**	[moʃinist]
bagageiro (m)	**ҳаммол**	[hammol]
hospedeiro, -a (m, f)	**роҳбалад**	[rohbalad]
passageiro (m)	**мусофир**	[musofir]
revisor (m)	**нозир**	[nozir]
corredor (m)	**коридор**	[koridor]
freio (m) de emergência	**стоп-кран**	[stop-kran]
compartimento (m)	**купе**	[kupe]
cama (f)	**кат**	[kat]
cama (f) de cima	**кати боло**	[kati bolo]
cama (f) de baixo	**кати поён**	[kati pojɔn]
roupa (f) de cama	**ҷилдҳои болишту бистар**	[dʒildhoi boliʃtu bistar]
passagem (f)	**билет**	[bilet]
horário (m)	**ҷадвал**	[dʒadval]
painel (m) de informação	**ҷадвал**	[dʒadval]
partir (vt)	**дур шудан**	[dur ʃudan]
partida (f)	**равон кардан**	[ravon kardan]
chegar (vi)	**омадан**	[omadan]
chegada (f)	**омадан**	[omadan]
chegar de trem	**бо қатора омадан**	[bo qatora omadan]
pegar o trem	**ба қатора нишастан**	[ba qatora niʃastan]
descer de trem	**фаромадан**	[faromadan]
acidente (m) ferroviário	**садама**	[sadama]
descarrilar (vi)	**аз релс баромадан**	[az rels baromadan]
locomotiva (f) a vapor	**паровоз**	[parovoz]
foguista (m)	**алавмон**	[alavmon]
fornalha (f)	**оташдон**	[otaʃdon]
carvão (m)	**ангишт**	[angiʃt]

171. Barco

navio (m)	**киштӣ**	[kiʃti:]
embarcação (f)	**киштӣ**	[kiʃti:]
barco (m) a vapor	**пароход**	[paroχod]
barco (m) fluvial	**теплоход**	[teploχod]
transatlântico (m)	**лайнер**	[lajner]
cruzeiro (m)	**крейсер**	[krejser]
iate (m)	**яхта**	[jaχta]
rebocador (m)	**таноби ядак**	[tanobi jadak]
barcaça (f)	**баржа**	[barʒa]
ferry (m)	**паром**	[parom]
veleiro (m)	**киштии бодбондор**	[kiʃti:i bodbondor]
bergantim (m)	**бригантина**	[brigantina]
quebra-gelo (m)	**киштии яхшикан**	[kiʃti:i jaχʃikan]
submarino (m)	**киштии зериобӣ**	[kiʃti:i zeriobi:]
bote, barco (m)	**қаиқ**	[qaiq]
baleeira (bote salva-vidas)	**қаиқ**	[qaiq]
bote (m) salva-vidas	**заврақи наҷот**	[zavraqi nadʒot]
lancha (f)	**катер**	[kater]
capitão (m)	**капитан**	[kapitan]
marinheiro (m)	**баҳрчӣ, маллоҳ**	[bahrtʃi:], [malloh]
marujo (m)	**баҳрчӣ**	[bahrtʃi:]
tripulação (f)	**экипаж**	[ɛkipaʒ]
contramestre (m)	**ботсман**	[botsman]
grumete (m)	**маллоҳбача**	[mallohbatʃa]
cozinheiro (m) de bordo	**кок, ошпази киштӣ**	[kok], [oʃpazi kiʃti:]
médico (m) de bordo	**духтури киштӣ**	[duχturi kiʃti:]
convés (m)	**саҳни киштӣ**	[sahni kiʃti:]
mastro (m)	**сутуни киштӣ**	[sutuni kiʃti:]
vela (f)	**бодбон**	[bodbon]
porão (m)	**таҳхонаи киштӣ**	[tahχonai kiʃti:]
proa (f)	**сари кишти**	[sari kiʃti]
popa (f)	**думи киштӣ**	[dumi kiʃti:]
remo (m)	**бели заврақ**	[beli zavraq]
hélice (f)	**винт**	[vint]
cabine (m)	**каюта**	[kajuta]
sala (f) dos oficiais	**кают-компания**	[kajut-kompanija]
sala (f) das máquinas	**шӯъбаи мошинҳо**	[ʃœ'bai moʃinho]
ponte (m) de comando	**арша**	[arʃa]
sala (f) de comunicações	**радиохона**	[radioχona]
onda (f)	**мавҷ**	[mavdʒ]
diário (m) de bordo	**журнали киштӣ**	[ʒurnali kiʃti:]
luneta (f)	**дурбин**	[durbin]
sino (m)	**ноқус, зангӯла**	[noqus], [zangœla]

bandeira (f)	**байрак**	[bajrak]
cabo (m)	**арғамчини ғафс**	[arʁamʧini ʁafs]
nó (m)	**гиреҳ**	[gireh]
corrimão (m)	**даста барои қапидан**	[dasta baroi qapidan]
prancha (f) de embarque	**зинапоя**	[zinapoja]
âncora (f)	**лангар**	[langar]
recolher a âncora	**лангар бардоштан**	[langar bardoʃtan]
jogar a âncora	**лангар андохтан**	[langar andoχtan]
amarra (corrente de âncora)	**занҷири лангар**	[zanʤiri langar]
porto (m)	**бандар**	[bandar]
cais, amarradouro (m)	**ҷои киштибандӣ**	[ʤoi kiʃtibandi:]
atracar (vi)	**ба соҳил овардан**	[ba sohil ovardan]
desatracar (vi)	**ҳаракат кардан**	[harakat kardan]
viagem (f)	**саёҳат**	[sajɔhat]
cruzeiro (m)	**круиз**	[kruiz]
rumo (m)	**самт**	[samt]
itinerário (m)	**маршрут**	[marʃrut]
canal (m) de navegação	**маъбар**	[ma'bar]
banco (m) de areia	**тунукоба**	[tunukoba]
encalhar (vt)	**ба тунукоба шиштан**	[ba tunukoba ʃiʃtan]
tempestade (f)	**тӯфон, бӯрон**	[tœfon], [bœroi]
sinal (m)	**бонг, ишорат**	[bong], [iʃorat]
afundar-se (vr)	**ғарк шудан**	[ʁark ʃudan]
Homem ao mar!	**Одам дар об!**	[odam dar ob]
SOS	**SOS**	[sos]
boia (f) salva-vidas	**чамбари наҷот**	[ʧambari naʤot]

172. Aeroporto

aeroporto (m)	**аэропорт**	[aɛroport]
avião (m)	**ҳавопаймо**	[havopajmo]
companhia (f) aérea	**ширкати ҳавопаймоӣ**	[ʃirkati havopajmoi:]
controlador (m) de tráfego aéreo	**диспечер**	[dispeʧer]
partida (f)	**парвоз**	[parvoz]
chegada (f)	**парида омадан**	[parida omadan]
chegar (vi)	**парида омадан**	[parida omadan]
hora (f) de partida	**вақти паридан**	[vaqti paridan]
hora (f) de chegada	**вақти шиштан**	[vaqti ʃiʃtan]
estar atrasado	**боздоштан**	[bozdoʃtan]
atraso (m) de voo	**боздоштани парвоз**	[bozdoʃtani parvoz]
painel (m) de informação	**тахтаи ахборот**	[taχtai aχborot]
informação (f)	**ахборот**	[aχborot]
anunciar (vt)	**эълон кардан**	[ɛ'lon kardan]

voo (m)	**сафар, рейс**	[safar], [rejs]
alfândega (f)	**гумрукхона**	[gumrukχona]
funcionário (m) da alfândega	**гумрукчӣ**	[gumruktʃi:]
declaração (f) alfandegária	**декларатсияи гумрукӣ**	[deklaratsijai gumruki:]
preencher (vt)	**пур кардан**	[pur kardan]
preencher a declaração	**пур кардани декларатсия**	[pur kardani deklaratsija]
controle (m) de passaporte	**назорати шиноснома**	[nazorati ʃinosnoma]
bagagem (f)	**бағоҷ, бор**	[baʁodʒ], [bor]
bagagem (f) de mão	**бори дастӣ**	[bori dasti:]
carrinho (m)	**аробаи боғочкашӣ**	[arobai boʁotʃkaʃi:]
pouso (m)	**фуруд**	[furud]
pista (f) de pouso	**хати нишаст**	[χati niʃast]
aterrissar (vi)	**нишастан**	[niʃastan]
escada (f) de avião	**зинапояи киштӣ**	[zinapojai kiʃti:]
check-in (m)	**бақайдгирӣ**	[baqajdgiri:]
balcão (m) do check-in	**қатори бақайдгирӣ**	[qatori baqajdgiri:]
fazer o check-in	**қайд кунондан**	[qajd kunondan]
cartão (m) de embarque	**талони саворшавӣ**	[taloni savorʃavi:]
portão (m) de embarque	**баромадан**	[baromadan]
trânsito (m)	**транзит**	[tranzit]
esperar (vi, vt)	**поидан**	[poidan]
sala (f) de espera	**толори интизорӣ**	[tolori intizori:]
despedir-se (acompanhar)	**гусел кардан**	[gusel kardan]
despedir-se (dizer adeus)	**падруд гуфтан**	[padrud guftan]

173. Bicicleta. Motocicleta

bicicleta (f)	**велосипед**	[velosiped]
lambreta (f)	**мотороллер**	[motoroller]
moto (f)	**мотосикл**	[motosikl]
ir de bicicleta	**бо велосипед рафтан**	[bo velosiped raftan]
guidão (m)	**рул**	[rul]
pedal (m)	**педал**	[pedal]
freios (m pl)	**тормозҳо**	[tormozho]
banco, selim (m)	**зин**	[zin]
bomba (f)	**насос**	[nasos]
bagageiro (m) de teto	**бағоҷмонак**	[baʁodʒmonak]
lanterna (f)	**фонус**	[fonus]
capacete (m)	**хӯд**	[χœd]
roda (f)	**чарх**	[tʃarχ]
para-choque (m)	**чархпӯш**	[tʃarχpœʃ]
aro (m)	**чанбар**	[tʃanbar]
raio (m)	**парра**	[parra]

Carros

174. Tipos de carros

carro, automóvel (m)	**автомобил**	[avtomobil]
carro (m) esportivo	**мошини варзишӣ**	[moʃini varziʃi:]
limusine (f)	**лимузин**	[limuzin]
todo o terreno (m)	**ҳарҷогард, ҷип**	[harʤogard], [ʤip]
conversível (m)	**кабриолет**	[kabriolet]
minibus (m)	**микроавтобус**	[mikroavtobus]
ambulância (f)	**ёрии таъҷилӣ**	[jɔri:i ta'ʤili:]
limpa-neve (m)	**мошини барфрӯб**	[moʃini barfrœb]
caminhão (m)	**мошини боркаш**	[moʃini borkaʃ]
caminhão-tanque (m)	**бензинкаш**	[benzinkaʃ]
perua, van (f)	**автомобили боркаш**	[avtomobili borkaʃ]
caminhão-trator (m)	**ядакмошин**	[jadakmoʃin]
reboque (m)	**шатак**	[ʃatak]
confortável (adj)	**бароҳат**	[barohat]
usado (adj)	**нимдошт**	[nimdoʃt]

175. Carros. Carroçaria

capô (m)	**капот**	[kapot]
para-choque (m)	**чархпӯш**	[ʧarχpœʃ]
teto (m)	**бом**	[bom]
para-brisa (m)	**оинаи шамолпаноҳ**	[oinai ʃamolpanoh]
retrovisor (m)	**оинаи манзараи ақиб**	[oinai manzarai aqib]
esguicho (m)	**шӯянда**	[ʃœjanda]
limpadores (m) de para-brisas	**чӯткаҳои оинатозакунак**	[ʧœtkahoi oinatozakunak]
vidro (m) lateral	**паҳлӯоина**	[pahlœoina]
elevador (m) do vidro	**оинабардор**	[oinabardor]
antena (f)	**антенна**	[antenna]
teto (m) solar	**люк**	[ljuk]
para-choque (m)	**бампер**	[bamper]
porta-malas (f)	**бағоҷмонак**	[baʁoʤmonak]
bagageira (f)	**бормонак**	[bormonak]
porta (f)	**дарича**	[dariʧa]
maçaneta (f)	**дастак**	[dastak]
fechadura (f)	**қулф**	[qulf]
placa (f)	**рақам**	[raqam]
silenciador (m)	**садонишонак**	[sadoniʃonak]

tanque (m) de gasolina	**баки бензин**	[baki benzin]
tubo (m) de exaustão	**лӯлаи дудбаро**	[lœlai dudbaro]
acelerador (m)	**газ**	[gaz]
pedal (m)	**педал**	[pedal]
pedal (m) do acelerador	**педали газ**	[pedali gaz]
freio (m)	**тормоз**	[tormoz]
pedal (m) do freio	**педали тормоз**	[pedali tormoz]
frear (vt)	**тормоз додан**	[tormoz dodan]
freio (m) de mão	**тормози дастӣ**	[tormozi dasti:]
embreagem (f)	**муфт**	[muft]
pedal (m) da embreagem	**педали муфт**	[pedali muft]
disco (m) de embreagem	**чархмолаи пайвасткунӣ**	[ʧarχmolai pajvastkuni:]
amortecedor (m)	**амортизатор**	[amortizator]
roda (f)	**чарх**	[ʧarχ]
pneu (m) estepe	**чархи эҳтиётӣ**	[ʧarχi ɛhtijɔti:]
pneu (m)	**покришка**	[pokriʃka]
calota (f)	**колпак**	[kolpak]
rodas (f pl) motrizes	**чархҳои баранда**	[ʧarχhoi baranda]
de tração dianteira	**бо чархони пеш ҳаракаткунанда**	[bo ʧarχoni peʃ harakatkunanda]
de tração traseira	**бо чархони ақиб амалкунанда**	[bo ʧarχoni aqib amalkunanda]
de tração às 4 rodas	**бо чор чарх ҳаракаткунанда**	[bo ʧor ʧarχ harakatkunanda]
caixa (f) de mudanças	**суръатқуттӣ**	[sur'atqutti:]
automático (adj)	**автоматӣ**	[avtomati:]
mecânico (adj)	**механикӣ**	[meχaniki:]
alavanca (f) de câmbio	**фишанги суръатқуттӣ**	[fiʃangi sur'atqutti:]
farol (m)	**чароғ**	[ʧaroʁ]
faróis (m pl)	**чароғҳо**	[ʧaroʁho]
farol (m) baixo	**чароғи наздик**	[ʧaroʁi nazdik]
farol (m) alto	**чароғи дур**	[ʧaroʁi dur]
luzes (f pl) de parada	**стоп-сигнал**	[stop-signal]
luzes (f pl) de posição	**чароғаки габаритӣ**	[ʧaroʁaki gabariti:]
luzes (f pl) de emergência	**чароғаки садамавӣ**	[ʧaroʁaki sadamavi:]
faróis (m pl) de neblina	**чароғаки зидди туман**	[ʧaroʁaki ziddi tuman]
pisca-pisca (m)	**нишондиҳандаи гардиш**	[niʃondihandai gardiʃ]
luz (f) de marcha ré	**чароғаки ақибравӣ**	[ʧaroʁaki aqibravi:]

176. Carros. Habitáculo

interior (do carro)	**салони мошин**	[saloni moʃin]
de couro	**... и чармин**	[i ʧarmin]
de veludo	**велюрӣ**	[veljuri:]
estofamento (m)	**рӯйкаш**	[rœjkaʃ]

indicador (m)	**асбоб**	[asbob]
painel (m)	**лавҳаи асбобҳо**	[lavhai asbobho]
velocímetro (m)	**суръатсанҷ**	[sur'atsandʒ]
ponteiro (m)	**акрабак**	[akrabak]
hodômetro, odômetro (m)	**ҳисобкунаки масофа**	[hisobkunaki masofa]
indicador (m)	**хабардиҳанда**	[χabardihanda]
nível (m)	**сатҳ**	[sath]
luz (f) de aviso	**чароғак**	[ʧaroʁak]
volante (m)	**рул**	[rul]
buzina (f)	**сигнал**	[signal]
botão (m)	**тугмача**	[tugmaʧa]
interruptor (m)	**калид**	[kalid]
assento (m)	**курсӣ**	[kursi:]
costas (f pl) do assento	**пуштаки курсӣ**	[puʃtaki kursi:]
cabeceira (f)	**сармонаки курсӣ**	[sarmonaki kursi:]
cinto (m) de segurança	**тасмаи бехатарӣ**	[tasmai beχatari:]
apertar o cinto	**тасма гузарондан**	[tasma guzarondan]
ajuste (m)	**танзим**	[tanzim]
airbag (m)	**кисаи ҳаво**	[kisai havo]
ar (m) condicionado	**кондитсионер**	[konditsioner]
rádio (m)	**радио**	[radio]
leitor (m) de CD	**CD-монак**	[ɔɛ-monak]
ligar (vt)	**даргирондан**	[dargirondan]
antena (f)	**антенна**	[antenna]
porta-luvas (m)	**ҷойи дастпӯшакҳо**	[dʒoji dastpœʃakho]
cinzeiro (m)	**хокистардон**	[χokistardon]

177. Carros. Motor

motor (m)	**муҳаррик**	[muharrik]
motor (m)	**мотор**	[motor]
a diesel	**дизелӣ**	[dizeli:]
a gasolina	**бо бензин коркунанда**	[bo benzin korkunanda]
cilindrada (f)	**ҳаҷми муҳаррик**	[hadʒmi muharrik]
potência (f)	**иқтидор**	[iqtidor]
cavalo (m) de potência	**қувваи асп**	[quvvai asp]
pistão (m)	**поршен**	[porʃen]
cilindro (m)	**силиндр**	[silindr]
válvula (f)	**клапан**	[klapan]
injetor (m)	**инжектор**	[inʒektor]
gerador (m)	**генератор**	[generator]
carburador (m)	**карбюратор**	[karbjurator]
óleo (m) de motor	**равғани муҳаррик**	[ravʁani muharrik]
radiador (m)	**радиатор**	[radiator]
líquido (m) de arrefecimento	**моеи хунуккунанда**	[moei χunukkunanda]
ventilador (m)	**бодкаш**	[bodkaʃ]

bateria (f)	**аккумулятор**	[akkumuljator]
dispositivo (m) de arranque	**корандози муҳаррик**	[korandozi muharrik]
ignição (f)	**даргиронӣ**	[dargironi:]
vela (f) de ignição	**свечаи мошин**	[svetʃai moʃin]
terminal (m)	**пайвандак**	[pajvandak]
terminal (m) positivo	**ҷамъ**	[dʒam']
terminal (m) negativo	**тарҳ**	[tarh]
fusível (m)	**пешгирикунанда**	[peʃgirikunanda]
filtro (m) de ar	**филтри ҳаво**	[filtri havo]
filtro (m) de óleo	**филтри равған**	[filtri ravʁan]
filtro (m) de combustível	**филтри сӯзишворӣ**	[filtri sœziʃvori:]

178. Carros. Batidas. Reparação

acidente (m) de carro	**садама**	[sadama]
acidente (m) rodoviário	**садамаи нақлиётӣ**	[sadamai naqlijɔti:]
bater (~ num muro)	**бархӯрдан**	[barχœrdan]
sofrer um acidente	**маҷрӯҳ шудан**	[madʒrœh ʃudan]
dano (m)	**осеб**	[oseb]
intato	**саломат**	[salomat]
pane (f)	**садама**	[sadama]
avariar (vi)	**шикастан**	[ʃikastan]
cabo (m) de reboque	**трос**	[tros]
furo (m)	**кафидааст**	[kafidaast]
estar furado	**холӣ шудан**	[χoli: ʃudan]
encher (vt)	**дам кардан**	[dam kardan]
pressão (f)	**фишор**	[fiʃor]
verificar (vt)	**тафтиш кардан**	[taftiʃ kardan]
reparo (m)	**таъмир**	[ta'mir]
oficina (f) automotiva	**автосервис**	[avtoservis]
peça (f) de reposição	**қисми эҳтиётӣ**	[qismi ɛhtijɔti:]
peça (f)	**қисм**	[qism]
parafuso (com porca)	**болт**	[bolt]
parafuso (m)	**винт**	[vint]
porca (f)	**гайка**	[gajka]
arruela (f)	**шайба**	[ʃajba]
rolamento (m)	**подшипник**	[podʃipnik]
tubo (m)	**найча**	[najtʃa]
junta, gaxeta (f)	**мағзӣ**	[maʁzi:]
fio, cabo (m)	**сим**	[sim]
macaco (m)	**домкрат**	[domkrat]
chave (f) de boca	**калиди гайка**	[kalidi gajka]
martelo (m)	**болғача**	[bolʁatʃa]
bomba (f)	**насос**	[nasos]
chave (f) de fenda	**мурваттоб**	[murvattob]
extintor (m)	**оташнишон**	[otaʃniʃon]

triângulo (m) de emergência	**секунҷаи садамавӣ**	[sekundʒai sadamavi:]
morrer (motor)	**аз кор мондан**	[az kor mondan]
paragem, "morte" (f)	**хомӯш кардан**	[χomœʃ kardan]
estar quebrado	**шикастан**	[ʃikastan]
superaquecer-se (vr)	**тафсидан**	[tafsidan]
entupir-se (vr)	**аз чирк маҳкам шудан**	[az ʧirk mahkam ʃudan]
congelar-se (vr)	**ях бастан**	[jaχ bastan]
rebentar (vi)	**кафидан**	[kafidan]
pressão (f)	**фишор**	[fiʃor]
nível (m)	**сатҳ**	[sath]
frouxo (adj)	**суст шудааст**	[sust ʃudaast]
batida (f)	**пачақ**	[paʧaq]
ruído (m)	**овоз, садо**	[ovoz], [sado]
fissura (f)	**тарқиш**	[tarqiʃ]
arranhão (m)	**харош**	[χaroʃ]

179. Carros. Estrada

estrada (f)	**роҳ, раҳ**	[roh], [rah]
autoestrada (f)	**автомагистрал**	[avtomagistral]
rodovia (f)	**шоссе**	[ʃosse]
direção (f)	**самт**	[samt]
distância (f)	**масофат**	[masofat]
ponte (f)	**пул, кӯпрук**	[pul], [kœpruk]
parque (m) de estacionamento	**ҷойи мошинмонӣ**	[dʒoji moʃinmoni:]
praça (f)	**майдон**	[majdon]
nó (m) rodoviário	**чорсӯ**	[ʧorsœ]
túnel (m)	**туннел**	[tunnel]
posto (m) de gasolina	**колонкаи бензингири**	[kolonkai benzingiri]
parque (m) de estacionamento	**истгоҳи мошинҳо**	[istgohi moʃinho]
bomba (f) de gasolina	**бензокалонка**	[benzokalonka]
oficina (f) automotiva	**автосервис**	[avtoservis]
abastecer (vt)	**пур кардан**	[pur kardan]
combustível (m)	**сӯзишворӣ**	[sœziʃvori:]
galão (m) de gasolina	**канистра**	[kanistra]
asfalto (m)	**асфалт**	[asfalt]
marcação (f) de estradas	**нишонагузорӣ**	[niʃonaguzori:]
meio-fio (m)	**ҳошия, канора**	[hoʃija], [kanora]
guard-rail (m)	**деворак**	[devorak]
valeta (f)	**ҷӯйбор**	[dʒœjbor]
acostamento (m)	**канори роҳ**	[kanori roh]
poste (m) de luz	**сутун**	[sutun]
dirigir (vt)	**рондан**	[rondan]
virar (~ para a direita)	**гардонидан**	[gardonidan]
dar retorno	**тоб хӯрдан**	[tob χœrdan]
ré (f)	**ақиб рафтан**	[aqib raftan]
buzinar (vi)	**сигнал додан**	[signal dodan]

buzina (f)	**бонг**	[bong]
atolar-se (vr)	**дармондан**	[darmondan]
patinar (na lama)	**андармон шудан**	[andarmon ʃudan]
desligar (vt)	**хомӯш кардан**	[χomœʃ kardan]
velocidade (f)	**суръат**	[sur'at]
exceder a velocidade	**суръат баланд кардан**	[sur'at baland kardan]
multar (vt)	**ҷарима андохтан**	[ʤarima andoχtan]
semáforo (m)	**чароғи раҳнамо**	[ʧaroʁi rahnamo]
carteira (f) de motorista	**ҳуҷҷати ронандагӣ**	[huʤʤati ronandagi:]
passagem (f) de nível	**гузаргоҳ**	[guzargoh]
cruzamento (m)	**чорраҳа**	[ʧorraha]
faixa (f)	**гузаргоҳи пиёдагардон**	[guzargohi pijɔdagardon]
curva (f)	**гардиш**	[gardiʃ]
zona (f) de pedestres	**роҳи пиёдагард**	[rohi pijɔdagard]

180. Sinais de trânsito

código (m) de trânsito	**қоидаи ҳаракати роҳ**	[qoidai harakati roh]
sinal (m) de trânsito	**нишонаи роҳ**	[niʃonai roh]
ultrapassagem (f)	**пешкунӣ**	[peʃkuni:]
curva (f)	**гардиш**	[gardiʃ]
retorno (m)	**ҳамгашт**	[hamgaʃt]
rotatória (f)	**ҳаракати гирдобагирд**	[harakati girdobagird]
sentido proibido	**даромадан манъ аст**	[daromadan man' ast]
trânsito proibido	**ҳаракат манъ аст**	[harakat man' ast]
proibido de ultrapassar	**пешкунӣ манъ аст**	[peʃkuni: man' ast]
estacionamento proibido	**таваққуф манъ аст**	[tavaqquf man' ast]
paragem proibida	**истодан манъ аст**	[istodan man' ast]
curva (f) perigosa	**хамгашти сахт**	[χamgaʃti saχt]
descida (f) perigosa	**нишеби рост**	[niʃebi rost]
trânsito de sentido único	**ҳаракати якҷониба**	[harakati jakʤoniba]
faixa (f)	**гузаргоҳи пиёдагардон**	[guzargohi pijɔdagardon]
pavimento (m) escorregadio	**роҳи лағжон**	[rohi laʁʒon]
conceder passagem	**роҳ додан**	[roh dodan]

PESSOAS. EVENTOS

Eventos

181. Férias. Evento

festa (f)	**ид, ҷашн**	[id], [ʤaʃn]
feriado (m) nacional	**иди миллӣ**	[idi milli:]
feriado (m)	**рӯзи ид**	[rœzi id]
festejar (vt)	**ид кардан**	[id kardan]
evento (festa, etc.)	**воқеа, ҳодиса**	[voqea], [hodisa]
evento (banquete, etc.)	**чорабинӣ**	[ʧorabini:]
banquete (m)	**зиёфати бошукӯҳ**	[zijɔfati boʃukœh]
recepção (f)	**қабул, зиёфат**	[qabul], [zijɔfat]
festim (m)	**базм**	[bazm]
aniversário (m)	**солгард, солагӣ**	[solgard], [solagi:]
jubileu (m)	**ҷашн**	[ʤaʃn]
celebrar (vt)	**ҷашн гирифтан**	[ʤaʃn giriftan]
Ano (m) Novo	**Соли Нав**	[soli nav]
Feliz Ano Novo!	**Соли нав муборак!**	[soli nav muborak]
Papai Noel (m)	**Бобои барфӣ**	[boboi barfi:]
Natal (m)	**Мавлуди Исо**	[mavludi iso]
Feliz Natal!	**Иди мавлуд муборак!**	[idi mavlud muborak]
árvore (f) de Natal	**арчаи солинавӣ**	[arʧai solinavi:]
fogos (m pl) de artifício	**салют**	[saljut]
casamento (m)	**тӯй, тӯйи арӯсӣ**	[tœj], [tœji arœsi:]
noivo (m)	**домод, домодшаванда**	[domod], [domodʃavanda]
noiva (f)	**арӯс**	[arœs]
convidar (vt)	**даъват кардан**	[da'vat kardan]
convite (m)	**даъватнома**	[da'vatnoma]
convidado (m)	**меҳмон**	[mehmon]
visitar (vt)	**ба меҳмонӣ рафтан**	[ba mehmoni: raftan]
receber os convidados	**қабули меҳмонҳо**	[qabuli mehmonho]
presente (m)	**тӯҳфа**	[tœhfa]
oferecer, dar (vt)	**бахшидан**	[baχʃidan]
receber presentes	**туҳфа гирифтан**	[tuhfa giriftan]
buquê (m) de flores	**дастаи гул**	[dastai gul]
felicitações (f pl)	**муборакбод**	[muborakbod]
felicitar (vt)	**муборакбод гуфтан**	[muborakbod guftan]
cartão (m) de parabéns	**аткриткаи табрикӣ**	[atkritkai tabriki:]

enviar um cartão postal	**фиристодани аткритка**	[firistodani atkritka]
receber um cartão postal	**аткритка гирифтан**	[atkritka giriftan]
brinde (m)	**нӯшбод**	[nœʃbod]
oferecer (vt)	**зиёфат кардан**	[zijɔfat kardan]
champanhe (m)	**шампан**	[ʃampan]
divertir-se (vr)	**хурсандӣ кардан**	[χursandi: kardan]
diversão (f)	**шодӣ, хурсандӣ**	[ʃodi:], [χursandi:]
alegria (f)	**шодӣ**	[ʃodi:]
dança (f)	**ракс**	[raks]
dançar (vi)	**рақсидан**	[raqsidan]
valsa (f)	**валс**	[vals]
tango (m)	**танго**	[tango]

182. Funerais. Enterro

cemitério (m)	**гӯристон, қабристон**	[gœriston], [qabriston]
sepultura (f), túmulo (m)	**гӯр, кабр**	[gœr], [kabr]
cruz (f)	**салиб**	[salib]
lápide (f)	**санги қабр**	[sangi qabr]
cerca (f)	**панҷара**	[pandʒara]
capela (f)	**калисои хурд**	[kalisoi χurd]
morte (f)	**марг**	[marg]
morrer (vi)	**мурдан**	[murdan]
defunto (m)	**раҳматӣ**	[rahmati:]
luto (m)	**мотам**	[motam]
enterrar, sepultar (vt)	**гӯр кардан**	[gœr kardan]
funerária (f)	**бюрои дафнкунӣ**	[bjuroi dafnkuni:]
funeral (m)	**дафн, ҷаноза**	[dafn], [dʒanoza]
coroa (f) de flores	**гулчанбар**	[gultʃanbar]
caixão (m)	**тобут**	[tobut]
carro (m) funerário	**аробаи тобуткашӣ**	[arobai tobutkaʃi]
mortalha (f)	**кафан**	[kafan]
procissão (f) funerária	**ҷараёни дафнкунӣ**	[dʒarajɔni dafnkuni:]
urna (f) funerária	**зарфи хокистари мурдаи сӯзондашуда**	[zarfi χokistari murdai sœzondaʃuda]
crematório (m)	**хонаи мурдасӯзӣ**	[χonai murdasœzi:]
obituário (m), necrologia (f)	**таъзиянома**	[ta'zijanoma]
chorar (vi)	**гиря кардан**	[girja kardan]
soluçar (vi)	**нолидан**	[nolidan]

183. Guerra. Soldados

pelotão (m)	**взвод**	[vzvod]
companhia (f)	**рота**	[rota]

regimento (m)	**полк**	[polk]
exército (m)	**армия, қӯшун**	[armija], [qœʃun]
divisão (f)	**дивизия**	[divizija]
esquadrão (m)	**даста**	[dasta]
hoste (f)	**қӯшун**	[qœʃun]
soldado (m)	**аскар**	[askar]
oficial (m)	**афсар**	[afsar]
soldado (m) raso	**аскари қаторӣ**	[askari qatori:]
sargento (m)	**сержант**	[serʒant]
tenente (m)	**лейтенант**	[lejtenant]
capitão (m)	**капитан**	[kapitan]
major (m)	**майор**	[majɔr]
coronel (m)	**полковник**	[polkovnik]
general (m)	**генерал**	[general]
marujo (m)	**баҳрчӣ**	[bahrʧi:]
capitão (m)	**капитан**	[kapitan]
contramestre (m)	**ботсман**	[botsman]
artilheiro (m)	**артиллерися**	[artillerisja]
soldado (m) paraquedista	**десантчӣ**	[desantʧi:]
piloto (m)	**лётчик**	[ljɔtʧik]
navegador (m)	**штурман**	[ʃturman]
mecânico (m)	**механик**	[meχanik]
sapador-mineiro (m)	**сапёр**	[sapjɔr]
paraquedista (m)	**парашютчӣ**	[paraʃjutʧi:]
explorador (m)	**разведкачӣ**	[razvedkaʧi:]
atirador (m) de tocaia	**мерган**	[mergan]
patrulha (f)	**посбон**	[posbon]
patrulhar (vt)	**посбонӣ кардан**	[posboni: kardan]
sentinela (f)	**посбон**	[posbon]
guerreiro (m)	**ҷанговар, аскар**	[ʤangovar], [askar]
patriota (m)	**ватандӯст**	[vatandœst]
herói (m)	**қаҳрамон**	[qahramon]
heroína (f)	**қаҳрамонзан**	[qahramonzan]
traidor (m)	**хоин, хиёнаткор**	[χoin], [χijɔnatkor]
trair (vt)	**хиёнат кардан**	[χijɔnat kardan]
desertor (m)	**гуреза, фирорӣ**	[gureza], [firori:]
desertar (vt)	**фирор кардан**	[firor kardan]
mercenário (m)	**зархарид**	[zarχarid]
recruta (m)	**аскари нав**	[askari nav]
voluntário (m)	**довталаб**	[dovtalab]
morto (m)	**кушташуда**	[kuʃtaʃuda]
ferido (m)	**захмдор**	[zaχmdor]
prisioneiro (m) de guerra	**асир**	[asir]

184. Guerra. Ações militares. Parte 1

guerra (f)	**ҷанг**	[dʒang]
guerrear (vt)	**ҷангидан**	[dʒangidan]
guerra (f) civil	**ҷанги гражданӣ**	[dʒangi graʒdani:]
perfidamente	**аҳдшиканона**	[ahdʃikanona]
declaração (f) de guerra	**эълони ҷанг**	[ɛ'loni dʒang]
declarar guerra	**эълон кардан**	[ɛ'lon kardan]
agressão (f)	**таҷовуз, агрессия**	[tadʒovuz], [agressija]
atacar (vt)	**ҳуҷум кардан**	[hudʒum kardan]
invadir (vt)	**забт кардан**	[zabt kardan]
invasor (m)	**забткунанда**	[zabtkunanda]
conquistador (m)	**забткунанда**	[zabtkunanda]
defesa (f)	**мудофиа**	[mudofia]
defender (vt)	**мудофиа кардан**	[mudofia kardan]
defender-se (vr)	**худро мудофиа кардан**	[χudro mudofia kardan]
inimigo (m)	**душман**	[duʃman]
adversário (m)	**рақиб**	[raqib]
inimigo (adj)	**... и душман**	[i duʃman]
estratégia (f)	**стратегия**	[strategija]
tática (f)	**тактика**	[taktika]
ordem (f)	**фармон**	[farmon]
comando (m)	**фармон**	[farmon]
ordenar (vt)	**фармон додан**	[farmon dodan]
missão (f)	**супориш**	[suporiʃ]
secreto (adj)	**пинҳонӣ**	[pinhoni:]
batalha (f)	**ҷанг**	[dʒang]
combate (m)	**муҳориба**	[muhoriba]
ataque (m)	**ҳамла**	[hamla]
assalto (m)	**ҳуҷум**	[hudʒum]
assaltar (vt)	**ҳуҷуми қатъӣ кардан**	[hudʒumi qat'i: kardan]
assédio, sítio (m)	**муҳосира**	[muhosira]
ofensiva (f)	**ҳуҷум**	[hudʒum]
tomar à ofensiva	**ҳуҷум кардан**	[hudʒum kardan]
retirada (f)	**ақибнишинӣ**	[aqibniʃini:]
retirar-se (vr)	**ақиб гаштан**	[aqib gaʃtan]
cerco (m)	**муҳосира, иҳота**	[muhosira], [ihota]
cercar (vt)	**муҳосира кардан**	[muhosira kardan]
bombardeio (m)	**бомбаандозӣ**	[bombaandozi:]
lançar uma bomba	**бомба партофтан**	[bomba partoftan]
bombardear (vt)	**бомбаборон кардан**	[bombaboron kardan]
explosão (f)	**таркиш, таркидан**	[tarkiʃ], [tarkidan]
tiro (m)	**тир, тирпарронӣ**	[tir], [tirparroni:]

dar um tiro	**тир паррондан**	[tir parrondan]
tiroteio (m)	**тирпарронӣ**	[tirparroni:]
apontar para ...	**нишон гирифтан**	[niʃon giriftan]
apontar (vt)	**рост кардан**	[rost kardan]
acertar (vt)	**задан**	[zadan]
afundar (~ um navio, etc.)	**ғарқ кардан**	[ʁarq kardan]
brecha (f)	**сӯрох**	[sœroχ]
afundar-se (vr)	**ғарқ шудан**	[ʁarq ʃudan]
frente (m)	**фронт, ҷабха**	[front], [dʒabχa]
evacuação (f)	**тахлия**	[taχlija]
evacuar (vt)	**тахлия кардан**	[taχlija kardan]
trincheira (f)	**хандақ**	[χandaq]
arame (m) enfarpado	**симхор**	[simχor]
barreira (f) anti-tanque	**садд**	[sadd]
torre (f) de vigia	**бурчи дидбонӣ**	[burʧi didboni:]
hospital (m) militar	**беморхонаи ҳарбӣ**	[bemorχonai harbi:]
ferir (vt)	**захмдор кардан**	[zaχmdor kardan]
ferida (f)	**захм, реш**	[zaχm], [reʃ]
ferido (m)	**захмдор**	[zaχmdor]
ficar ferido	**захм бардоштан**	[zaχm bardoʃtan]
grave (ferida ~)	**вазнин**	[vaznin]

185. Guerra. Ações militares. Parte 2

cativeiro (m)	**асирӣ**	[asiri:]
capturar (vt)	**асир гирифтан**	[asir giriftan]
estar em cativeiro	**дар асирӣ будан**	[dar asiri: budan]
ser aprisionado	**асир афтидан**	[asir aftidan]
campo (m) de concentração	**лагери консентратсионӣ**	[lageri konsentratsioni:]
prisioneiro (m) de guerra	**асир**	[asir]
escapar (vi)	**гурехтан**	[gureχtan]
trair (vt)	**хиёнат кардан**	[χijɔnat kardan]
traidor (m)	**хоин, хиёнаткор**	[χoin], [χijɔnatkor]
traição (f)	**хиёнат, хоинӣ**	[χijɔnat], [χoini:]
fuzilar, executar (vt)	**тирборон кардан**	[tirboron kardan]
fuzilamento (m)	**тирборон**	[tirboron]
equipamento (m)	**либоси ҳарбӣ**	[libosi harbi:]
insígnia (f) de ombro	**пагон**	[pagon]
máscara (f) de gás	**ниқоби зидди газ**	[niqobi ziddi gaz]
rádio (m)	**ратсия**	[ratsija]
cifra (f), código (m)	**рамз**	[ramz]
conspiração (f)	**пинҳонкунӣ**	[pinhonkuni:]
senha (f)	**рамз**	[ramz]
mina (f)	**мина**	[mina]

minar (vt)	**мина гузоштан**	[mina guzoʃtan]
campo (m) minado	**майдони минадор**	[majdoni minador]
alarme (m) aéreo	**бонги хатари ҳавоӣ**	[bongi χatari havoi:]
alarme (m)	**бонги хатар**	[bongi χatar]
sinal (m)	**бонг, ишорат**	[bong], [iʃorat]
sinalizador (m)	**ракетаи хабардиҳанда**	[raketai χabardihanda]
quartel-general (m)	**штаб**	[ʃtab]
reconhecimento (m)	**разведкачиён**	[razvedkaʧijɔn]
situação (f)	**вазъият**	[vaz'ijat]
relatório (m)	**гузориш, рапорт**	[guzoriʃ], [raport]
emboscada (f)	**камин**	[kamin]
reforço (m)	**мадади ҳарбӣ**	[madadi harbi:]
alvo (m)	**ҳадаф, нишон**	[hadaf], [niʃon]
campo (m) de tiro	**майдони тирандозӣ**	[majdoni tirandozi:]
manobras (f pl)	**манёвр**	[manjɔvr]
pânico (m)	**воҳима**	[vohima]
devastação (f)	**хародӣ**	[χarodi:]
ruínas (f pl)	**харобазор**	[χarobazor]
destruir (vt)	**харод кардан**	[χarod kardan]
sobreviver (vi)	**зинда мондан**	[zinda mondan]
desarmar (vt)	**беярок кардан**	[bejarok kardan]
manusear (vt)	**кор фармудан**	[kor farmudan]
Sentido!	**Ором!**	[orom]
Descansar!	**Озод!**	[ozod]
façanha (f)	**корнома**	[kornoma]
juramento (m)	**қасам**	[qasam]
jurar (vi)	**қасам хурдан**	[qasam χurdan]
condecoração (f)	**мукофот**	[mukofot]
condecorar (vt)	**мукофот додан**	[mukofot dodan]
medalha (f)	**медал**	[medal]
ordem (f)	**орден, нишон**	[orden], [niʃon]
vitória (f)	**ғалаба**	[ʁalaba]
derrota (f)	**шикаст хӯрдан**	[ʃikast χœrdan]
armistício (m)	**сулҳи муваққати**	[sulhi muvakqati]
bandeira (f)	**байрақ**	[bajraq]
glória (f)	**шараф, шӯҳрат**	[ʃaraf], [ʃœhrat]
parada (f)	**расмигузашт**	[rasmiguzaʃt]
marchar (vi)	**қадамзании низомӣ**	[qadamzani:i nizomi:]

186. Armas

arma (f)	**ярок, силоҳ**	[jaroq], [siloh]
arma (f) de fogo	**аслиҳаи оташфишон**	[aslihai otaʃfiʃon]
arma (f) branca	**ярокӣ беоташ**	[jaroqi beotaʃ]

arma (f) química | силоҳи химиявӣ | [silohi χimijavi:]
nuclear (adj) | ... и ядро, ядроӣ | [i jadro], [jadroi:]
arma (f) nuclear | аслиҳаи ядроӣ | [aslihai jadroi:]

bomba (f) | бомба | [bomba]
bomba (f) atômica | бомбаи атомӣ | [bombai atomi:]

pistola (f) | тапонча | [tapontʃa]
rifle (m) | милтиқ | [miltiq]
semi-automática (f) | автомат | [avtomat]
metralhadora (f) | пулемёт | [pulemjɔt]

boca (f) | даҳони мил | [dahoni mil]
cano (m) | мил | [mil]
calibre (m) | калибр | [kalibr]

gatilho (m) | куланги силоҳи оташфишон | [kulangi silohi otaʃfiʃon]
mira (f) | нишон | [niʃon]
carregador (m) | тирдон | [tirdon]
coronha (f) | қундоқ | [qundoq]

granada (f) de mão | гранатаи дастӣ | [granatai dasti:]
explosivo (m) | моддаи тарканда | [moddai tarkanda]

bala (f) | тир | [tir]
cartucho (m) | тир | [tir]
carga (f) | заряд | [zarjad]
munições (f pl) | лавозимоти ҷангӣ | [lavozimoti dʒangi:]

bombardeiro (m) | самолёти бомбаандоз | [samoljɔti bombaandoz]
avião (m) de caça | қиркунанда | [qirkunanda]
helicóptero (m) | вертолёт | [vertoljɔt]

canhão (m) antiaéreo | тӯпи зенитӣ | [tœpi zeniti:]
tanque (m) | танк | [tank]
canhão (de um tanque) | тӯп | [tœp]

artilharia (f) | артиллерия | [artillerija]
canhão (m) | тӯп | [tœp]
fazer a pontaria | рост кардан | [rost kardan]

projétil (m) | тир, тири тӯп | [tir], [tiri tœp]
granada (f) de morteiro | минаи миномёт | [minai minomjɔt]
morteiro (m) | миномёт | [minomjɔt]
estilhaço (m) | тикка | [tikka]

submarino (m) | киштии зериобӣ | [kiʃti:i zeriobi:]
torpedo (m) | торпеда | [torpeda]
míssil (m) | ракета | [raketa]

carregar (uma arma) | тир пур кардан | [tir pur kardan]
disparar, atirar (vi) | тир задан | [tir zadan]
apontar para ... | нишон гирифтан | [niʃon giriftan]
baioneta (f) | найза | [najza]
espada (f) | шамшер | [ʃamʃer]

sabre (m)	**шамшер, шоф**	[ʃamʃer], [ʃof]
lança (f)	**найза**	[najza]
arco (m)	**камон**	[kamon]
flecha (f)	**тир**	[tir]
mosquete (m)	**туфанг**	[tufang]
besta (f)	**камон, камонғӯлак**	[kamon], [kamonʁœlak]

187. Povos da antiguidade

primitivo (adj)	**ибтидоӣ**	[ibtidoi:]
pré-histórico (adj)	**пеш аз таърих**	[peʃ az ta'riχ]
antigo (adj)	**қадим**	[qadim]
Idade (f) da Pedra	**Асри сангин**	[asri sangin]
Idade (f) do Bronze	**Давраи биринҷӣ**	[davrai birindʒi:]
Era (f) do Gelo	**Давраи яхбандӣ**	[davrai jaχbandi:]
tribo (f)	**қабила**	[qabila]
canibal (m)	**одамхӯр**	[odamχœr]
caçador (m)	**шикорчӣ**	[ʃikortʃi:]
caçar (vi)	**шикор кардан**	[ʃikor kardan]
mamute (m)	**мамонт**	[mamont]
caverna (f)	**ғор**	[ʁor]
fogo (m)	**оташ**	[otaʃ]
fogueira (f)	**гулхан**	[gulχan]
pintura (f) rupestre	**нақшҳои рӯйи санг**	[naqʃhoi rœji sang]
ferramenta (f)	**олати меҳнат**	[olati mehnat]
lança (f)	**найза**	[najza]
machado (m) de pedra	**табари сангин**	[tabari sangin]
guerrear (vt)	**ҷангидан**	[dʒangidan]
domesticar (vt)	**дастомӯз кардан**	[dastomœz kardan]
ídolo (m)	**бут, санам**	[but], [sanam]
adorar, venerar (vt)	**парастидан**	[parastidan]
superstição (f)	**хурофот**	[χurofot]
ritual (m)	**расм, маросим**	[rasm], [marosim]
evolução (f)	**таҳаввул**	[tahavvul]
desenvolvimento (m)	**пешравӣ**	[peʃravi:]
extinção (f)	**нест шудан**	[nest ʃudan]
adaptar-se (vr)	**мувофиқат кардан**	[muvofiqat kardan]
arqueologia (f)	**археология**	[arχeologija]
arqueólogo (m)	**археолог**	[arχeolog]
arqueológico (adj)	**археологӣ**	[arχeologi:]
escavação (sítio)	**ҳафриёт**	[hafrijɔt]
escavações (f pl)	**ҳафриёт**	[hafrijɔt]
achado (m)	**бозёфт**	[bozjɔft]
fragmento (m)	**порча**	[portʃa]

188. Idade média

povo (m)	**халқ**	[χalq]
povos (m pl)	**халқҳо**	[χalqho]
tribo (f)	**қабила**	[qabila]
tribos (f pl)	**қабилаҳо**	[qabilaho]
bárbaros (pl)	**барбарҳо**	[barbarho]
galeses (pl)	**галлҳо**	[gallho]
godos (pl)	**готҳо**	[gotho]
eslavos (pl)	**сақлоб**	[saqlob]
viquingues (pl)	**викингҳо**	[vikingho]
romanos (pl)	**румиҳо**	[rumiho]
romano (adj)	**... и Рим, римӣ**	[i rim], [rimi:]
bizantinos (pl)	**византиягиҳо**	[vizantijagiho]
Bizâncio	**Византия**	[vizantija]
bizantino (adj)	**византиягӣ**	[vizantijagi:]
imperador (m)	**император**	[imperator]
líder (m)	**пешво, роҳбар**	[peʃvo], [rohbar]
poderoso (adj)	**тавоно**	[tavono]
rei (m)	**шоҳ**	[ʃoh]
governante (m)	**ҳукмдор**	[hukmdor]
cavaleiro (m)	**баҳодур**	[bahodur]
senhor feudal (m)	**феодал**	[feodal]
feudal (adj)	**феодалӣ**	[feodali:]
vassalo (m)	**вассал**	[vassal]
duque (m)	**гертсог**	[gertsog]
conde (m)	**граф**	[graf]
barão (m)	**барон**	[baron]
bispo (m)	**епископ**	[episkop]
armadura (f)	**либосу аслиҳаи ҷангӣ**	[libosu aslihai ʧangi:]
escudo (m)	**сипар**	[sipar]
espada (f)	**шамшер**	[ʃamʃer]
viseira (f)	**рӯйпӯши тоскулоҳ**	[rœjpœʃi toskuloh]
cota (f) de malha	**зиреҳ**	[zireh]
cruzada (f)	**юриши салибдорон**	[juriʃi salibdoron]
cruzado (m)	**салибдор**	[salibdor]
território (m)	**хок**	[χok]
atacar (vt)	**ҳуҷум кардан**	[huʤum kardan]
conquistar (vt)	**забт кардан**	[zabt kardan]
ocupar, invadir (vt)	**ғасб кардан**	[ʁasb kardan]
assédio, sítio (m)	**муҳосира**	[muhosira]
sitiado (adj)	**муҳосирашуда**	[muhosiraʃuda]
assediar, sitiar (vt)	**муҳосира кардан**	[muhosira kardan]
inquisição (f)	**инквизитсия**	[inkvizitsija]
inquisidor (m)	**инквизитор**	[inkvizitor]

tortura (f)	**шиканҷа**	[ʃikandʒa]
cruel (adj)	**бераҳм**	[berahm]
herege (m)	**бидъаткор**	[bid'atkor]
heresia (f)	**бидъат**	[bid'at]
navegação (f) marítima	**баҳрнавардӣ**	[bahrnavardi:]
pirata (m)	**роҳзани баҳрӣ**	[rohzani bahri:]
pirataria (f)	**роҳзании баҳрӣ**	[rohzani:i bahri:]
abordagem (f)	**абордаж**	[abordaʒ]
presa (f), butim (m)	**сайд, ғанимат**	[sajd], [ʁanimat]
tesouros (m pl)	**ганҷ**	[gandʒ]
descobrimento (m)	**кашф**	[kaʃf]
descobrir (novas terras)	**кашф кардан**	[kaʃf kardan]
expedição (f)	**экспедитсия**	[ɛkspeditsija]
mosqueteiro (m)	**туфангдор**	[tufangdor]
cardeal (m)	**кардинал**	[kardinal]
heráldica (f)	**гербшиносӣ**	[gerbʃinosi:]
heráldico (adj)	**... и гербшиносӣ**	[i gerbʃinosi:]

189. Líder. Chefe. Autoridades

rei (m)	**шоҳ**	[ʃoh]
rainha (f)	**малика**	[malika]
real (adj)	**шоҳӣ, ... и шоҳ**	[ʃohi:], [i ʃoh]
reino (m)	**шоҳигарӣ**	[ʃohigari:]
príncipe (m)	**шоҳзода**	[ʃohzoda]
princesa (f)	**шоҳдухтар**	[ʃohduχtar]
presidente (m)	**президент**	[prezident]
vice-presidente (m)	**ноиб-президент**	[noib-prezident]
senador (m)	**сенатор**	[senator]
monarca (m)	**монарх, подшоҳ**	[monarχ], [podʃoh]
governante (m)	**ҳукмдор**	[hukmdor]
ditador (m)	**ҳукмфармо**	[hukmfarmo]
tirano (m)	**мустабид**	[mustabid]
magnata (m)	**магнат**	[magnat]
diretor (m)	**директор, мудир**	[direktor], [mudir]
chefe (m)	**сардор**	[sardor]
gerente (m)	**идоракунанда**	[idorakunanda]
patrão (m)	**хӯҷаин, саркор**	[χœdʒain], [sarkor]
dono (m)	**соҳиб, хӯҷаин**	[sohib], [χœdʒain]
líder (m)	**сарвар, роҳбар**	[sarvar], [rohbar]
chefe (m)	**сардор**	[sardor]
autoridades (f pl)	**ҳукумат**	[hukumat]
superiores (m pl)	**сардорон**	[sardoron]
governador (m)	**губернатор**	[gubernator]
cônsul (m)	**консул**	[konsul]

diplomata (m)	**дипломат**	[diplomat]
Presidente (m) da Câmara	**мир**	[mir]
xerife (m)	**шериф**	[ʃerif]
imperador (m)	**император**	[imperator]
czar (m)	**шоҳ**	[ʃoh]
faraó (m)	**фиръавн**	[fir'avn]
cã, khan (m)	**хон**	[χon]

190. Estrada. Caminho. Direções

estrada (f)	**роҳ, раҳ**	[roh], [rah]
via (f)	**роҳ**	[roh]
rodovia (f)	**шоссе**	[ʃosse]
autoestrada (f)	**автомагистрал**	[avtomagistral]
estrada (f) nacional	**роҳи миллӣ**	[rohi milli:]
estrada (f) principal	**роҳи асосӣ**	[rohi asosi:]
estrada (f) de terra	**роҳи деҳот**	[rohi dehot]
trilha (f)	**пайраҳа**	[pajraha]
pequena trilha (f)	**пайраҳа**	[pajraha]
Onde?	**Дар кучо?**	[dar kudʒo]
Para onde?	**Кучо?**	[kudʒo]
De onde?	**Аз кучо?**	[az kudʒo]
direção (f)	**самт**	[samt]
indicar (~ o caminho)	**нишон додан**	[niʃon dodan]
para a esquerda	**ба тарафи чап**	[ba tarafi ʧap]
para a direita	**ба тарафи рост**	[ba tarafi rost]
em frente	**рост**	[rost]
para trás	**ақиб**	[aqib]
curva (f)	**гардиш**	[gardiʃ]
virar (~ para a direita)	**гардонидан**	[gardonidan]
dar retorno	**тоб хӯрдан**	[tob χœrdan]
estar visível	**намоён будан**	[namojɔn budan]
aparecer (vi)	**намудор шудан**	[namudor ʃudan]
paragem (pausa)	**истгоҳ**	[istgoh]
descansar (vi)	**истироҳат кардан**	[istirohat kardan]
descanso, repouso (m)	**истироҳат**	[istirohat]
perder-se (vr)	**роҳ гум кардан**	[roh gum kardan]
conduzir a ... (caminho)	**бурдан ба**	[burdan ba]
chegar a ...	**баромадан ба ...**	[baromadan ba]
trecho (m)	**қисм, қитъа**	[qism], [qit'a]
asfalto (m)	**асфалт**	[asfalt]
meio-fio (m)	**ҳошия, канора**	[hoʃija], [kanora]

valeta (f)	**ҷӯй**	[ʤœj]
tampa (f) de esgoto	**люк**	[ljuk]
acostamento (m)	**канори роҳ**	[kanori roh]
buraco (m)	**чуқурӣ**	[ʧuquri:]
ir (a pé)	**рафтан**	[raftan]
ultrapassar (vt)	**пеш карда гузаштан**	[peʃ karda guzaʃtan]
passo (m)	**қадам**	[kadam]
a pé	**пои пиёда**	[poi pijɔda]
bloquear (vt)	**банд кардан**	[band kardan]
cancela (f)	**ғав**	[ʁav]
beco (m) sem saída	**кӯчаи бумбаста**	[kœʧai bumbasta]

191. Violação da lei. Criminosos. Parte 1

bandido (m)	**роҳзан**	[rohzan]
crime (m)	**ҷиноят**	[ʤinojat]
criminoso (m)	**ҷинояткор**	[ʤinojatkor]
ladrão (m)	**дузд**	[duzd]
roubar (vt)	**дуздидан**	[duzdidan]
roubo (atividade)	**дуздӣ**	[duzdi:]
furto (m)	**ғорат**	[ʁorat]
raptar, sequestrar (vt)	**дуздидан**	[duzdidan]
sequestro (m)	**одамдуздӣ**	[odamduzdi:]
sequestrador (m)	**одамдузд**	[odamduzd]
resgate (m)	**фидия**	[fidija]
pedir resgate	**фидия талаб кардан**	[fidija talab kardan]
roubar (vt)	**ғорат кардан**	[ʁorat kardan]
assalto, roubo (m)	**ғорат**	[ʁorat]
assaltante (m)	**ғоратгар**	[ʁoratgar]
extorquir (vt)	**тамаъ ҷустан**	[tama' ʤustan]
extorsionário (m)	**тамаъкор**	[tama'kor]
extorsão (f)	**тамаъҷӯӣ**	[tama'ʤœi:]
matar, assassinar (vt)	**куштан**	[kuʃtan]
homicídio (m)	**қатл, куштор**	[qatl], [kuʃtor]
homicida, assassino (m)	**кушанда**	[kuʃanda]
tiro (m)	**тир, тирпарронӣ**	[tir], [tirparroni:]
dar um tiro	**тир паррондан**	[tir parrondan]
matar a tiro	**паррондан**	[parrondan]
disparar, atirar (vi)	**тир задан**	[tir zadan]
tiroteio (m)	**тирандозӣ**	[tirandozi:]
incidente (m)	**ҳодиса**	[hodisa]
briga (~ de rua)	**занозанӣ**	[zanozani:]
Socorro!	**Ёри диҳед!**	[jɔri dihed]

vítima (f)	**қурбонӣ, қурбон**	[qurboni:], [qurbon]
danificar (vt)	**осеб расонидан**	[oseb rasonidan]
dano (m)	**зарар**	[zarar]
cadáver (m)	**ҷасад**	[ʤasad]
grave (adj)	**вазнин**	[vaznin]
atacar (vt)	**ҳуҷум кардан**	[huʤum kardan]
bater (espancar)	**задан**	[zadan]
espancar (vt)	**лату кӯб кардан**	[latu kœb kardan]
tirar, roubar (dinheiro)	**кашида гирифтан**	[kaʃida giriftan]
esfaquear (vt)	**сар буридан**	[sar buridan]
mutilar (vt)	**маъюб кардан**	[ma'jub kardan]
ferir (vt)	**захмдор кардан**	[zaχmdor kardan]
chantagem (f)	**таҳдид**	[tahdid]
chantagear (vt)	**таҳдид кардан**	[tahdid kardan]
chantagista (m)	**таҳдидгар**	[tahdidgar]
extorsão (f)	**рэкет**	[rɛket]
extorsionário (m)	**рэкетчӣ**	[rɛketʧi:]
gângster (m)	**роҳзан, ғоратгар**	[rohzan], [ʁoratgar]
máfia (f)	**мафия**	[mafija]
punguista (m)	**кисабур**	[kisabur]
assaltante, ladrão (m)	**дузди қулфшикан**	[duzdi qulfʃikan]
contrabando (m)	**қочоқчигӣ**	[qoʧoqʧigi:]
contrabandista (m)	**қочоқчӣ**	[qoʧoqʧi:]
falsificação (f)	**сохтакорӣ**	[soχtakori:]
falsificar (vt)	**сохтакорӣ кардан**	[soχtakori: kardan]
falsificado (adj)	**қалбакӣ**	[qalbaqi:]

192. Violação da lei. Criminosos. Parte 2

estupro (m)	**таҷовуз ба номус**	[taʤovuz ba nomus]
estuprar (vt)	**ба номус таҷовуз кардан**	[ba nomus taʤovuz kardan]
estuprador (m)	**зӯрикунанда**	[zœrikunanda]
maníaco (m)	**васвосӣ, савдоӣ**	[vasvosi:], [savdoi:]
prostituta (f)	**фоҳиша**	[fohiʃa]
prostituição (f)	**фоҳишагӣ**	[fohiʃagi:]
cafetão (m)	**занҷаллоб**	[zanʤallob]
drogado (m)	**нашъаманд**	[naʃ'amand]
traficante (m)	**нашъаҷаллоб**	[naʃ'aʤallob]
explodir (vt)	**таркондан**	[tarkondan]
explosão (f)	**таркиш, таркидан**	[tarkiʃ], [tarkidan]
incendiar (vt)	**оташ задан**	[otaʃ zadan]
incendiário (m)	**оташзананда**	[otaʃzananda]
terrorismo (m)	**терроризм**	[terrorizm]
terrorista (m)	**террорчӣ**	[terrorʧi:]
refém (m)	**шахси гаравӣ, гаравгон**	[ʃaχsi garavi:], [garavgon]

enganar (vt)	**фиреб додан, фирефтан**	[fireb dodan], [fireftan]
engano (m)	**фиреб**	[fireb]
vigarista (m)	**фиребгар**	[firebgar]
subornar (vt)	**пора додан**	[pora dodan]
suborno (atividade)	**пора додан**	[pora dodan]
suborno (dinheiro)	**пора, ришва**	[pora], [riʃva]
veneno (m)	**заҳр**	[zahr]
envenenar (vt)	**заҳр додан**	[zahr dodan]
envenenar-se (vr)	**заҳр хӯрдан**	[zahr χœrdan]
suicídio (m)	**худкушӣ**	[χudkuʃi:]
suicida (m)	**худкуш**	[χudkuʃ]
ameaçar (vt)	**дӯғ задан**	[dœʁ zadan]
ameaça (f)	**дӯғ, пӯписа**	[dœʁ], [pœpisa]
atentar contra a vida de ...	**суиқасд кардан**	[suiqasd kardan]
atentado (m)	**суиқасд**	[suiqasd]
roubar (um carro)	**дуздидан**	[duzdidan]
sequestrar (um avião)	**дуздидан**	[duzdidan]
vingança (f)	**интиқом**	[intiqom]
vingar (vt)	**интиқом гирифтан**	[intiqom giriftan]
torturar (vt)	**шиканҷа кардан**	[ʃikandʒa kardan]
tortura (f)	**шиканҷа**	[ʃikandʒa]
atormentar (vt)	**азоб додан**	[azob dodan]
pirata (m)	**роҳзани баҳрӣ**	[rohzani bahri:]
desordeiro (m)	**бадахлоқ**	[badaχloq]
armado (adj)	**мусаллаҳ**	[musallah]
violência (f)	**таҷовуз**	[tadʒovuz]
ilegal (adj)	**ғайрилегалӣ**	[ʁajrilegali:]
espionagem (f)	**ҷосусӣ**	[dʒosusi:]
espionar (vi)	**ҷосусӣ кардан**	[dʒosusi: kardan]

193. Polícia. Lei. Parte 1

justiça (sistema de ~)	**адлия**	[adlija]
tribunal (m)	**суд**	[sud]
juiz (m)	**довар**	[dovar]
jurados (m pl)	**суди халқӣ**	[sudi χalqi:]
tribunal (m) do júri	**суди касамиён**	[sudi kasamijɔn]
julgar (vt)	**суд кардан**	[sud kardan]
advogado (m)	**адвокат, ҳимоягар**	[advokat], [himojagar]
réu (m)	**айбдор**	[ajbdor]
banco (m) dos réus	**курсии судшаванда**	[kursi:i sudʃavanda]
acusação (f)	**айбдоркунӣ**	[ajbdorkuni:]
acusado (m)	**айбдоршаванда**	[ajbdorʃavanda]

sentença (f)	**ҳукм, ҳукмнома**	[hukm], [hukmnoma]
sentenciar (vt)	**ҳукм кардан**	[hukm kardan]
culpado (m)	**гунаҳкор, айбдор**	[gunahkor], [ajbdor]
punir (vt)	**ҷазо додан**	[ʤazo dodan]
punição (f)	**ҷазо**	[ʤazo]
multa (f)	**ҷарима**	[ʤarima]
prisão (f) perpétua	**ҳабси якумрӣ**	[habsi jakumri:]
pena (f) de morte	**ҷазои қатл**	[ʤazoi qatl]
cadeira (f) elétrica	**курсии барқӣ**	[kursi:i barqi:]
forca (f)	**дор**	[dor]
executar (vt)	**қатл кардан**	[qatl kardan]
execução (f)	**ҳукми куш**	[hukmi kuʃ]
prisão (f)	**маҳбас**	[mahbas]
cela (f) de prisão	**камера**	[kamera]
escolta (f)	**қаравулон**	[qaravulon]
guarda (m) prisional	**назоратчии ҳабсхона**	[nazoratʧi:i habsχona]
preso, prisioneiro (m)	**маҳбус**	[mahbus]
algemas (f pl)	**дастбанд**	[dastband]
algemar (vt)	**ба даст кишан андохтан**	[ba dast kiʃan andoχtan]
fuga, evasão (f)	**гурез**	[gurez]
fugir (vi)	**гурехтан**	[gureχtan]
desaparecer (vi)	**гум шудан**	[gum ʃudan]
soltar, libertar (vt)	**озод кардан**	[ozod kardan]
anistia (f)	**амнистия, афви умумӣ**	[amnistija], [afvi umumi:]
polícia (instituição)	**полис**	[polis]
polícia (m)	**полис**	[polis]
delegacia (f) de polícia	**милисахона**	[milisaχona]
cassetete (m)	**чӯбдасти резинӣ**	[ʧœbdasti rezini:]
megafone (m)	**баландгӯяк**	[balandgœjak]
carro (m) de patrulha	**мошини дидбонӣ**	[moʃini didboni:]
sirene (f)	**бурғу**	[burʁu]
ligar a sirene	**даргиронидани сирена**	[dargironidani sirena]
toque (m) da sirene	**ҳуввоси сирена**	[huvvosi sirena]
cena (f) do crime	**ҷойи ҷиноят**	[ʤoji ʤinojat]
testemunha (f)	**шоҳид**	[ʃohid]
liberdade (f)	**озодӣ**	[ozodi:]
cúmplice (m)	**шарик**	[ʃarik]
escapar (vi)	**паноҳ шудан**	[panoh ʃudan]
traço (não deixar ~s)	**пай**	[paj]

194. Polícia. Lei. Parte 2

procura (f)	**ҷустуҷӯ**	[ʤustuʤœ]
procurar (vt)	**ҷустуҷӯ кардан**	[ʤustuʤœ kardan]

suspeita (f)	**шубҳа**	[ʃubha]
suspeito (adj)	**шубҳанок**	[ʃubhanok]
parar (veículo, etc.)	**нигоҳ доштан**	[nigoh doʃtan]
deter (fazer parar)	**дастгир кардан**	[dastgir kardan]
caso (~ criminal)	**кори ҷиноятӣ**	[kori ʤinojati:]
investigação (f)	**тафтиш**	[taftiʃ]
detetive (m)	**муфаттиши махфӣ**	[mufattiʃi maχfi:]
investigador (m)	**муфаттиш**	[mufattiʃ]
versão (f)	**версия**	[versija]
motivo (m)	**ангеза**	[angeza]
interrogatório (m)	**истинток кардан**	[istintok kardan]
interrogar (vt)	**истинток**	[istintok]
questionar (vt)	**райпурсӣ кардан**	[rajpursi: kardan]
verificação (f)	**тафтиш**	[taftiʃ]
batida (f) policial	**муҳосира,иҳота**	[muhosira,ihota]
busca (f)	**кофтуков**	[koftukov]
perseguição (f)	**таъқиб**	[ta'qib]
perseguir (vt)	**таъқиб кардан**	[ta'qib kardan]
seguir, rastrear (vt)	**поидан**	[poidan]
prisão (f)	**ҳабс**	[habs]
prender (vt)	**ҳабс кардан**	[habs kardan]
pegar, capturar (vt)	**дастгир кардан**	[dastgir kardan]
captura (f)	**дастгир карданӣ**	[dastgir kardani:]
documento (m)	**ҳуҷҷат, санад**	[huʤʤat], [sanad]
prova (f)	**исбот**	[isbot]
provar (vt)	**исбот кардан**	[isbot kardan]
pegada (f)	**из, пай**	[iz], [paj]
impressões (f pl) digitais	**нақши ангуштон**	[naqʃi anguʃton]
prova (f)	**далел**	[dalel]
álibi (m)	**алиби**	[alibi]
inocente (adj)	**бегуноҳ, беайб**	[begunoh], [beajb]
injustiça (f)	**беадолатӣ**	[beadolati:]
injusto (adj)	**беинсоф**	[beinsof]
criminal (adj)	**ҷиноятӣ**	[ʤinojati:]
confiscar (vt)	**мусодира кардан**	[musodira kardan]
droga (f)	**маводи нашъадор**	[mavodi naʃ'ador]
arma (f)	**яроқ**	[jaroq]
desarmar (vt)	**беярок кардан**	[bejarok kardan]
ordenar (vt)	**фармон додан**	[farmon dodan]
desaparecer (vi)	**гум шудан**	[gum ʃudan]
lei (f)	**қонун**	[qonun]
legal (adj)	**конунӣ, … и конун**	[konuni:], [i konun]
ilegal (adj)	**ғайриқонунӣ**	[ʁajriqonuni:]
responsabilidade (f)	**ҷавобгарӣ**	[ʤavobgari:]
responsável (adj)	**ҷавобгар**	[ʤavobgar]

NATUREZA

A Terra. Parte 1

195. Espaço sideral

espaço, cosmo (m)	**кайҳон**	[kajhon]
espacial, cósmico (adj)	**... и кайҳон**	[i kajhon]
espaço (m) cósmico	**фазои кайҳон**	[fazoi kajhon]
mundo (m)	**ҷаҳон**	[dʒahon]
universo (m)	**коинот**	[koinot]
galáxia (f)	**галактика**	[galaktika]
estrela (f)	**ситора**	[sitora]
constelação (f)	**бурҷ**	[burdʒ]
planeta (m)	**сайёра**	[sajjɔra]
satélite (m)	**радиф**	[radif]
meteorito (m)	**метеорит, шиҳобпора**	[meteorit], [ʃihobpora]
cometa (m)	**ситораи думдор**	[sitorai dumdor]
asteroide (m)	**астероид**	[asteroid]
órbita (f)	**мадор**	[mador]
girar (vi)	**давр задан**	[davr zadan]
atmosfera (f)	**атмосфера**	[atmosfera]
Sol (m)	**Офтоб**	[oftob]
Sistema (m) Solar	**манзумаи шамсӣ**	[manzumai ʃamsi:]
eclipse (m) solar	**гирифтани офтоб**	[giriftani oftob]
Terra (f)	**Замин**	[zamin]
Lua (f)	**Моҳ**	[moh]
Marte (m)	**Миррих**	[mirriχ]
Vênus (f)	**Зӯҳра, Ноҳид**	[zœhra], [nohid]
Júpiter (m)	**Муштарӣ**	[muʃtari:]
Saturno (m)	**Кайвон**	[kajvon]
Mercúrio (m)	**Уторид**	[utorid]
Urano (m)	**Уран**	[uran]
Netuno (m)	**Нептун**	[neptun]
Plutão (m)	**Плутон**	[pluton]
Via Láctea (f)	**Роҳи Каҳкашон**	[rohi kahkaʃon]
Ursa Maior (f)	**Дубби Акбар**	[dubbi akbar]
Estrela Polar (f)	**Ситораи қутбӣ**	[sitorai qutbi:]
marciano (m)	**миррихӣ**	[mirriχi:]
extraterrestre (m)	**инопланетянҳо**	[inoplanetjanho]

alienígena (m)	**махлуқӣ кайҳонӣ**	[maχluqi: kajhoni:]
disco (m) voador	**табақи парвозкунанда**	[tabaqi parvozkunanda]
espaçonave (f)	**киштии кайҳонӣ**	[kiʃti:i kajhoni:]
estação (f) orbital	**стантсияи мадорӣ**	[stantsijai madori:]
lançamento (m)	**оғоз**	[oʁoz]
motor (m)	**муҳаррик**	[muharrik]
bocal (m)	**сопло**	[soplo]
combustível (m)	**сӯзишворӣ**	[sœziʃvori:]
cabine (f)	**кабина**	[kabina]
antena (f)	**антенна**	[antenna]
vigia (f)	**иллюминатор**	[illjuminator]
bateria (f) solar	**батареи офтобӣ**	[batarei oftobi:]
traje (m) espacial	**скафандр**	[skafandr]
imponderabilidade (f)	**бевазнӣ**	[bevazni:]
oxigênio (m)	**оксиген**	[oksigen]
acoplagem (f)	**пайваст**	[pajvast]
fazer uma acoplagem	**пайваст кардан**	[pajvast kardan]
observatório (m)	**расадхона**	[rasadχona]
telescópio (m)	**телескоп**	[teleskop]
observar (vt)	**мушоҳида кардан**	[muʃohida kardan]
explorar (vt)	**таҳқиқ кардан**	[tahqiq kardan]

196. A Terra

Terra (f)	**Замин**	[zamin]
globo terrestre (Terra)	**кураи замин**	[kurai zamin]
planeta (m)	**сайёра**	[sajjɔra]
atmosfera (f)	**атмосфера**	[atmosfera]
geografia (f)	**география**	[geografija]
natureza (f)	**табиат**	[tabiat]
globo (mapa esférico)	**глобус**	[globus]
mapa (m)	**харита**	[χarita]
atlas (m)	**атлас**	[atlas]
Ásia (f)	**Осиё**	[osijɔ]
África (f)	**Африқо**	[afriqo]
Austrália (f)	**Австралия**	[avstralija]
América (f)	**Америка**	[amerika]
América (f) do Norte	**Америкаи Шимолӣ**	[amerikai ʃimoli:]
América (f) do Sul	**Америкаи Ҷанубӣ**	[amerikai ʤanubi:]
Antártida (f)	**Антарктида**	[antarktida]
Ártico (m)	**Арктика**	[arktika]

197. Pontos cardeais

norte (m)	**шимол**	[ʃimol]
para norte	**ба шимол**	[ba ʃimol]
no norte	**дар шимол**	[dar ʃimol]
do norte (adj)	**шимолӣ, ... и шимол**	[ʃimoli:], [i ʃimol]
sul (m)	**ҷануб**	[ʤanub]
para sul	**ба ҷануб**	[ba ʤanub]
no sul	**дар ҷануб**	[dar ʤanub]
do sul (adj)	**ҷанубӣ, ... и ҷануб**	[ʤanubi:], [i ʤanub]
oeste, ocidente (m)	**ғарб**	[ʁarb]
para oeste	**ба ғарб**	[ba ʁarb]
no oeste	**дар ғарб**	[dar ʁarb]
ocidental (adj)	**ғарбӣ, ... и ғарб**	[ʁarbi:], [i ʁarb]
leste, oriente (m)	**шарқ**	[ʃarq]
para leste	**ба шарқ**	[ba ʃarq]
no leste	**дар шарқ**	[dar ʃarq]
oriental (adj)	**шарқӣ**	[ʃarqi:]

198. Mar. Oceano

mar (m)	**баҳр**	[bahr]
oceano (m)	**уқёнус**	[uqjɔnus]
golfo (m)	**халиҷ**	[χaliʤ]
estreito (m)	**гулӯгоҳ**	[gulœgoh]
terra (f) firme	**хушкӣ, замин**	[χuʃki:], [zamin]
continente (m)	**материк, қитъа**	[materik], [qit'a]
ilha (f)	**ҷазира**	[ʤazira]
península (f)	**нимҷазира**	[nimʤazira]
arquipélago (m)	**галаҷазира**	[galaʤazira]
baía (f)	**халиҷ**	[χaliʤ]
porto (m)	**бандар**	[bandar]
lagoa (f)	**лагуна**	[laguna]
cabo (m)	**димоға**	[dimoʁa]
atol (m)	**атолл**	[atoll]
recife (m)	**харсанги зериобӣ**	[χarsangi zeriobi:]
coral (m)	**марҷон**	[marʤon]
recife (m) de coral	**обсанги марҷонӣ**	[obsangi marʤoni:]
profundo (adj)	**чуқур**	[ʧuqur]
profundidade (f)	**чуқурӣ**	[ʧuqur i:]
abismo (m)	**қаър**	[qa'r]
fossa (f) oceânica	**чуқурӣ**	[ʧuqur i:]
corrente (f)	**ҷараён**	[ʤarajɔn]
banhar (vt)	**шустан**	[ʃustan]

litoral (m)	**сохил, сохили бахр**	[sohil], [sohili bahr]
costa (f)	**сохил**	[sohil]
maré (f) alta	**мадд**	[madd]
refluxo (m)	**чазр**	[ʤazr]
restinga (f)	**пастоб**	[pastob]
fundo (m)	**қаър**	[qa'r]
onda (f)	**мавч**	[mavʤ]
crista (f) da onda	**теғаи мавч**	[teʁai mavʤ]
espuma (f)	**кафк**	[kafk]
tempestade (f)	**тӯфон, бӯрои**	[tœfon], [bœroi]
furacão (m)	**тундбод**	[tundbod]
tsunami (m)	**сунами**	[sunami]
calmaria (f)	**сукунати ҳаво**	[sukunati havo]
calmo (adj)	**ором**	[orom]
polo (m)	**қутб**	[qutb]
polar (adj)	**қутбӣ**	[qutbi:]
latitude (f)	**арз**	[arz]
longitude (f)	**тӯл**	[tœl]
paralela (f)	**параллел**	[parallel]
equador (m)	**хати истиво**	[χati istivo]
céu (m)	**осмон**	[osmon]
horizonte (m)	**уфуқ**	[ufuq]
ar (m)	**ҳаво**	[havo]
farol (m)	**мино**	[mino]
mergulhar (vi)	**ғӯта задан**	[ʁœta zadan]
afundar-se (vr)	**ғарқ шудан**	[ʁarq ʃudan]
tesouros (m pl)	**ганч**	[ganʤ]

199. Nomes de Mares e Oceanos

Oceano (m) Atlântico	**Уқёнуси Атлантик**	[uqjɔnusi atlantik]
Oceano (m) Índico	**Уқёнуси Ҳинд**	[uqjɔnusi hind]
Oceano (m) Pacífico	**Уқёнуси Ором**	[uqjɔnusi orom]
Oceano (m) Ártico	**Уқёнуси яхбастаи шимолӣ**	[uqjɔnusi jaχbastai ʃimoli:]
Mar (m) Negro	**Баҳри Сиёҳ**	[bahri sijɔh]
Mar (m) Vermelho	**Баҳри Сурх**	[bahri surχ]
Mar (m) Amarelo	**Баҳри Зард**	[bahri zard]
Mar (m) Branco	**Баҳри Сафед**	[bahri safed]
Mar (m) Cáspio	**Баҳри Хазар**	[bahri χazar]
Mar (m) Morto	**Баҳри Майит**	[bahri majit]
Mar (m) Mediterrâneo	**Баҳри Миёназамин**	[bahri mijɔnazamin]
Mar (m) Egeu	**Баҳри Эгей**	[bahri ɛgej]
Mar (m) Adriático	**Баҳри Адриатика**	[bahri adriatika]
Mar (m) Arábico	**Баҳри Арави**	[bahri aravi]

Mar (m) do Japão	**Баҳри Ҷопон**	[bahri ʤopon]
Mar (m) de Bering	**Баҳри Беринг**	[bahri bering]
Mar (m) da China Meridional	**Баҳри Хитойи Ҷанубӣ**	[bahri χitoji ʤanubi:]
Mar (m) de Coral	**Баҳри Марҷон**	[bahri marʤon]
Mar (m) de Tasman	**Баҳри Тасман**	[bahri tasman]
Mar (m) do Caribe	**Баҳри Кариб**	[bahri karib]
Mar (m) de Barents	**Баҳри Баренс**	[bahri barens]
Mar (m) de Kara	**Баҳри Кара**	[bahri kara]
Mar (m) do Norte	**Баҳри Шимолӣ**	[bahri ʃimoli:]
Mar (m) Báltico	**Баҳри Балтика**	[bahri baltika]
Mar (m) da Noruega	**Баҳри Норвегия**	[bahri norvegija]

200. Montanhas

montanha (f)	**кӯҳ**	[kœh]
cordilheira (f)	**силсилакӯҳ**	[silsilakœh]
serra (f)	**қаторкӯҳ**	[qatorkœh]
cume (m)	**кулла**	[kulla]
pico (m)	**қулла**	[qulla]
pé (m)	**доманаи кӯҳ**	[domanai kœh]
declive (m)	**нишебӣ**	[niʃebi:]
vulcão (m)	**вулқон**	[vulqon]
vulcão (m) ativo	**вулқони амалкунанда**	[vulqoni amalkunanda]
vulcão (m) extinto	**вулқони хомӯшшуда**	[vulqoni χomœʃʃuda]
erupção (f)	**оташфишонӣ**	[otaʃfiʃoni:]
cratera (f)	**танӯра**	[tanœra]
magma (m)	**магма, тафта**	[magma], [tafta]
lava (f)	**гудоза**	[gudoza]
fundido (lava ~a)	**тафта**	[tafta]
cânion, desfiladeiro (m)	**оббурда, дара**	[obburda], [dara]
garganta (f)	**дара**	[dara]
fenda (f)	**тангно**	[tangno]
precipício (m)	**партгоҳ**	[partgoh]
passo, colo (m)	**ағба**	[aʁba]
planalto (m)	**пуштаи кӯҳ**	[puʃtai kœh]
falésia (f)	**шух**	[ʃuχ]
colina (f)	**теппа**	[teppa]
geleira (f)	**пирях**	[pirjaχ]
cachoeira (f)	**шаршара**	[ʃarʃara]
gêiser (m)	**гейзер**	[gejzer]
lago (m)	**кул**	[kul]
planície (f)	**ҳамворӣ**	[hamvori:]
paisagem (f)	**манзара**	[manzara]
eco (m)	**акси садо**	[aksi sado]

alpinista (m)	**кӯҳнавард**	[kœhnavard]
escalador (m)	**шухпаймо**	[ʃuχpajmo]
conquistar (vt)	**фатҳ кардан**	[fath kardan]
subida, escalada (f)	**болобарой**	[bolobaroi:]

201. Nomes de montanhas

Alpes (m pl)	**Кӯҳҳои Алп**	[kœhhoi alp]
Monte Branco (m)	**Монблан**	[monblan]
Pirineus (m pl)	**Кӯҳҳои Пиреней**	[kœhhoi pirenej]
Cárpatos (m pl)	**Кӯҳҳои Карпат**	[kœhhoi karpat]
Urais (m pl)	**Кӯҳҳои Урал**	[kœhhoi ural]
Cáucaso (m)	**Кӯҳҳои Кавказ**	[kœhhoi kavkaz]
Elbrus (m)	**Елбруз**	[elbruz]
Altai (m)	**Алтай**	[altaj]
Tian Shan (m)	**Тиёншон**	[tijɔnʃon]
Pamir (m)	**Кӯҳҳои Помир**	[kœhhoi pomir]
Himalaia (m)	**Ҳимолой**	[himoloj]
monte Everest (m)	**Эверест**	[ɛverest]
Cordilheira (f) dos Andes	**Кӯҳҳои Анд**	[kœhhoi and]
Kilimanjaro (m)	**Килиманҷаро**	[kilimandʒaro]

202. Rios

rio (m)	**дарё**	[darjɔ]
fonte, nascente (f)	**чашма**	[ʧaʃma]
leito (m) de rio	**маҷрои дарё**	[madʒroi darjɔ]
bacia (f)	**ҳавза**	[havza]
desaguar no ...	**рехтан ба ...**	[reχtan ba]
afluente (m)	**шохоб**	[ʃoχob]
margem (do rio)	**соҳил**	[sohil]
corrente (f)	**ҷараён**	[dʒarajɔn]
rio abaixo	**мувофиқи рафти об**	[muvofiqi rafti ob]
rio acima	**муқобили самти об**	[muqobili samti ob]
inundação (f)	**обхезӣ**	[obχezi:]
cheia (f)	**обхез**	[obχez]
transbordar (vi)	**дамидан**	[damidan]
inundar (vt)	**зер кардан**	[zer kardan]
banco (m) de areia	**тунукоба**	[tunukoba]
corredeira (f)	**мавҷрез**	[mavdʒrez]
barragem (f)	**сарбанд**	[sarband]
canal (m)	**канал**	[kanal]
reservatório (m) de água	**обанбор**	[obanbor]
eclusa (f)	**шлюз**	[ʃljuz]

corpo (m) de água	**обанбор**	[obanbor]
pântano (m)	**ботлоқ, ботқоқ**	[botloq], [botqoq]
lamaçal (m)	**ботлоқ**	[botloq]
redemoinho (m)	**гирдоб**	[girdob]
riacho (m)	**ҷӯй**	[ʤœj]
potável (adj)	**нӯшиданӣ**	[nœʃidani:]
doce (água)	**ширин**	[ʃirin]
gelo (m)	**ях**	[jaχ]
congelar-se (vr)	**ях бастан**	[jaχ bastan]

203. Nomes de rios

rio Sena (m)	**Сена**	[sena]
rio Loire (m)	**Луара**	[luara]
rio Tâmisa (m)	**Темза**	[temza]
rio Reno (m)	**Рейн**	[rejn]
rio Danúbio (m)	**Дунай**	[dunaj]
rio Volga (m)	**Волга**	[volga]
rio Don (m)	**Дон**	[don]
rio Lena (m)	**Лена**	[lena]
rio Amarelo (m)	**Хуанхе**	[χuanχe]
rio Yangtzé (m)	**Янсзи**	[janszi]
rio Mekong (m)	**Меконг**	[mekong]
rio Ganges (m)	**Ганга**	[ganga]
rio Nilo (m)	**Нил**	[nil]
rio Congo (m)	**Конго**	[kongo]
rio Cubango (m)	**Окаванго**	[okavango]
rio Zambeze (m)	**Замбези**	[zambezi]
rio Limpopo (m)	**Лимпопо**	[limpopo]
rio Mississippi (m)	**Миссисипи**	[missisipi]

204. Floresta

floresta (f), bosque (m)	**ҷангал**	[ʤangal]
florestal (adj)	**ҷангалӣ**	[ʤangali:]
mata (f) fechada	**ҷангалзор**	[ʤangalzor]
arvoredo (m)	**дарахтзор**	[daraχtzor]
clareira (f)	**чаман**	[ʧaman]
matagal (m)	**буттазор**	[buttazor]
mato (m), caatinga (f)	**буттазор**	[buttazor]
pequena trilha (f)	**пайраҳа**	[pajraha]
ravina (f)	**оббурда**	[obburda]
árvore (f)	**дарахт**	[daraχt]

folha (f)	**барг**	[barg]
folhagem (f)	**баргҳои дарахт**	[barghoi daraχt]
queda (f) das folhas	**баргрезӣ**	[bargrezi:]
cair (vi)	**рехтан**	[reχtan]
topo (m)	**нӯг**	[nœg]
ramo (m)	**шох, шохча**	[ʃoχ], [ʃoχʧa]
galho (m)	**шохи дарахг**	[ʃoχi daraχg]
botão (m)	**муғча**	[muʁʤa]
agulha (f)	**сӯзан**	[sœzan]
pinha (f)	**чалғӯза**	[ʤalʁœza]
buraco (m) de árvore	**сӯрохи дарахт**	[sœroχi daraχt]
ninho (m)	**ошёна, лона**	[oʃjɔna], [lona]
toca (f)	**хона**	[χona]
tronco (m)	**тана**	[tana]
raiz (f)	**реша**	[reʃa]
casca (f) de árvore	**пӯсти дарахт**	[pœsti daraχt]
musgo (m)	**ушна**	[uʃna]
arrancar pela raiz	**реша кофтан**	[reʃa koftan]
cortar (vt)	**зада буридан**	[zada buridan]
desflorestar (vt)	**бурида нест кардан**	[burida nest kardan]
toco, cepo (m)	**кундаи дарахт**	[kundai daraχt]
fogueira (f)	**гулхан**	[gulχan]
incêndio (m) florestal	**сӯхтор, оташ**	[sœχtor], [otaʃ]
apagar (vt)	**хомӯш кардан**	[χomœʃ kardan]
guarda-parque (m)	**ҷангалбон**	[ʤangalbon]
proteção (f)	**нигоҳбонӣ**	[nigohboni:]
proteger (a natureza)	**нигоҳбонӣ кардан**	[nigohboni: kardan]
caçador (m) furtivo	**қӯруқшикан**	[qœruqʃikan]
armadilha (f)	**қапқон, дом**	[qapqon], [dom]
colher (cogumelos, bagas)	**чидан**	[ʧidan]
perder-se (vr)	**роҳ гум кардан**	[roh gum kardan]

205. Recursos naturais

recursos (m pl) naturais	**захираҳои табиӣ**	[zaχirahoi tabi:i:]
minerais (m pl)	**маъданҳои фоиданок**	[ma'danhoi foidanok]
depósitos (m pl)	**кон, маъдаи**	[kon], [ma'dai]
jazida (f)	**кон**	[kon]
extrair (vt)	**кандан**	[kandan]
extração (f)	**канданӣ**	[kandani:]
minério (m)	**маъдан**	[ma'dan]
mina (f)	**кон**	[kon]
poço (m) de mina	**чоҳ**	[ʧoh]
mineiro (m)	**конкан**	[konkan]
gás (m)	**газ**	[gaz]

gasoduto (m)	**қубури газ**	[quburi gaz]
petróleo (m)	**нефт**	[neft]
oleoduto (m)	**қубури нефт**	[quburi neft]
poço (m) de petróleo	**чоҳи нафт**	[ʧohi naft]
torre (f) petrolífera	**бурҷи нафткашӣ**	[burʤi naftkaʃi:]
petroleiro (m)	**танкер**	[tanker]
areia (f)	**рег**	[reg]
calcário (m)	**оҳаксанг**	[ohaksang]
cascalho (m)	**сангреза, шағал**	[sangreza], [ʃaʁal]
turfa (f)	**торф**	[torf]
argila (f)	**гил**	[gil]
carvão (m)	**ангишт**	[angiʃt]
ferro (m)	**оҳан**	[ohan]
ouro (m)	**зар, тилло**	[zar], [tillo]
prata (f)	**нуқра**	[nuqra]
níquel (m)	**никел**	[nikel]
cobre (m)	**мис**	[mis]
zinco (m)	**руҳ**	[ruh]
manganês (m)	**манган**	[mangan]
mercúrio (m)	**симоб**	[simob]
chumbo (m)	**сурб**	[surb]
mineral (m)	**минерал, маъдан**	[mineral], [ma'dan]
cristal (m)	**булӯр, шӯша**	[bulœr], [ʃœʃa]
mármore (m)	**мармар**	[marmar]
urânio (m)	**уран**	[uran]

A Terra. Parte 2

206. Tempo

tempo (m)	**обу ҳаво**	[obu havo]
previsão (f) do tempo	**пешгӯии ҳаво**	[peʃgœi:i havo]
temperatura (f)	**ҳарорат**	[harorat]
termômetro (m)	**ҳароратсанҷ**	[haroratsandʒ]
barômetro (m)	**барометр, ҳавосанҷ**	[barometr], [havosandʒ]
úmido (adj)	**намнок**	[namnok]
umidade (f)	**намӣ, рутубат**	[nami:], [rutubat]
calor (m)	**гармӣ**	[garmi:]
tórrido (adj)	**тафсон**	[tafson]
está muito calor	**ҳаво тафсон аст**	[havo tafson ast]
está calor	**ҳаво гарм аст**	[havo garm ast]
quente (morno)	**гарм**	[garm]
está frio	**ҳаво сард аст**	[havo sard ast]
frio (adj)	**хунук, сард**	[χunuk], [sard]
sol (m)	**офтоб**	[oftob]
brilhar (vi)	**тобидан**	[tobidan]
de sol, ensolarado	**... и офтоб**	[i oftob]
nascer (vi)	**баромадан**	[baromadan]
pôr-se (vr)	**паст шудан**	[past ʃudan]
nuvem (f)	**абр**	[abr]
nublado (adj)	**... и абр, абрӣ**	[i abr], [abri:]
nuvem (f) preta	**абри сиёҳ**	[abri sijɔh]
escuro, cinzento (adj)	**абрнок**	[abrnok]
chuva (f)	**борон**	[boron]
está a chover	**борон меборад**	[boron meborad]
chuvoso (adj)	**серборон**	[serboron]
chuviscar (vi)	**сим-сим боридан**	[sim-sim boridan]
chuva (f) torrencial	**борони сахт**	[boroni saχt]
aguaceiro (m)	**борони сел**	[boroni sel]
forte (chuva, etc.)	**сахт**	[saχt]
poça (f)	**кӯлмак**	[kœlmak]
molhar-se (vr)	**шилтиқ шудан**	[ʃiltiq ʃudan]
nevoeiro (m)	**туман**	[tuman]
de nevoeiro	**... и туман**	[i tuman]
neve (f)	**барф**	[barf]
está nevando	**барф меборад**	[barf meborad]

207. Tempo extremo. Catástrofes naturais

trovoada (f)	**раъду барк**	[ra'du bark]
relâmpago (m)	**барқ**	[barq]
relampejar (vi)	**дурахшидан**	[duraχʃidan]
trovão (m)	**тундар**	[tundar]
trovejar (vi)	**гулдуррос задан**	[guldurros zadan]
está trovejando	**раъд гулдуррос мезанад**	[ra'd guldurros mezanad]
granizo (m)	**жола**	[ʒola]
está caindo granizo	**жола меборад**	[ʒola meborad]
inundar (vt)	**зер кардан**	[zer kardan]
inundação (f)	**обхезӣ**	[obχezi:]
terremoto (m)	**заминҷунбӣ**	[zamindʒunbi:]
abalo, tremor (m)	**заминҷунбӣ,такон**	[zamindʒunbi:,takon]
epicentro (m)	**эпимарказ**	[ɛpimarkaz]
erupção (f)	**оташфишонӣ**	[otaʃfiʃoni:]
lava (f)	**гудоза**	[gudoza]
tornado (m)	**гирдбод**	[girdbod]
tornado (m)	**торнадо**	[tornado]
tufão (m)	**тӯфон**	[tœfon]
furacão (m)	**тундбод**	[tundbod]
tempestade (f)	**тӯфон, бӯрои**	[tœfon], [bœroi]
tsunami (m)	**сунами**	[sunami]
ciclone (m)	**сиклон**	[siklon]
mau tempo (m)	**ҳавои бад**	[havoi bad]
incêndio (m)	**сӯхтор, оташ**	[sœχtor], [otaʃ]
catástrofe (f)	**садама, фалокат**	[sadama], [falokat]
meteorito (m)	**метеорит, шиҳобпора**	[meteorit], [ʃihobpora]
avalanche (f)	**тарма**	[tarma]
deslizamento (m) de neve	**тарма**	[tarma]
nevasca (f)	**бӯрони барфӣ**	[bœroni barfi:]
tempestade (f) de neve	**бӯрон**	[bœron]

208. Ruídos. Sons

silêncio (m)	**хомӯшӣ**	[χomœʃi:]
som (m)	**садо**	[sado]
ruído, barulho (m)	**мағал**	[maʁal]
fazer barulho	**мағал кардан**	[maʁal kardan]
ruidoso, barulhento (adj)	**сермағал**	[sermaʁal]
alto	**баланд**	[baland]
alto (ex. voz ~a)	**баланд**	[baland]
constante (ruído, etc.)	**доимӣ, ҳамешагӣ**	[doimi:], [hameʃagi:]

grito (m)	**дод, фарёд**	[dod], [farjɔd]
gritar (vi)	**дод задан**	[dod zadan]
sussurro (m)	**пичиррос**	[pitʃirros]
sussurrar (vi, vt)	**пичиррос задан**	[pitʃirros zadan]
latido (m)	**аккос**	[akkos]
latir (vi)	**аккос задан**	[akkos zadan]
gemido (m)	**нолиш, нола**	[noliʃ], [nola]
gemer (vi)	**нолиш кардан**	[noliʃ kardan]
tosse (f)	**сулфа**	[sulfa]
tossir (vi)	**сулфидан**	[sulfidan]
assobio (m)	**ҳуштак**	[huʃtak]
assobiar (vi)	**ҳуштак кашидан**	[huʃtak kaʃidan]
batida (f)	**тақ-тақ**	[taq-taq]
bater (à porta)	**тақ-тақ кардан**	[taq-taq kardan]
estalar (vi)	**қарс-қурс кардан**	[qars-qurs kardan]
estalido (m)	**қарс-курс**	[qars-kurs]
sirene (f)	**бурғу**	[burʁu]
apito (m)	**гудок**	[gudok]
apitar (vi)	**гудок кашидан**	[gudok kaʃidan]
buzina (f)	**сигнал**	[signal]
buzinar (vi)	**сигнал додан**	[signal dodan]

209. Inverno

inverno (m)	**зимистон**	[zimiston]
de inverno	**зимистонӣ, ... и зимистон**	[zimistoni:], [i zimiston]
no inverno	**дар зимистон**	[dar zimiston]
neve (f)	**барф**	[barf]
está nevando	**барф меборад**	[barf meborad]
queda (f) de neve	**бориши барф**	[boriʃi barf]
amontoado (m) de neve	**барфтӯда**	[barftœda]
floco (m) de neve	**барфак**	[barfak]
bola (f) de neve	**барф**	[barf]
boneco (m) de neve	**одами барфин**	[odami barfin]
sincelo (m)	**шӯша**	[ʃœʃa]
dezembro (m)	**декабр**	[dekabr]
janeiro (m)	**январ**	[janvar]
fevereiro (m)	**феврал**	[fevral]
gelo (m)	**хунукӣ**	[χunuki:]
gelado (tempo ~)	**бисёр хунук**	[bisjɔr χunuk]
abaixo de zero	**аз сифр поён**	[az sifr pojɔn]
primeira geada (f)	**сармои бармаҳал**	[sarmoi barmahal]
geada (f) branca	**қирав**	[qirav]
frio (m)	**хунукӣ, сардӣ**	[χunuki:], [sardi:]

está frio	**сард аст**	[sard ast]
casaco (m) de pele	**пӯстин**	[pœstin]
mitenes (f pl)	**дастпӯшаки бепанҷа**	[dastpœʃaki bepandʒa]
adoecer (vi)	**бемор шудан**	[bemor ʃudan]
resfriado (m)	**шамол хӯрдани**	[ʃamol χœrdani]
ficar resfriado	**шамол хӯрдан**	[ʃamol χœrdan]
gelo (m)	**ях**	[jaχ]
gelo (m) na estrada	**яхча**	[jaχtʃa]
congelar-se (vr)	**ях бастан**	[jaχ bastan]
bloco (m) de gelo	**яхпора**	[jaχpora]
esqui (m)	**лижа**	[liʒa]
esquiador (m)	**лижарон**	[liʒaron]
esquiar (vi)	**лижаронӣ**	[liʒaroni:]
patinar (vi)	**конкибозӣ**	[konkibozi:]

Fauna

210. Mamíferos. Predadores

predador (m)	**дарранда**	[darranda]
tigre (m)	**бабр, паланг**	[babr], [palang]
leão (m)	**шер**	[ʃer]
lobo (m)	**гург**	[gurg]
raposa (f)	**рӯбоҳ**	[rœboh]
jaguar (m)	**юзи ало**	[juzi alo]
leopardo (m)	**паланг**	[palang]
chita (f)	**юз**	[juz]
pantera (f)	**пантера**	[pantera]
puma (m)	**пума**	[puma]
leopardo-das-neves (m)	**шерпаланг**	[ʃerpalang]
lince (m)	**силовсин**	[silovsin]
coiote (m)	**койот**	[kojɔt]
chacal (m)	**шагол**	[ʃagol]
hiena (f)	**кафтор**	[kaftor]

211. Animais selvagens

animal (m)	**ҳайвон**	[hajvon]
besta (f)	**ҳайвони ваҳшӣ**	[hajvoni vahʃi:]
esquilo (m)	**санҷоб**	[sandʒob]
ouriço (m)	**хорпушт**	[χorpuʃt]
lebre (f)	**заргӯш**	[zargœʃ]
coelho (m)	**харгӯш**	[χargœʃ]
texugo (m)	**қашқалдоқ**	[qaʃqaldoq]
guaxinim (m)	**енот**	[enot]
hamster (m)	**миримӯшон**	[mirimœʃon]
marmota (f)	**суғур**	[suʁur]
toupeira (f)	**кӯрмуш**	[kœrmuʃ]
rato (m)	**муш**	[muʃ]
ratazana (f)	**калламуш**	[kallamuʃ]
morcego (m)	**кӯршапарак**	[kœrʃaparak]
arminho (m)	**қоқум**	[qoqum]
zibelina (f)	**самур**	[samur]
marta (f)	**савсор**	[savsor]
doninha (f)	**росу**	[rosu]
visom (m)	**вашақ**	[vaʃaq]

castor (m)	**кундуз**	[kunduz]
lontra (f)	**сагоби**	[sagobi]
cavalo (m)	**асп**	[asp]
alce (m)	**шоҳгавазн**	[ʃohgavazn]
veado (m)	**гавазн**	[gavazn]
camelo (m)	**шутур, уштур**	[ʃutur], [uʃtur]
bisão (m)	**бизон**	[bizon]
auroque (m)	**гови ваҳшӣ**	[govi vahʃi:]
búfalo (m)	**говмеш**	[govmeʃ]
zebra (f)	**гӯрхар**	[gœrχar]
antílope (m)	**антилопа, ғизол**	[antilopa], [ʁizol]
corça (f)	**оҳу**	[ohu]
gamo (m)	**оҳу**	[ohu]
camurça (f)	**нахчир, бузи кӯҳӣ**	[naχʧir], [buzi kœhi:]
javali (m)	**хуки ваҳши**	[χuki vahʃi]
baleia (f)	**кит, наҳанг**	[kit], [nahang]
foca (f)	**тюлен**	[tjulen]
morsa (f)	**морж**	[morʒ]
urso-marinho (m)	**гурбаи обӣ**	[gurbai obi:]
golfinho (m)	**делфин**	[delfin]
urso (m)	**хирс**	[χirs]
urso (m) polar	**хирси сафед**	[χirsi safed]
panda (m)	**панда**	[panda]
macaco (m)	**маймун**	[majmun]
chimpanzé (m)	**шимпанзе**	[ʃimpanze]
orangotango (m)	**орангутанг**	[orangutang]
gorila (m)	**горилла**	[gorilla]
macaco (m)	**макака**	[makaka]
gibão (m)	**гиббон**	[gibbon]
elefante (m)	**фил**	[fil]
rinoceronte (m)	**карк, каркадан**	[kark], [karkadan]
girafa (f)	**заррофа**	[zarrofa]
hipopótamo (m)	**баҳмут**	[bahmut]
canguru (m)	**кенгуру**	[kenguru]
coala (m)	**коала**	[koala]
mangusto (m)	**росу**	[rosu]
chinchila (f)	**вашақ**	[vaʃaq]
cangambá (f)	**скунс**	[skuns]
porco-espinho (m)	**ҷайра, дугпушт**	[ʤajra], [dugpuʃt]

212. Animais domésticos

gata (f)	**гурба**	[gurba]
gato (m) macho	**гурбаи нар**	[gurbai nar]
cão (m)	**саг**	[sag]

cavalo (m)	**асп**	[asp]
garanhão (m)	**айғир, аспи нар**	[ajʁir], [aspi nar]
égua (f)	**модиён, байтал**	[modijɔn], [bajtal]
vaca (f)	**гов**	[gov]
touro (m)	**барзагов**	[barzagov]
boi (m)	**барзагов**	[barzagov]
ovelha (f)	**меш, гӯсфанд**	[meʃ], [gœsfand]
carneiro (m)	**гӯсфанд**	[gœsfand]
cabra (f)	**буз**	[buz]
bode (m)	**така, серка**	[taka], [serka]
burro (m)	**хар, маркаб**	[χar], [markab]
mula (f)	**хачир**	[χatʃir]
porco (m)	**хуқ**	[χuq]
leitão (m)	**хукбача**	[χukbatʃa]
coelho (m)	**харгӯш**	[χargœʃ]
galinha (f)	**мурғ**	[murʁ]
galo (m)	**хурӯс**	[χurœs]
pata (f), pato (m)	**мурғобӣ**	[murʁobi:]
pato (m)	**мурғобии нар**	[murʁobi:i nar]
ganso (m)	**қоз, ғоз**	[qoz], [ʁoz]
peru (m)	**хурӯси мурғи марҷон**	[χurœsi murʁi mardʒon]
perua (f)	**мокиёни мурғи марҷон**	[mokijɔni murʁi mardʒon]
animais (m pl) domésticos	**ҳайвони хонагӣ**	[hajvoni χonagi:]
domesticado (adj)	**ромшуда**	[romʃuda]
domesticar (vt)	**дастомӯз кардан**	[dastomœz kardan]
criar (vt)	**калон кардан**	[kalon kardan]
fazenda (f)	**ферма**	[ferma]
aves (f pl) domésticas	**паррандаи хонагӣ**	[parrandai χonagi:]
gado (m)	**чорво**	[tʃorvo]
rebanho (m), manada (f)	**пода**	[poda]
estábulo (m)	**саисхона, аспхона**	[saisχona], [aspχona]
chiqueiro (m)	**хукхона**	[χukχona]
estábulo (m)	**оғил, говхона**	[oʁil], [govχona]
coelheira (f)	**харгӯшхона**	[χargœʃχona]
galinheiro (m)	**мурғхона**	[murʁχona]

213. Cães. Raças de cães

cão (m)	**саг**	[sag]
cão pastor (m)	**саги чӯпонӣ**	[sagi tʃœponi:]
pastor-alemão (m)	**афчаркаи немисӣ**	[aftʃarkai nemisi:]
poodle (m)	**пудел**	[pudel]
linguicinha (m)	**такса**	[taksa]
buldogue (m)	**булдог**	[buldog]

boxer (m)	**боксёр**	[boksjɔr]
mastim (m)	**мастиф**	[mastif]
rottweiler (m)	**ротвейлер**	[rotvejler]
dóberman (m)	**доберман**	[doberman]
basset (m)	**бассет**	[basset]
pastor inglês (m)	**бобтейл**	[bobtejl]
dálmata (m)	**далматинес**	[dalmatines]
cocker spaniel (m)	**кокер-спаниел**	[koker-spaniel]
terra-nova (m)	**нюфаунленд**	[njufaunlend]
são-bernardo (m)	**сенбернар**	[senbernar]
husky (m) siberiano	**хаски**	[χaski]
Chow-chow (m)	**чау-чау**	[ʧau-ʧau]
spitz alemão (m)	**шпитс**	[ʃpits]
pug (m)	**мопс, саги хонагӣ**	[mops], [sagi χonagi:]

214. Sons produzidos pelos animais

latido (m)	**аккос**	[akkos]
latir (vi)	**аккос задан**	[akkos zadan]
miar (vi)	**мияв-мияв кардан**	[mijav-mijav kardan]
ronronar (vi)	**мав-мав кардан**	[mav-mav kardan]
mugir (vaca)	**маос задан**	[maos zadan]
bramir (touro)	**ғурридан**	[ʁurridan]
rosnar (vi)	**ғуррос задан**	[ʁurros zadan]
uivo (m)	**уллос**	[ullos]
uivar (vi)	**уллос кашидан**	[ullos kaʃidan]
ganir (vi)	**мингос задан**	[mingos zadan]
balir (vi)	**баос задан**	[baos zadan]
grunhir (vi)	**хур-хур кардан**	[χur-χur kardan]
guinchar (vi)	**вангас кардан**	[vangas kardan]
coaxar (sapo)	**вақ-вақ кардан**	[vaq-vaq kardan]
zumbir (inseto)	**виззос задан**	[vizzos zadan]
ziziar (vi)	**чиррос задан**	[ʧirros zadan]

215. Animais jovens

cria (f), filhote (m)	**бача**	[baʧa]
gatinho (m)	**гурбача**	[gurbaʧa]
ratinho (m)	**мушбача**	[muʃbaʧa]
cachorro (m)	**сагбача**	[sagbaʧa]
filhote (m) de lebre	**харгӯшбача**	[χargœʃbaʧa]
coelhinho (m)	**харгӯшча**	[χargœʃʧa]
lobinho (m)	**гургбача**	[gurgbaʧa]
filhote (m) de raposa	**рӯбоҳча**	[rœbohʧa]

filhote (m) de urso	**хирсбача**	[χirsbaʧa]
filhote (m) de leão	**шербача**	[ʃerbaʧa]
filhote (m) de tigre	**бабрак**	[babrak]
filhote (m) de elefante	**филбача**	[filbaʧa]
leitão (m)	**хукбача**	[χukbaʧa]
bezerro (m)	**гӯсола**	[gœsola]
cabrito (m)	**бузғола, бузбача**	[buzʁola], [buzbaʧa]
cordeiro (m)	**барра**	[barra]
filhote (m) de veado	**оҳубача**	[ohubaʧa]
cria (f) de camelo	**шутурбача, уш ча**	[ʃuturbaʧa], [uʃ ʧa]
filhote (m) de serpente	**морбача**	[morbaʧa]
filhote (m) de rã	**қурбоққача**	[qurboqqaʧa]
cria (f) de ave	**чӯҷа**	[ʧœʤa]
pinto (m)	**чӯҷа**	[ʧœʤa]
patinho (m)	**мурғобича**	[murʁobiʧa]

216. Pássaros

pássaro (m), ave (f)	**паранда**	[paranda]
pombo (m)	**кафтар**	[kaftar]
pardal (m)	**гунҷишк, чумчук**	[gunʤiʃk], [ʧumʧuk]
chapim-real (m)	**фотимачумчуқ**	[fotimaʧumʧuq]
pega-rabuda (f)	**акка**	[akka]
corvo (m)	**зоғ**	[zoʁ]
gralha-cinzenta (f)	**зоғи ало**	[zoʁi alo]
gralha-de-nuca-cinzenta (f)	**зоғча**	[zoʁʧa]
gralha-calva (f)	**шӯрнӯл**	[ʃœrnœl]
pato (m)	**мурғобӣ**	[murʁobi:]
ganso (m)	**қоз, ғоз**	[qoz], [ʁoz]
faisão (m)	**тазарв**	[tazarv]
águia (f)	**укоб**	[ukob]
açor (m)	**пайғу**	[pajʁu]
falcão (m)	**боз, шоҳин**	[boz], [ʃohin]
abutre (m)	**каргас**	[kargas]
condor (m)	**кондор**	[kondor]
cisne (m)	**қу**	[qu]
grou (m)	**куланг, турна**	[kulang], [turna]
cegonha (f)	**лаклак**	[laklak]
papagaio (m)	**тӯтӣ**	[tœti:]
beija-flor (m)	**колибри**	[kolibri]
pavão (m)	**товус**	[tovus]
avestruz (m)	**шутурмурғ**	[ʃuturmurʁ]
garça (f)	**ҳавосил**	[havosil]
flamingo (m)	**бутимор**	[butimor]
pelicano (m)	**мурғи саққо**	[murʁi saqqo]

rouxinol (m)	**булбул**	[bulbul]
andorinha (f)	**фароштурук**	[faroʃturuk]
tordo-zornal (m)	**дурроҷ**	[durroʤ]
tordo-músico (m)	**дурроҷи хушхон**	[durroʤi χuʃχon]
melro-preto (m)	**дурроҷи сиёҳ**	[durroʤi sijɔh]
andorinhão (m)	**досак**	[dosak]
cotovia (f)	**ҷӯр, чаковак**	[ʤœr], [ʧakovak]
codorna (f)	**бедона**	[bedona]
cuco (m)	**фохтак**	[foχtak]
coruja (f)	**бум, ҷуғз**	[bum], [ʤuʁz]
bufo-real (m)	**чуғз**	[ʧuʁz]
tetraz-grande (m)	**дурроҷ**	[durroʤ]
tetraz-lira (m)	**титав**	[titav]
perdiz-cinzenta (f)	**кабк, каклик**	[kabk], [kaklik]
estorninho (m)	**сор, соч**	[sor], [soʧ]
canário (m)	**канарейка**	[kanarejka]
galinha-do-mato (f)	**рябчик**	[rjabʧik]
tentilhão (m)	**саъва**	[sa'va]
dom-fafe (m)	**севғар**	[sevʁar]
gaivota (f)	**моҳихӯрак**	[mohiχœrak]
albatroz (m)	**уқоби баҳрӣ**	[uqobi bahri:]
pinguim (m)	**пингвин**	[pingvin]

217. Pássaros. Canto e sons

cantar (vi)	**хондан**	[χondan]
gritar, chamar (vi)	**наъра кашидан**	[na'ra kaʃidan]
cantar (o galo)	**ҷеғи хурӯс**	[ʤeʁi χurœs]
cocorocó (m)	**қу-қу-қу-ку**	[qu-qu-qu-ku]
cacarejar (vi)	**қут-қут кардан**	[qut-qut kardan]
crocitar (vi)	**қарқар кардан**	[qarqar kardan]
grasnar (vi)	**ғоқ-ғок кардан**	[ʁoq-ʁok kardan]
piar (vi)	**чӣ-чӣ кардан**	[ʧi:-ʧi: kardan]
chilrear, gorjear (vi)	**чириқ-чириқ кардан**	[ʧiriq-ʧiriq kardan]

218. Peixes. Animais marinhos

brema (f)	**симмоҳӣ**	[simmohi:]
carpa (f)	**капур**	[kapur]
perca (f)	**аломоҳӣ**	[alomohi:]
siluro (m)	**лаққамоҳӣ**	[laqqamohi:]
lúcio (m)	**шӯртан**	[ʃœrtan]
salmão (m)	**озодмоҳӣ**	[ozodmohi:]
esturjão (m)	**тосмоҳӣ**	[tosmohi:]
arenque (m)	**шӯрмоҳӣ**	[ʃœrmohi:]

salmão (m) do Atlântico	**озодмохӣ**	[ozodmoχi:]
cavala, sarda (f)	**зағӯтамоҳӣ**	[zaʁœtamohi:]
solha (f), linguado (m)	**камбала**	[kambala]
lúcio perca (m)	**суфмоҳӣ**	[sufmohi:]
bacalhau (m)	**равғанмоҳӣ**	[ravʁanmohi:]
atum (m)	**самак**	[samak]
truta (f)	**гулмоҳӣ**	[gulmohi:]
enguia (f)	**мормоҳӣ**	[mormohi:]
raia (f) elétrica	**скати барқдор**	[skati barqdor]
moreia (f)	**мурена**	[murena]
piranha (f)	**пираня**	[piranja]
tubarão (m)	**наҳанг**	[nahang]
golfinho (m)	**делфин**	[delfin]
baleia (f)	**кит, наҳанг**	[kit], [nahang]
caranguejo (m)	**харчанг**	[χartʃang]
água-viva (f)	**медуза**	[meduza]
polvo (m)	**ҳаштпо**	[haʃtpo]
estrela-do-mar (f)	**ситораи баҳрӣ**	[sitorai bahri:]
ouriço-do-mar (m)	**хорпушти баҳрӣ**	[χorpuʃti bahri:]
cavalo-marinho (m)	**аспакмоҳӣ**	[aspakmohi:]
ostra (f)	**садафак**	[sadafak]
camarão (m)	**креветка**	[krevetka]
lagosta (f)	**харчанги баҳрӣ**	[χartʃangi bahri:]
lagosta (f)	**лангуст**	[langust]

219. Anfíbios. Répteis

cobra (f)	**мор**	[mor]
venenoso (adj)	**заҳрдор**	[zahrdor]
víbora (f)	**мори афъӣ**	[mori af'i:]
naja (f)	**мори айнакдор, кӯбро**	[mori ajnakdor], [kœbro]
píton (m)	**мори печон**	[mori petʃon]
jiboia (f)	**мори печон**	[mori petʃon]
cobra-de-água (f)	**мори обӣ**	[mori obi:]
cascavel (f)	**шақшақамор**	[ʃaqʃaqamor]
anaconda (f)	**анаконда**	[anakonda]
lagarto (m)	**калтакалос**	[kaltakalos]
iguana (f)	**сусмор, игуана**	[susmor], [iguana]
varano (m)	**сусмор**	[susmor]
salamandra (f)	**калтакалос**	[kaltakalos]
camaleão (m)	**бӯқаламун**	[bœqalamun]
escorpião (m)	**каждум**	[kaʒdum]
tartaruga (f)	**сангпушт**	[sangpuʃt]
rã (f)	**қурбоққа**	[qurboqqa]

sapo (m)	**ғук, курбоққаи чӯлӣ**	[ʁuk], [qurboqqai ʧœli:]
crocodilo (m)	**тимсоҳ**	[timsoh]

220. Insetos

inseto (m)	**ҳашарот**	[haʃarot]
borboleta (f)	**шапалак**	[ʃapalak]
formiga (f)	**мӯрча**	[mœrʧa]
mosca (f)	**магас**	[magas]
mosquito (m)	**пашша**	[paʃʃa]
escaravelho (m)	**гамбуск**	[gambusk]
vespa (f)	**ору**	[oru]
abelha (f)	**занбӯри асал**	[zanbœri asal]
mamangaba (f)	**говзанбӯр**	[govzanbœr]
moscardo (m)	**ғурмагас**	[ʁurmagas]
aranha (f)	**тортанак**	[tortanak]
teia (f) de aranha	**тори тортанак**	[tori tortanak]
libélula (f)	**сӯзанак**	[sœzanak]
gafanhoto (m)	**малах**	[malaχ]
traça (f)	**шапалак**	[ʃapalak]
barata (f)	**нонхӯрак**	[nonχœrak]
carrapato (m)	**кана**	[kana]
pulga (f)	**кайк**	[kajk]
borrachudo (m)	**пашша**	[paʃʃa]
gafanhoto (m)	**малах**	[malaχ]
caracol (m)	**тӯкумшуллуқ**	[tœkumʃulluq]
grilo (m)	**чирчирак**	[ʧirʧirak]
pirilampo, vaga-lume (m)	**шабтоб**	[ʃabtob]
joaninha (f)	**момохолак**	[momoχolak]
besouro (m)	**гамбуски саврӣ**	[gambuski savri:]
sanguessuga (f)	**шуллук**	[ʃulluk]
lagarta (f)	**кирм**	[kirm]
minhoca (f)	**кирм**	[kirm]
larva (f)	**кирм**	[kirm]

221. Animais. Partes do corpo

bico (m)	**нӯл, минқор**	[nœl], [minqor]
asas (f pl)	**қанот**	[qanot]
pata (f)	**пой**	[poj]
plumagem (f)	**болу пар**	[bolu par]
pena, pluma (f)	**пар**	[par]
crista (f)	**пӯпӣ**	[pœpi:]
brânquias, guelras (f pl)	**ғалсама**	[ʁalsama]
ovas (f pl)	**тухм**	[tuχm]

larva (f)	**кирм, кирмак**	[kirm], [kirmak]
barbatana (f)	**қаноти моҳӣ**	[qanoti mohi:]
escama (f)	**пулакча**	[pulaktʃa]
presa (f)	**дандони ашк**	[dandoni aʃk]
pata (f)	**панҷа**	[pandʒa]
focinho (m)	**фук**	[fuk]
boca (f)	**даҳон**	[dahon]
cauda (f), rabo (m)	**дум**	[dum]
bigodes (m pl)	**муйлаб, бурут**	[mujlab], [burut]
casco (m)	**сум**	[sum]
corno (m)	**шох**	[ʃoχ]
carapaça (f)	**косаи сангпушт**	[kosai sangpuʃt]
concha (f)	**гӯшмоҳӣ, садаф**	[gœʃmohi:], [sadaf]
casca (f) de ovo	**пӯчоқи тухм**	[pœtʃoqi tuχm]
pelo (m)	**пашм**	[paʃm]
pele (f), couro (m)	**пуст**	[pust]

222. Ações dos animais

voar (vi)	**паридан**	[paridan]
dar voltas	**давр задан**	[davr zadan]
voar (para longe)	**парида рафтан**	[parida raftan]
bater as asas	**пар задан**	[par zadan]
bicar (vi)	**дона чидан**	[dona tʃidan]
incubar (vt)	**болои тухмҳо нишастан**	[boloi tuχmho niʃastan]
sair do ovo	**аз тухм баромадан**	[az tuχm baromadan]
fazer o ninho	**лона сохтан**	[lona soχtan]
rastejar (vi)	**хазидан**	[χazidan]
picar (vt)	**неш задан**	[neʃ zadan]
morder (cachorro, etc.)	**газидан**	[gazidan]
cheirar (vt)	**бӯй гирифтан**	[bœj giriftan]
latir (vi)	**аккос задан**	[akkos zadan]
silvar (vi)	**фашшос задан**	[faʃʃos zadan]
assustar (vt)	**тарсондан**	[tarsondan]
atacar (vt)	**ҳуҷум кардан**	[hudʒum kardan]
roer (vt)	**хоидан**	[χoidan]
arranhar (vt)	**харошидан**	[χaroʃidan]
esconder-se (vr)	**пинҳон шудан**	[pinhon ʃudan]
brincar (vi)	**бозӣ кардан**	[bozi: kardan]
caçar (vi)	**шикор кардан**	[ʃikor kardan]
hibernar (vi)	**ба хоби зимистона рафтан**	[ba χobi zimistona raftan]
extinguir-se (vr)	**мурда рафтан**	[murda raftan]

223. Animais. Habitats

hábitat (m)	**мухити ҳаёт**	[muhiti hajɔt]
migração (f)	**кӯчидан**	[kœʧidan]
montanha (f)	**кӯҳ**	[kœh]
recife (m)	**харсанги зериобӣ**	[χarsangi zeriobi:]
falésia (f)	**шух**	[ʃuχ]
floresta (f)	**ҷангал**	[ʤangal]
selva (f)	**ҷангал**	[ʤangal]
savana (f)	**саванна**	[savanna]
tundra (f)	**тундра**	[tundra]
estepe (f)	**дашт, чӯл**	[daʃt], [ʧœl]
deserto (m)	**биёбон**	[bijɔbon]
oásis (m)	**воҳа**	[voha]
mar (m)	**баҳр**	[bahr]
lago (m)	**кул**	[kul]
oceano (m)	**уқёнус**	[uqjɔnus]
pântano (m)	**ботлоқ, ботқоқ**	[botloq], [botqoq]
de água doce	**... и оби ширин**	[i obi ʃirin]
lagoa (f)	**сарҳавз**	[sarhavz]
rio (m)	**дарё**	[darjɔ]
toca (f) do urso	**хонаи хирс**	[χonai χirs]
ninho (m)	**ошёна, лона**	[oʃjɔna], [lona]
buraco (m) de árvore	**сӯрохи дарахт**	[sœroχi daraχt]
toca (f)	**хона**	[χona]
formigueiro (m)	**мӯрчахона**	[mœrʧaχona]

224. Cuidados com os animais

jardim (m) zoológico	**боғи ҳайвонот**	[boʁi hajvonot]
reserva (f) natural	**мамнӯъгоҳ**	[mamnœ'goh]
viveiro (m)	**парвардахона**	[parvardaχona]
jaula (f) de ar livre	**қафас, катак**	[qafas], [katak]
jaula, gaiola (f)	**қафас**	[qafas]
casinha (f) de cachorro	**сагхона**	[sagχona]
pombal (m)	**кафтархона**	[kaftarχona]
aquário (m)	**аквариум**	[akvarium]
delfinário (m)	**делфинарий**	[delfinarij]
criar (vt)	**парвариш кардан**	[parvariʃ kardan]
cria (f)	**насл**	[nasl]
domesticar (vt)	**дастомӯз кардан**	[dastomœz kardan]
adestrar (vt)	**ром кардан**	[rom kardan]
ração (f)	**хӯроквορӣ**	[χœrokvori:]
alimentar (vt)	**хӯрок додан**	[χœrok dodan]

loja (f) de animais	**мағозаи зоологӣ**	[maʁozai zoologi:]
focinheira (m)	**пӯзбанд**	[pœzband]
coleira (f)	**гарданбанд**	[gardanband]
nome (do animal)	**ном**	[nom]
pedigree (m)	**насабнома**	[nasabnoma]

225. Animais. Diversos

alcateia (f)	**тӯда**	[tœda]
bando (pássaros)	**села**	[sela]
cardume (peixes)	**села**	[sela]
manada (cavalos)	**гала**	[gala]
macho (m)	**нар**	[nar]
fêmea (f)	**мода**	[moda]
faminto (adj)	**гурусна**	[gurusna]
selvagem (adj)	**ваҳшӣ**	[vahʃi:]
perigoso (adj)	**хавфнок**	[χavfnok]

226. Cavalos

cavalo (m)	**асп**	[asp]
raça (f)	**зот**	[zot]
potro (m)	**тойча, дунан**	[tojʧa], [dunan]
égua (f)	**модиён, байтал**	[modijɔn], [bajtal]
mustangue (m)	**мустанг**	[mustang]
pônei (m)	**аспи тоту**	[aspi totu]
cavalo (m) de tiro	**аспи калони боркаш**	[aspi kaloni borkaʃ]
crina (f)	**ёл**	[jɔl]
rabo (m)	**дум**	[dum]
casco (m)	**сум**	[sum]
ferradura (f)	**наъл**	[na'l]
ferrar (vt)	**наъл кардан**	[na'l kardan]
ferreiro (m)	**оҳангар**	[ohangar]
sela (f)	**зин**	[zin]
estribo (m)	**узангу**	[uzangu]
brida (f)	**лаҷом**	[laʤom]
rédeas (f pl)	**ҷилав**	[ʤilav]
chicote (m)	**қамчин**	[qamʧin]
cavaleiro (m)	**човандоз**	[ʧovandoz]
colocar sela	**зин кардан**	[zin kardan]
montar no cavalo	**ба зин нишастан**	[ba zin niʃastan]
galope (m)	**чорхез**	[ʧorχez]
galopar (vi)	**чорхез кардан**	[ʧorχez kardan]

trote (m)	**лӯкка**	[lœkka]
a trote	**лӯкказанон**	[lœkkazanon]
ir a trote	**лӯккидан**	[lœkkidan]
cavalo (m) de corrida	**аспи тозӣ**	[aspi tozi:]
corridas (f pl)	**пойга**	[pojga]
estábulo (m)	**саисхона, аспхона**	[saisχona], [aspχona]
alimentar (vt)	**хӯрок додан**	[χœrok dodan]
feno (m)	**алафи хушк**	[alafi χuʃk]
dar água	**об додан**	[ob dodan]
limpar (vt)	**тоза кардан**	[toza kardan]
carroça (f)	**ароба**	[aroba]
pastar (vi)	**чаридан**	[ʧaridan]
relinchar (vi)	**шиҳа кашидан**	[ʃiha kaʃidan]
dar um coice	**лагат задан**	[lagat zadan]

Flora

227. Árvores

árvore (f)	**дарахт**	[daraχt]
decídua (adj)	**паҳнбарг**	[pahnbarg]
conífera (adj)	**... и сӯзанбарг**	[i sœzanbarg]
perene (adj)	**ҳамешасабз**	[hameʃasabz]
macieira (f)	**дарахти себ**	[daraχti seb]
pereira (f)	**дарахти нок**	[daraχti nok]
cerejeira (f)	**дарахти гелос**	[daraχti gelos]
ginjeira (f)	**дарахти олуболу**	[daraχti olubolu]
ameixeira (f)	**дарахти олу**	[daraχti olu]
bétula (f)	**тӯс**	[tœs]
carvalho (m)	**булут**	[bulut]
tília (f)	**зерфун**	[zerfun]
choupo-tremedor (m)	**сиёҳбед**	[sijɔhbed]
bordo (m)	**заранг**	[zarang]
espruce (m)	**коҷ, ел**	[koʤ], [el]
pinheiro (m)	**санавбар**	[sanavbar]
alerce, lariço (m)	**коҷи баргрез**	[koʤi bargrez]
abeto (m)	**пихта**	[piχta]
cedro (m)	**дарахти ҷалғӯза**	[daraχti ʤalʁœza]
choupo, álamo (m)	**сафедор**	[safedor]
tramazeira (f)	**ғубайро**	[ʁubajro]
salgueiro (m)	**бед**	[bed]
amieiro (m)	**роздор**	[rozdor]
faia (f)	**бук, олаш**	[buk], [olaʃ]
ulmeiro, olmo (m)	**дарахти ларг**	[daraχti larg]
freixo (m)	**шумтол**	[ʃumtol]
castanheiro (m)	**шоҳбулут**	[ʃohbulut]
magnólia (f)	**магнолия**	[magnolija]
palmeira (f)	**нахл**	[naχl]
cipreste (m)	**дарахти сарв**	[daraχti sarv]
mangue (m)	**дарахти анбаҳ**	[daraχti anbah]
embondeiro, baobá (m)	**баобаб**	[baobab]
eucalipto (m)	**эвкалипт**	[ɛvkalipt]
sequoia (f)	**секвойя**	[sekvojja]

228. Arbustos

arbusto (m)	**бутта**	[butta]
arbusto (m), moita (f)	**бутта**	[butta]

videira (f)	**ток**	[tok]
vinhedo (m)	**токзор**	[tokzor]
framboeseira (f)	**тамашк**	[tamaʃk]
groselheira-negra (f)	**қоти сиёҳ**	[qoti sijɔh]
groselheira-vermelha (f)	**коти сурх**	[koti surχ]
groselheira (f) espinhosa	**бектошӣ**	[bektoʃi:]
acácia (f)	**акатсия, ақоқиё**	[akatsija], [aqoqijɔ]
bérberis (f)	**буттаи зирк**	[buttai zirk]
jasmim (m)	**ёсуман**	[jɔsuman]
junípero (m)	**арча, ардаҷ**	[artʃa], [ardaʤ]
roseira (f)	**буттаи гул**	[buttai gul]
roseira (f) brava	**хуч**	[χutʃ]

229. Cogumelos

cogumelo (m)	**занбӯруғ**	[zanbœruʁ]
cogumelo (m) comestível	**занбӯруғи хӯрданӣ**	[zanbœruʁi χœrdani:]
cogumelo (m) venenoso	**занбӯруғи заҳрнок**	[zanbœruʁi zahrnok]
chapéu (m)	**кулоҳаки занбӯруғ**	[kulohaki zanbœruʁ]
pé, caule (m)	**тана**	[tana]
boleto, porcino (m)	**занбӯруғи сафед**	[zanbœruʁi safed]
boleto (m) alaranjado	**занбӯруғи сурх**	[zanbœruʁi surχ]
boleto (m) de bétula	**занбӯруғи тӯсӣ**	[zanbœruʁi tœsi:]
cantarelo (m)	**қӯзиқандӣ**	[qœziqandi:]
rússula (f)	**занбӯруғи хомхӯрак**	[zanbœruʁi χomχœrak]
morchella (f)	**бурмазанбӯруғ**	[burmazanbœruʁ]
agário-das-moscas (m)	**маргимагас**	[margimagas]
cicuta (f) verde	**занбӯруғи заҳрнок**	[zanbœruʁi zahrnok]

230. Frutos. Bagas

fruta (f)	**мева, самар**	[meva], [samar]
frutas (f pl)	**меваҳо, самарҳо**	[mevaho], [samarho]
maçã (f)	**себ**	[seb]
pera (f)	**мурӯд, нок**	[murœd], [nok]
ameixa (f)	**олу**	[olu]
morango (m)	**қулфинай**	[qulfinaj]
ginja (f)	**олуболу**	[olubolu]
cereja (f)	**гелос**	[gelos]
uva (f)	**ангур**	[angur]
framboesa (f)	**тамашк**	[tamaʃk]
groselha (f) negra	**қоти сиёҳ**	[qoti sijɔh]
groselha (f) vermelha	**коти сурх**	[koti surχ]
groselha (f) espinhosa	**бектошӣ**	[bektoʃi:]

oxicoco (m)	**клюква**	[kljukva]
laranja (f)	**афлесун, пӯртахол**	[aflesun], [pœrtaχol]
tangerina (f)	**норанг**	[norang]
abacaxi (m)	**ананас**	[ananas]
banana (f)	**банан**	[banan]
tâmara (f)	**хурмо**	[χurmo]
limão (m)	**лиму**	[limu]
damasco (m)	**дарахти зардолу**	[daraχti zardolu]
pêssego (m)	**шафтолу**	[ʃaftolu]
quiuí (m)	**кивӣ**	[kivi:]
toranja (f)	**норинҷ**	[norinʤ]
baga (f)	**буттамева**	[buttameva]
bagas (f pl)	**буттамеваҳо**	[buttamevaho]
arando (m) vermelho	**брусника**	[brusnika]
morango-silvestre (m)	**тути заминӣ**	[tuti zamini:]
mirtilo (m)	**черника**	[ʧernika]

231. Flores. Plantas

flor (f)	**гул**	[gul]
buquê (m) de flores	**дастаи гул**	[dastai gul]
rosa (f)	**гул, гули садбарг**	[gul], [guli sadbarg]
tulipa (f)	**лола**	[lola]
cravo (m)	**гули мехак**	[guli meχak]
gladíolo (m)	**гули ёқут**	[guli jɔqut]
centáurea (f)	**тугмагул**	[tugmagul]
campainha (f)	**гули момо**	[guli momo]
dente-de-leão (m)	**коқу**	[koqu]
camomila (f)	**бобуна**	[bobuna]
aloé (m)	**уд, сабр, алоэ**	[ud], [sabr], [aloɛ]
cacto (m)	**гули ханҷарӣ**	[guli χanʤari:]
fícus (m)	**тутанҷир**	[tutanʤir]
lírio (m)	**савсан**	[savsan]
gerânio (m)	**анҷибар**	[anʤibar]
jacinto (m)	**сунбул**	[sunbul]
mimosa (f)	**нозгул**	[nozgul]
narciso (m)	**наргис**	[nargis]
capuchinha (f)	**настаран**	[nastaran]
orquídea (f)	**саҳлаб, сӯҳлаб**	[sahlab], [sœhlab]
peônia (f)	**гули ашрафӣ**	[guli aʃrafi:]
violeta (f)	**бунафша**	[bunafʃa]
amor-perfeito (m)	**бунафшаи фарангӣ**	[bunafʃai farangi:]
não-me-esqueças (m)	**марзангӯш**	[marzangœʃ]
margarida (f)	**гули марворидак**	[guli marvoridak]
papoula (f)	**кӯкнор**	[kœknor]

cânhamo (m)	**бангдона, канаб**	[bangdona], [kanab]
hortelã, menta (f)	**пудина**	[pudina]
lírio-do-vale (m)	**гули барфак**	[guli barfak]
campânula-branca (f)	**бойчечак**	[bojʧeʧak]
urtiga (f)	**газна**	[gazna]
azedinha (f)	**шилха**	[ʃilχa]
nenúfar (m)	**нилуфари сафед**	[nilufari safed]
samambaia (f)	**фарн**	[farn]
líquen (m)	**гулсанг**	[gulsang]
estufa (f)	**гулхона**	[gulχona]
gramado (m)	**чаман, сабзазор**	[ʧaman], [sabzazor]
canteiro (m) de flores	**гулзор**	[gulzor]
planta (f)	**растанӣ**	[rastani:]
grama (f)	**алаф**	[alaf]
folha (f) de grama	**хас**	[χas]
folha (f)	**барг**	[barg]
pétala (f)	**гулбарг**	[gulbarg]
talo (m)	**поя**	[poja]
tubérculo (m)	**бех, дона**	[beχ], [dona]
broto, rebento (m)	**неш**	[neʃ]
espinho (m)	**хор**	[χor]
florescer (vi)	**гул кардан**	[gul kardan]
murchar (vi)	**пажмурда шудан**	[paʒmurda ʃudan]
cheiro (m)	**бӯй**	[bœj]
cortar (flores)	**буридан**	[buridan]
colher (uma flor)	**кандан**	[kandan]

232. Cereais, grãos

grão (m)	**дона, ғалла**	[dona], [ʁalla]
cereais (plantas)	**растаниҳои ғалладона**	[rastanihoi ʁalladona]
espiga (f)	**хӯша**	[χœʃa]
trigo (m)	**гандум**	[gandum]
centeio (m)	**ҷавдор**	[ʤavdor]
aveia (f)	**ҳуртумон**	[hurtumon]
painço (m)	**арзан**	[arzan]
cevada (f)	**ҷав**	[ʤav]
milho (m)	**ҷуворимакка**	[ʤuvorimakka]
arroz (m)	**шолӣ, биринҷ**	[ʃoli:], [birinʤ]
trigo-sarraceno (m)	**марҷумак**	[marʤumak]
ervilha (f)	**нахӯд**	[naχœd]
feijão (m) roxo	**лӯбиё**	[lœbijɔ]
soja (f)	**соя**	[soja]
lentilha (f)	**наск**	[nask]
feijão (m)	**лӯбиё**	[lœbijɔ]

233. Vegetais. Verduras

vegetais (m pl)	**сабзавот**	[sabzavot]
verdura (f)	**сабзавот**	[sabzavot]
tomate (m)	**помидор**	[pomidor]
pepino (m)	**бодиринг**	[bodiring]
cenoura (f)	**сабзӣ**	[sabzi:]
batata (f)	**картошка**	[kartoʃka]
cebola (f)	**пиёз**	[pijɔz]
alho (m)	**сир**	[sir]
couve (f)	**карам**	[karam]
couve-flor (f)	**гулкарам**	[gulkaram]
couve-de-bruxelas (f)	**карами брусселӣ**	[karami brusseli:]
brócolis (m pl)	**карами брокколӣ**	[karami brokkoli:]
beterraba (f)	**лаблабу**	[lablabu]
berinjela (f)	**бодинҷон**	[bodindʒon]
abobrinha (f)	**таррак**	[tarrak]
abóbora (f)	**каду**	[kadu]
nabo (m)	**шалғам**	[ʃalʁam]
salsa (f)	**ҷаъфарӣ**	[dʒa'fari:]
endro, aneto (m)	**шибит**	[ʃibit]
alface (f)	**коҳу**	[kohu]
aipo (m)	**карафс**	[karafs]
aspargo (m)	**морчӯба**	[mortʃœba]
espinafre (m)	**испаноқ**	[ispanoq]
ervilha (f)	**нахӯд**	[naχœd]
feijão (~ soja, etc.)	**лӯбиё**	[lœbijɔ]
milho (m)	**ҷуворимакка**	[dʒuvorimakka]
feijão (m) roxo	**лӯбиё**	[lœbijɔ]
pimentão (m)	**қаламфур**	[qalamfur]
rabanete (m)	**шалғамча**	[ʃalʁamtʃa]
alcachofra (f)	**анганор**	[anganor]

GEOGRAFIA REGIONAL

Países. Nacionalidades

234. Europa Ocidental

União (f) Europeia	**Иттиҳоди Аврупо**	[ittihodi avrupo]
Áustria (f)	**Австрия**	[avstrija]
austríaco (m)	**австриягӣ**	[avstrijagi:]
austríaca (f)	**зани австриягӣ**	[zani avstrijagi:]
austríaco (adj)	**австриягӣ**	[avstrijagi:]
Grã-Bretanha (f)	**Инглистон**	[ingliston]
Inglaterra (f)	**Англия**	[anglija]
inglês (m)	**англис**	[anglis]
inglesa (f)	**англисзан**	[angliszan]
inglês (adj)	**англисӣ**	[anglisi:]
Bélgica (f)	**Белгия**	[belgija]
belga (m)	**белгиягӣ**	[belgijagi:]
belga (f)	**зани белгиягӣ**	[zani belgijagi:]
belga (adj)	**белгиягӣ**	[belgijagi:]
Alemanha (f)	**Олмон**	[olmon]
alemão (m)	**немис, олмонӣ**	[nemis], [olmoni:]
alemã (f)	**зани немис**	[zani nemis]
alemão (adj)	**немисӣ, олмонӣ**	[nemisi:], [olmoni:]
Países Baixos (m pl)	**Ҳоланд**	[holand]
Holanda (f)	**Ҳолландия**	[hollandija]
holandês (m)	**голландӣ**	[gollandi:]
holandesa (f)	**зани голландӣ**	[zani gollandi:]
holandês (adj)	**голландӣ**	[gollandi:]
Grécia (f)	**Юнон**	[junon]
grego (m)	**юнонӣ**	[junoni:]
grega (f)	**зани юнонӣ**	[zani junoni:]
grego (adj)	**юнонӣ**	[junoni:]
Dinamarca (f)	**Дания**	[danija]
dinamarquês (m)	**даниягӣ**	[danijagi:]
dinamarquesa (f)	**зани даниягӣ**	[zani danijagi:]
dinamarquês (adj)	**даниягӣ**	[danijagi:]
Irlanda (f)	**Ирландия**	[irlandija]
irlandês (m)	**ирландӣ**	[irlandi:]
irlandesa (f)	**зани ирландӣ**	[zani irlandi:]
irlandês (adj)	**ирландӣ**	[irlandi:]
Islândia (f)	**Исландия**	[islandija]

islandês (m)	**исландӣ**	[islandi:]
islandesa (f)	**зани исландӣ**	[zani islandi:]
islandês (adj)	**исландӣ**	[islandi:]
Espanha (f)	**Испониё**	[isponijɔ]
espanhol (m)	**испанӣ**	[ispani:]
espanhola (f)	**зани испанӣ**	[zani ispani:]
espanhol (adj)	**испанӣ**	[ispani:]
Itália (f)	**Итолиё**	[itolijɔ]
italiano (m)	**италиявӣ**	[italijavi:]
italiana (f)	**зани италиявӣ**	[zani italijavi:]
italiano (adj)	**италиявӣ**	[italijavi:]
Chipre (m)	**Кипр**	[kipr]
cipriota (m)	**кипрӣ**	[kipri:]
cipriota (f)	**зани кипрӣ**	[zani kipri:]
cipriota (adj)	**кипрӣ**	[kipri:]
Malta (f)	**Малта**	[malta]
maltês (m)	**малтиягӣ**	[maltijagi:]
maltesa (f)	**зани малтиягӣ**	[zani maltijagi:]
maltês (adj)	**малтиягӣ**	[maltijagi:]
Noruega (f)	**Норвегия**	[norvegija]
norueguês (m)	**норвегӣ**	[norvegi:]
norueguesa (f)	**зани норвегӣ**	[zani norvegi:]
norueguês (adj)	**норвегӣ**	[norvegi:]
Portugal (m)	**Португалия**	[portugalija]
português (m)	**португалӣ**	[portugali:]
portuguesa (f)	**зани португалӣ**	[zani portugali:]
português (adj)	**португалӣ**	[portugali:]
Finlândia (f)	**Финланд**	[finland]
finlandês (m)	**фин**	[fin]
finlandesa (f)	**финзан**	[finzan]
finlandês (adj)	**... и финҳо, финӣ**	[i finho], [fini:]
França (f)	**Фаронса**	[faronsa]
francês (m)	**фаронсавӣ**	[faronsavi:]
francesa (f)	**зани фаронсавӣ**	[zani faronsavi:]
francês (adj)	**фаронсавӣ**	[faronsavi:]
Suécia (f)	**Шветсия**	[ʃvetsija]
sueco (m)	**швед**	[ʃved]
sueca (f)	**зани швед**	[zani ʃved]
sueco (adj)	**шведӣ**	[ʃvedi:]
Suíça (f)	**Швейсария**	[ʃvejsarija]
suíço (m)	**швейсариягӣ**	[ʃvejsarijagi:]
suíça (f)	**зани швейсариягӣ**	[zani ʃvejsarijagi:]
suíço (adj)	**швейсариягӣ**	[ʃvejsarijagi:]
Escócia (f)	**Шотландия**	[ʃotlandija]
escocês (m)	**шотландӣ**	[ʃotlandi:]

escocesa (f)	**зани шотландӣ**	[zani ʃotlandi:]
escocês (adj)	**шотландӣ**	[ʃotlandi:]
Vaticano (m)	**Вотикон**	[votikon]
Liechtenstein (m)	**Лихтенштейн**	[liχtenʃtejn]
Luxemburgo (m)	**Люксембург**	[ljuksemburg]
Mônaco (m)	**Монако**	[monako]

235. Europa Central e de Leste

Albânia (f)	**Албания**	[albanija]
albanês (m)	**албанӣ**	[albani:]
albanesa (f)	**албанзан**	[albanzan]
albanês (adj)	**албанӣ**	[albani:]
Bulgária (f)	**Булғористон**	[bulʁoriston]
búlgaro (m)	**булғор**	[bulʁor]
búlgara (f)	**булғорзан**	[bulʁorzan]
búlgaro (adj)	**булғорӣ**	[bulʁori:]
Hungria (f)	**Маҷористон**	[madʒoriston]
húngaro (m)	**венгер, маҷор**	[venger], [madʒor]
húngara (f)	**венгерзан**	[vengerzan]
húngaro (adj)	**венгерӣ**	[vengeri:]
Letônia (f)	**Латвия**	[latvija]
letão (m)	**латвиягӣ**	[latvijagi:]
letã (f)	**зани латвиягӣ**	[zani latvijagi:]
letão (adj)	**латвиягӣ**	[latvijagi:]
Lituânia (f)	**Литва**	[litva]
lituano (m)	**литвонӣ**	[litvoni:]
lituana (f)	**зани литвонӣ**	[zani litvoni:]
lituano (adj)	**литвонӣ**	[litvoni:]
Polônia (f)	**Полша, Лаҳистон**	[polʃa], [lahiston]
polonês (m)	**лаҳистонӣ**	[lahistoni:]
polonesa (f)	**зани лаҳистонӣ**	[zani lahistoni:]
polonês (adj)	**лаҳистонӣ**	[lahistoni:]
Romênia (f)	**Руминия**	[ruminija]
romeno (m)	**руминиягӣ**	[ruminijagi:]
romena (f)	**зани руминиягӣ**	[zani ruminijagi:]
romeno (adj)	**руминиягӣ**	[ruminijagi:]
Sérvia (f)	**Сербия**	[serbija]
sérvio (m)	**серб**	[serb]
sérvia (f)	**сербзан**	[serbzan]
sérvio (adj)	**сербӣ**	[serbi:]
Eslováquia (f)	**Словакия**	[slovakija]
eslovaco (m)	**словак**	[slovak]
eslovaca (f)	**словакзан**	[slovakzan]
eslovaco (adj)	**словакӣ**	[slovaki:]

Croácia (f)	**Хорватия**	[χorvatija]
croata (m)	**хорват**	[χorvat]
croata (f)	**хорватзан**	[χorvatzan]
croata (adj)	**хорватӣ**	[χorvati:]
República (f) Checa	**Чехия**	[ʧeχija]
checo (m)	**чех**	[ʧeχ]
checa (f)	**зани чех**	[zani ʧeχ]
checo (adj)	**чехӣ**	[ʧeχi:]
Estônia (f)	**Эстония**	[ɛstonija]
estônio (m)	**эстонӣ**	[ɛstoni:]
estônia (f)	**эстонзан**	[ɛstonzan]
estônio (adj)	**эстонӣ**	[ɛstoni:]
Bósnia e Herzegovina (f)	**Босния ва Ҳерсеговина**	[bosnija va hersegovina]
Macedônia (f)	**Мақдуния**	[maqdunija]
Eslovênia (f)	**Словения**	[slovenija]
Montenegro (m)	**Монтенегро**	[montenegro]

236. Países da ex-URSS

Azerbaijão (m)	**Озарбойҷон**	[ozarbojʤon]
azeri (m)	**озарбойҷонӣ, озарӣ**	[ozarbojʤoni:], [ozari:]
azeri (f)	**озарбойҷонзан**	[ozarbojʤonzan]
azeri, azerbaijano (adj)	**озарбойҷонӣ, озарӣ**	[ozarbojʤoni:], [ozari:]
Armênia (f)	**Арманистон**	[armaniston]
armênio (m)	**арманӣ**	[armani:]
armênia (f)	**зани арманӣ**	[zani armani:]
armênio (adj)	**арманӣ**	[armani:]
Belarus	**Беларус**	[belarus]
bielorrusso (m)	**белорус**	[belorus]
bielorrussa (f)	**белорусзан**	[beloruszan]
bielorrusso (adj)	**белорусӣ**	[belorusi:]
Geórgia (f)	**Гурҷистон**	[gurʤiston]
georgiano (m)	**гурҷӣ**	[gurʤi:]
georgiana (f)	**гурҷизан**	[gurʤizan]
georgiano (adj)	**гурҷӣ**	[gurʤi:]
Cazaquistão (m)	**Қазоқистон**	[qazoqiston]
cazaque (m)	**қазоқ**	[qazoq]
cazaque (f)	**зани қазоқ**	[zani qazoq]
cazaque (adj)	**қазоқӣ**	[qazoqi:]
Quirguistão (m)	**Қирғизистон**	[qirʁiziston]
quirguiz (m)	**қирғиз**	[qirʁiz]
quirguiz (f)	**зани қирғиз**	[zani qirʁiz]
quirguiz (adj)	**қирғизӣ**	[qirʁizi:]
Moldávia (f)	**Молдова**	[moldova]
moldavo (m)	**молдаван**	[moldavan]

moldava (f)	**зани молдаван**	[zani moldavan]
moldavo (adj)	**молдаванӣ**	[moldavani:]
Rússia (f)	**Россия**	[rossija]
russo (m)	**рус**	[rus]
russa (f)	**зани рус**	[zani rus]
russo (adj)	**русӣ**	[rusi:]
Tajiquistão (m)	**Тоҷикистон**	[toʤikiston]
tajique (m)	**тоҷик**	[toʤik]
tajique (f)	**тоҷикзан**	[toʤikzan]
tajique (adj)	**тоҷикӣ**	[toʤiki:]
Turquemenistão (m)	**Туркманистон**	[turkmaniston]
turcomeno (m)	**туркман**	[turkman]
turcomena (f)	**туркманзан**	[turkmanzan]
turcomeno (adj)	**туркманӣ**	[turkmani:]
Uzbequistão (f)	**Ӯзбакистон**	[œzbakiston]
uzbeque (m)	**ӯзбек**	[œzbek]
uzbeque (f)	**ӯзбекзан**	[œzbekzan]
uzbeque (adj)	**ӯзбекӣ**	[œzbeki:]
Ucrânia (f)	**Украйина**	[ukrajina]
ucraniano (m)	**украинӣ**	[ukraini:]
ucraniana (f)	**украинзан**	[ukrainzan]
ucraniano (adj)	**украинӣ**	[ukraini:]

237. Asia

Ásia (f)	**Осиё**	[osijɔ]
asiático (adj)	**осиёӣ, ... и Осиё**	[osijɔi:], [i osijɔ]
Vietnã (m)	**Ветнам**	[vetnam]
vietnamita (m)	**ветнамӣ**	[vetnami:]
vietnamita (f)	**зани ветнамӣ**	[zani vetnami:]
vietnamita (adj)	**ветнамӣ**	[vetnami:]
Índia (f)	**Ҳиндустон**	[hinduston]
indiano (m)	**ҳинду**	[hindu]
indiana (f)	**зани ҳинду**	[zani hindu]
indiano (adj)	**ҳиндуӣ**	[hindui:]
Israel (m)	**Исроил**	[isroil]
israelense (m)	**исроилӣ**	[isroili:]
israelita (f)	**зани исроилӣ**	[zani isroili:]
israelense (adj)	**... и исроилӣ**	[i isroili:]
China (f)	**Чин**	[ʧin]
chinês (m)	**хитоӣ**	[χitoi:]
chinesa (f)	**зани хитоӣ**	[zani χitoi:]
chinês (adj)	**хитоӣ**	[χitoi:]
coreano (m)	**кореягӣ**	[korejagi:]
coreana (f)	**зани кореягӣ**	[zani korejagi:]

coreano (adj)	**кореягӣ**	[korejagi:]
Líbano (m)	**Лубнон**	[lubnon]
libanês (m)	**лубнонӣ**	[lubnoni:]
libanesa (f)	**зани лубнонӣ**	[zani lubnoni:]
libanês (adj)	**лубнонӣ**	[lubnoni:]
Mongólia (f)	**Муғулистон**	[muʁuliston]
mongol (m)	**муғул**	[muʁul]
mongol (f)	**зани муғул**	[zani muʁul]
mongol (adj)	**муғулӣ**	[muʁuli:]
Malásia (f)	**Малайзия**	[malajzija]
malaio (m)	**малайзиягӣ**	[malajzijagi:]
malaia (f)	**зани малайзиягӣ**	[zani malajzijagi:]
malaio (adj)	**малайзиягӣ**	[malajzijagi:]
Paquistão (m)	**Покистон**	[pokiston]
paquistanês (m)	**покистонӣ**	[pokistoni:]
paquistanesa (f)	**зани покистонӣ**	[zani pokistoni:]
paquistanês (adj)	**покистонӣ**	[pokistoni:]
Arábia (f) Saudita	**Арабистони Саудӣ**	[arabistoni saudi:]
árabe (m)	**араб**	[arab]
árabe (f)	**арабзан**	[arabzan]
árabe (adj)	**арабӣ**	[arabi:]
Tailândia (f)	**Таиланд**	[tailand]
tailandês (m)	**тайӣ**	[taji:]
tailandesa (f)	**зани тайӣ**	[zani taji:]
tailandês (adj)	**тайӣ**	[taji:]
Taiwan (m)	**Тайван**	[tajvan]
taiwanês (m)	**тайванӣ**	[tajvani:]
taiwanesa (f)	**зани тайванӣ**	[zani tajvani:]
taiwanês (adj)	**тайванӣ**	[tajvani:]
Turquia (f)	**Туркия**	[turkija]
turco (m)	**турк**	[turk]
turca (f)	**туркзан**	[turkzan]
turco (adj)	**туркӣ**	[turki:]
Japão (m)	**Жопун, Ҷопон**	[ʒopun], [ʤopon]
japonês (m)	**ҷопонӣ**	[ʤoponi:]
japonesa (f)	**зани ҷопонӣ**	[zani ʤoponi:]
japonês (adj)	**ҷопонӣ**	[ʤoponi:]
Afeganistão (m)	**Афғонистон**	[afʁoniston]
Bangladesh (m)	**Бангладеш**	[bangladeʃ]
Indonésia (f)	**Индонезия**	[indonezija]
Jordânia (f)	**Урдун**	[urdun]
Iraque (m)	**Ироқ**	[iroq]
Irã (m)	**Эрон**	[ɛron]
Camboja (f)	**Камбоҷа**	[kambodʒa]
Kuwait (m)	**Кувайт**	[kuvajt]
Laos (m)	**Лаос**	[laos]

Birmânia (f)	**Мянма**	[mjanma]
Nepal (m)	**Непал**	[nepal]
Emirados Árabes Unidos	**Иморатҳои Муттаҳидаи Араб**	[imorathoi muttahidai arab]
Síria (f)	**Сурия**	[surija]
Palestina (f)	**Фаластин**	[falastin]
Coreia (f) do Sul	**Кореяи Ҷанубӣ**	[korejai ʤanubi:]
Coreia (f) do Norte	**Кореяи Шимолӣ**	[korejai ʃimoli:]

238. América do Norte

Estados Unidos da América	**Иёлоти Муттаҳидаи Америка**	[ijɔloti muttahidai amerika]
americano (m)	**америкоӣ**	[amerikoi:]
americana (f)	**америкоизан**	[amerikoizan]
americano (adj)	**америкоӣ**	[amerikoi:]
Canadá (m)	**Канада**	[kanada]
canadense (m)	**канадагӣ**	[kanadagi:]
canadense (f)	**канадагизан**	[kanadagizan]
canadense (adj)	**канадагӣ**	[kanadagi:]
México (m)	**Мексика**	[meksika]
mexicano (m)	**мексикагӣ**	[meksikagi:]
mexicana (f)	**зани мексикагӣ**	[zani meksikagi:]
mexicano (adj)	**мексикагӣ**	[meksikagi:]

239. América Central do Sul

Argentina (f)	**Аргентина**	[argentina]
argentino (m)	**аргентинагӣ**	[argentinagi:]
argentina (f)	**аргентинзан**	[argentinzan]
argentino (adj)	**аргентинагӣ**	[argentinagi:]
Brasil (m)	**Бразилия**	[brazilija]
brasileiro (m)	**бразилиягӣ**	[brazilijagi:]
brasileira (f)	**бразилиягизан**	[brazilijagizan]
brasileiro (adj)	**бразилиягӣ**	[brazilijagi:]
Colômbia (f)	**Колумбия**	[kolumbija]
colombiano (m)	**колумбиягӣ**	[kolumbijagi:]
colombiana (f)	**зани колумбиягӣ**	[zani kolumbijagi:]
colombiano (adj)	**колумбиягӣ**	[kolumbijagi:]
Cuba (f)	**Куба**	[kuba]
cubano (m)	**кубагӣ**	[kubagi:]
cubana (f)	**зани кубагӣ**	[zani kubagi:]
cubano (adj)	**кубагӣ**	[kubagi:]
Chile (m)	**Чиле**	[ʧile]
chileno (m)	**чилигӣ**	[ʧiligi:]

chilena (f)	**зани чилигӣ**	[zani ʧiligi:]
chileno (adj)	**чилигӣ**	[ʧiligi:]
Bolívia (f)	**Боливия**	[bolivija]
Venezuela (f)	**Венесуэла**	[venesuɛla]
Paraguai (m)	**Парагвай**	[paragvaj]
Peru (m)	**Перу**	[peru]
Suriname (m)	**Суринам**	[surinam]
Uruguai (m)	**Уругвай**	[urugvaj]
Equador (m)	**Эквадор**	[ɛkvador]
Bahamas (f pl)	**Ҷазираҳои Багам**	[ʤazirahoi bagam]
Haiti (m)	**Гаити**	[gaiti]
República Dominicana	**Ҷумҳурии Доминикан**	[ʤumhuri:i dominikan]
Panamá (m)	**Панама**	[panama]
Jamaica (f)	**Ямайка**	[jamajka]

240. Africa

Egito (m)	**Миср**	[misr]
egípcio (m)	**мисрӣ**	[misri:]
egípcia (f)	**зани мисрӣ**	[zani misri:]
egípcio (adj)	**мисрӣ**	[misri:]
Marrocos	**Марокаш**	[marokaʃ]
marroquino (m)	**марокашӣ**	[marokaʃi:]
marroquina (f)	**зани марокашӣ**	[zani marokaʃi:]
marroquino (adj)	**марокашӣ**	[marokaʃi:]
Tunísia (f)	**Тунис**	[tunis]
tunisiano (m)	**тунисӣ**	[tunisi:]
tunisiana (f)	**зани тунисӣ**	[zani tunisi:]
tunisiano (adj)	**тунисӣ**	[tunisi:]
Gana (f)	**Гана**	[gana]
Zanzibar (m)	**Занзибар**	[zanzibar]
Quênia (f)	**Кения**	[kenija]
Líbia (f)	**Либия**	[libija]
Madagascar (m)	**Мадагаскар**	[madagaskar]
Namíbia (f)	**Намибия**	[namibija]
Senegal (m)	**Сенегал**	[senegal]
Tanzânia (f)	**Танзания**	[tanzanija]
África (f) do Sul	**Африқои Ҷанубӣ**	[afriqoi ʤanubi:]
africano (m)	**африкоӣ**	[afrikoi:]
africana (f)	**африкоизан**	[afrikoizan]
africano (adj)	**африкоӣ**	[afrikoi:]

241. Austrália. Oceania

Austrália (f)	**Австралия**	[avstralija]
australiano (m)	**австралиягӣ**	[avstralijagi:]

australiana (f)	**австралиягизан**	[avstralijagizan]
australiano (adj)	**австралиягӣ**	[avstralijagi:]
Nova Zelândia (f)	**Зеландияи Нав**	[zelandijai nav]
neozelandês (m)	**новозеландӣ**	[novozelandi:]
neozelandesa (f)	**зани новозеландӣ**	[zani novozelandi:]
neozelandês (adj)	**новозеландӣ**	[novozelandi:]
Tasmânia (f)	**Тасмания**	[tasmanija]
Polinésia (f) Francesa	**Полинезияи Фаронсавӣ**	[polinezijai faronsavi:]

242. Cidades

Amesterdã, Amsterdã	**Амстердам**	[amsterdam]
Ancara	**Анкара**	[ankara]
Atenas	**Афина**	[afina]
Bagdade	**Бағдод**	[baʁdod]
Bancoque	**Бангкок**	[bangkok]
Barcelona	**Барселона**	[barselona]
Beirute	**Бейрут**	[bejrut]
Berlim	**Берлин**	[berlin]
Bonn	**Бонн**	[bonn]
Bordéus	**Бордо**	[bordo]
Bratislava	**Братислава**	[bratislava]
Bruxelas	**Брюссел**	[brjussel]
Bucareste	**Бухарест**	[buχarest]
Budapeste	**Будапешт**	[budapeʃt]
Cairo	**Қоҳира**	[qohira]
Calcutá	**Калкутта**	[kalkutta]
Chicago	**Чикаго**	[ʧikago]
Cidade do México	**Мехико**	[meχiko]
Copenhague	**Копенҳаген**	[kopenhagen]
Dar es Salaam	**Дар ес Салаам**	[dar es salaam]
Deli	**Деҳли**	[dehli]
Dubai	**Дубай**	[dubaj]
Dublim	**Дублин**	[dublin]
Estocolmo	**Стокҳолм**	[stokholm]
Florença	**Флоренсия**	[florensija]
Frankfurt	**Франкфурт**	[frankfurt]
Genebra	**Женева**	[ʒeneva]
Haia	**Гаага**	[gaaga]
Hamburgo	**Гамбург**	[gamburg]
Hanói	**Ҳаной**	[hanoj]
Havana	**Гавана**	[gavana]
Helsinque	**Ҳелсинки**	[helsinki]
Hiroshima	**Ҳиросима**	[hirosima]
Hong Kong	**Ҳонг Конг**	[hong kong]
Istambul	**Истамбул**	[istambul]

Jerusalém	**Иерусалим**	[ierusalim]
Kiev, Quieve	**Киев**	[kiev]
Kuala Lumpur	**Куала Лумпур**	[kuala lumpur]
Lion	**Лион**	[lion]
Lisboa	**Лиссабон**	[lissabon]
Londres	**Лондон**	[london]
Los Angeles	**Лос-Анчелес**	[los-andʒeles]
Madrid	**Мадрид**	[madrid]
Marselha	**Марсел**	[marsel]
Miami	**Майами**	[majami]
Montreal	**Монреал**	[monreal]
Moscou	**Москва**	[moskva]
Mumbai	**Бомбей**	[bombej]
Munique	**Мюнхен**	[mjunχen]
Nairóbi	**Найроби**	[najrobi]
Nápoles	**Неапол**	[neapol]
Nice	**Нитсса**	[nitssa]
Nova York	**Ню Йорк**	[nju jɔrk]
Oslo	**Осло**	[oslo]
Ottawa	**Оттава**	[ottava]
Paris	**Париж**	[pariʒ]
Pequim	**Пекин**	[pekin]
Praga	**Прага**	[praga]
Rio de Janeiro	**Рио-де-Жанейро**	[rio-de-ʒanejro]
Roma	**Рим**	[rim]
São Petersburgo	**Санкт-Петербург**	[sankt-peterburg]
Seul	**Сеул**	[seul]
Singapura	**Сингапур**	[singapur]
Sydney	**Сидней**	[sidnej]
Taipé	**Тайпей**	[tajpej]
Tóquio	**Токио**	[tokio]
Toronto	**Торонто**	[toronto]
Varsóvia	**Варшава**	[varʃava]
Veneza	**Венетсия**	[venetsija]
Viena	**Вена**	[vena]
Washington	**Вашингтон**	[vaʃington]
Xangai	**Шанҳай**	[ʃanhaj]

243. Política. Governo. Parte 1

política (f)	**сиёсат**	[sijɔsat]
político (adj)	**сиёсӣ**	[sijɔsi:]
político (m)	**сиёсатмадор**	[sijɔsatmador]
estado (m)	**давлат**	[davlat]
cidadão (m)	**гражданин**	[graʒdanin]
cidadania (f)	**гражданият**	[graʒdanijat]
brasão (m) de armas	**нишони миллӣ**	[niʃoni milli:]

hino (m) nacional	**гимн**	[gimn]
governo (m)	**ҳукумат**	[hukumat]
Chefe (m) de Estado	**раиси кишвар**	[raisi kiʃvar]
parlamento (m)	**маҷлис**	[madʒlis]
partido (m)	**ҳизб**	[hizb]
capitalismo (m)	**капитализм**	[kapitalizm]
capitalista (adj)	**капиталистӣ**	[kapitalisti:]
socialismo (m)	**сотсиализм**	[sotsializm]
socialista (adj)	**сотсиалистӣ**	[sotsialisti:]
comunismo (m)	**коммунизм**	[kommunizm]
comunista (adj)	**коммунистӣ**	[kommunisti:]
comunista (m)	**коммунист**	[kommunist]
democracia (f)	**демократия**	[demokratija]
democrata (m)	**демократ**	[demokrat]
democrático (adj)	**демократӣ**	[demokrati:]
Partido (m) Democrático	**ҳизби демократӣ**	[hizbi demokrati:]
liberal (m)	**либерал**	[liberal]
liberal (adj)	**либералӣ, ... и либерал**	[liberali:], [i liberal]
conservador (m)	**консерватор**	[konservator]
conservador (adj)	**консервативӣ**	[konservativi:]
república (f)	**ҷумҳурият**	[dʒumhurijat]
republicano (m)	**ҷумҳурихоҳ**	[dʒumhuriχoh]
Partido (m) Republicano	**ҳизби ҷумҳурихоҳон**	[hizbi dʒumhuriχohon]
eleições (f pl)	**интихобот**	[intiχobot]
eleger (vt)	**интихоб кардан**	[intiχob kardan]
eleitor (m)	**интихобкунанда**	[intiχobkunanda]
campanha (f) eleitoral	**маъракаи интихоботӣ**	[ma'rakai intiχoboti:]
votação (f)	**овоздиҳӣ**	[ovozdihi:]
votar (vi)	**овоз додан**	[ovoz dodan]
sufrágio (m)	**ҳуқуқи овоздиҳӣ**	[huquqi ovozdihi:]
candidato (m)	**номзад**	[nomzad]
candidatar-se (vi)	**номзад интихоб шудан**	[nomzad intiχob ʃudan]
campanha (f)	**маърака**	[ma'raka]
da oposição	**мухолиф**	[muχolif]
oposição (f)	**оппозитсия**	[oppozitsija]
visita (f)	**ташриф**	[taʃrif]
visita (f) oficial	**ташрифи расмӣ**	[taʃrifi rasmi:]
internacional (adj)	**байналхалқӣ**	[bajnalχalqi:]
negociações (f pl)	**гуфтугузор**	[guftuguzor]
negociar (vi)	**гуфтушунид гузарондан**	[guftuʃunid guzarondan]

244. Política. Governo. Parte 2

sociedade (f)	**чамъият**	[ʤam'ijat]
constituição (f)	**конститутсия**	[konstitutsija]
poder (ir para o ~)	**ҳокимият**	[hokimijat]
corrupção (f)	**ришватхӯрӣ**	[riʃvatχœri:]
lei (f)	**қонун**	[qonun]
legal (adj)	**конунӣ, ... и конун**	[konuni:], [i konun]
justeza (f)	**ҳаққоният**	[haqqonijat]
justo (adj)	**ҳаққонӣ**	[haqqoni:]
comitê (m)	**комитет**	[komitet]
projeto-lei (m)	**лоиҳаи қонун**	[loihai qonun]
orçamento (m)	**буҷет**	[buʤet]
política (f)	**сиёсат**	[sijɔsat]
reforma (f)	**ислоҳот**	[islohot]
radical (adj)	**радикалӣ**	[radikali:]
força (f)	**қувва**	[quvva]
poderoso (adj)	**тавоно**	[tavono]
partidário (m)	**тарафдор**	[tarafdor]
influência (f)	**таъсир, нуфуз**	[ta'sir], [nufuz]
regime (m)	**тартибот**	[tartibot]
conflito (m)	**низоъ**	[nizo']
conspiração (f)	**суиқасд**	[suiqasd]
provocação (f)	**иғво**	[iʁvo]
derrubar (vt)	**сарнагун кардан**	[sarnagun kardan]
derrube (m), queda (f)	**сарнагун кардани**	[sarnagun kardani]
revolução (f)	**инқилоб**	[inqilob]
golpe (m) de Estado	**табаддулот**	[tabaddulot]
golpe (m) militar	**табаддулоти ҳарби**	[tabadduloti harbi]
crise (f)	**бӯҳрон**	[bœhron]
recessão (f) econômica	**таназзули иқтисодӣ**	[tanazzuli iqtisodi:]
manifestante (m)	**намоишгар**	[namoiʃgar]
manifestação (f)	**намоиш**	[namoiʃ]
lei (f) marcial	**вазъияти чанг**	[vaz'ijati ʤang]
base (f) militar	**пойгоҳи ҳарбӣ**	[pojgohi harbi:]
estabilidade (f)	**устуворӣ**	[ustuvori:]
estável (adj)	**устувор**	[ustuvor]
exploração (f)	**истисмор**	[istismor]
explorar (vt)	**истисмор кардан**	[istismor kardan]
racismo (m)	**нажодпарастӣ**	[naʒodparasti:]
racista (m)	**нажодпараст**	[naʒodparast]
fascismo (m)	**фашизм**	[faʃizm]
fascista (m)	**фашист**	[faʃist]

245. Países. Diversos

estrangeiro (m)	**хориҷӣ**	[χoridʒi:]
estrangeiro (adj)	**хориҷӣ**	[χoridʒi:]
no estrangeiro	**дар хориҷа**	[dar χoridʒa]
emigrante (m)	**муҳоҷир**	[muhodʒir]
emigração (f)	**муҳоҷират**	[muhodʒirat]
emigrar (vi)	**муҳоҷират кардан**	[muχodʒirat kardan]
Ocidente (m)	**Ғарб**	[ʁarb]
Oriente (m)	**Шарқ**	[ʃarq]
Extremo Oriente (m)	**Шарқи Дур**	[ʃarqi dur]
civilização (f)	**тамаддун**	[tamaddun]
humanidade (f)	**башарият**	[baʃarijat]
mundo (m)	**дунё**	[dunjɔ]
paz (f)	**сулҳ**	[sulh]
mundial (adj)	**ҷаҳонӣ**	[dʒahoni:]
pátria (f)	**ватан**	[vatan]
povo (população)	**халқ**	[χalq]
população (f)	**аҳолӣ**	[aholi:]
gente (f)	**одамон**	[odamon]
nação (f)	**миллат**	[millat]
geração (f)	**насл**	[nasl]
território (m)	**хок**	[χok]
região (f)	**минтақа**	[mintaqa]
estado (m)	**штат**	[ʃtat]
tradição (f)	**анъана**	[an'ana]
costume (m)	**одат**	[odat]
ecologia (f)	**экология**	[ɛkologija]
índio (m)	**ҳиндуи Америка**	[hindui amerika]
cigano (m)	**лӯлӣ**	[lœli:]
cigana (f)	**лӯлизан**	[lœlizan]
cigano (adj)	**... и лӯлӣ**	[i lœli:]
império (m)	**империя**	[imperija]
colônia (f)	**мустамлика**	[mustamlika]
escravidão (f)	**ғуломӣ**	[ʁulomi:]
invasão (f)	**тохтутоз**	[toχtutoz]
fome (f)	**гуруснагӣ**	[gurusnagi:]

246. Grupos religiosos mais importantes. Confissões

religião (f)	**дин**	[din]
religioso (adj)	**динӣ**	[dini:]

crença (f)	**акоиди динӣ**	[aqoidi dini:]
crer (vt)	**бовар доштан**	[bovar doʃtan]
crente (m)	**имондор**	[imondor]
ateísmo (m)	**атеизм, бединӣ**	[ateizm], [bedini:]
ateu (m)	**атеист, бедин**	[ateist], [bedin]
cristianismo (m)	**масеҳият**	[masehijat]
cristão (m)	**масеҳӣ**	[masehi:]
cristão (adj)	**масеҳӣ**	[masehi:]
catolicismo (m)	**мазҳаби католикӣ**	[mazhabi katoliki:]
católico (m)	**католик**	[katolik]
católico (adj)	**католикӣ**	[katoliki:]
protestantismo (m)	**Мазҳаби протестантӣ**	[mazhabi protestanti:]
Igreja (f) Protestante	**Калисои протестантӣ**	[kalisoi protestanti:]
protestante (m)	**протестант**	[protestant]
ortodoxia (f)	**Православӣ**	[pravoslavi:]
Igreja (f) Ortodoxa	**Калисои православӣ**	[kalisoi pravoslavi:]
ortodoxo (m)	**православӣ**	[pravoslavi:]
presbiterianismo (m)	**Мазҳаби пресвитерӣ**	[mazhabi presviteri:]
Igreja (f) Presbiteriana	**Калисои пресвитерӣ**	[kalisoi presviteri:]
presbiteriano (m)	**пресвитерӣ**	[presviteri:]
luteranismo (m)	**калисои лютеранӣ**	[kalisoi ljuterani:]
luterano (m)	**лютермазҳаб**	[ljutermazhab]
Igreja (f) Batista	**баптизм**	[baptizm]
batista (m)	**баптист, пайрави баптизм**	[baptist], [pajravi baptizm]
Igreja (f) Anglicana	**калисои англиканӣ**	[kalisoi anglikani:]
anglicano (m)	**англиканӣ**	[anglikani:]
mormonismo (m)	**мазҳаби мормонӣ**	[mazhabi mormoni:]
mórmon (m)	**мормон**	[mormon]
Judaísmo (m)	**яҳудият**	[jahudijat]
judeu (m)	**яҳуди**	[jahudi]
budismo (m)	**буддизм**	[buddizm]
budista (m)	**буддоӣ**	[buddoi:]
hinduísmo (m)	**Ҳиндуия**	[hinduija]
hindu (m)	**ҳиндуӣ**	[hindui:]
Islã (m)	**Ислом**	[islom]
muçulmano (m)	**мусулмон**	[musulmon]
muçulmano (adj)	**мусулмонӣ**	[musulmoni:]
xiismo (m)	**Мазҳаби шиа**	[mazhabi ʃia]
xiita (m)	**шиа**	[ʃia]
sunismo (m)	**Мазҳаби суннӣ**	[mazhabi sunni:]
sunita (m)	**сунниён**	[sunnijɔn]

247. Religiões. Padres

padre (m)	**рӯҳонӣ**	[rœhoni:]
Papa (m)	**папаи Рим**	[papai rim]
monge (m)	**роҳиб**	[rohib]
freira (f)	**роҳиба**	[rohiba]
pastor (m)	**пастор**	[pastor]
abade (m)	**аббат**	[abbat]
vigário (m)	**викарий**	[vikarij]
bispo (m)	**епископ**	[episkop]
cardeal (m)	**кардинал**	[kardinal]
pregador (m)	**воиз**	[voiz]
sermão (m)	**ваъз**	[va'z]
paroquianos (pl)	**аҳли калисо**	[ahli kaliso]
crente (m)	**имондор**	[imondor]
ateu (m)	**атеист, бедин**	[ateist], [bedin]

248. Fé. Cristianismo. Islão

Adão	**Одам**	[odam]
Eva	**Ҳавво**	[havvo]
Deus (m)	**Худо, Оллоҳ**	[χudo], [olloh]
Senhor (m)	**Худо**	[χudo]
Todo Poderoso (m)	**қодир**	[qodir]
pecado (m)	**гуноҳ**	[gunoh]
pecar (vi)	**гуноҳ кардан**	[gunoh kardan]
pecador (m)	**гунаҳкор**	[gunahkor]
pecadora (f)	**зани гунаҳгор**	[zani gunahgor]
inferno (m)	**дӯзах, ҷаҳаннам**	[dœzaχ], [ʤahannam]
paraíso (m)	**биҳишт**	[bihiʃt]
Jesus	**Исо**	[iso]
Jesus Cristo	**Исои Масеҳ**	[isoi maseh]
Espírito (m) Santo	**Рӯҳулқудс**	[rœhulquds]
Salvador (m)	**Наҷоткор**	[naʤotkor]
Virgem Maria (f)	**Бибӣ Марям**	[bibi: marjam]
Satanás (m)	**Шайтон**	[ʃajton]
satânico (adj)	**шайтонӣ**	[ʃajtoni:]
anjo (m)	**малак, фаришта**	[malak], [fariʃta]
anjo (m) da guarda	**фариштаи нигаҳбон**	[fariʃtai nigahbon]
angelical	**... и малак, ... и фаришта**	[i malak], [i fariʃta]
apóstolo (m)	**апостол, ҳаворӣ**	[apostol], [havori:]
arcanjo (m)	**малоикаи муқарраб**	[maloikai muqarrab]

anticristo (m)	**даҷҷол, хари даҷҷол**	[dadʒdʒol], [χari dadʒdʒol]
Igreja (f)	**Калисо**	[kaliso]
Bíblia (f)	**Таврот ва Инҷил**	[tavrot va indʒil]
bíblico (adj)	**Навиштаҷотӣ**	[naviʃtadʒoti:]
Velho Testamento (m)	**Аҳди қадим**	[ahdi qadim]
Novo Testamento (m)	**Аҳди Ҷадид**	[ahdi dʒadid]
Sagradas Escrituras (f pl)	**Навиштаҷоти Илоҳӣ**	[naviʃtadʒoti ilohi:]
Céu (sete céus)	**Осмон, Подшоҳии Худо**	[osmon], [podʃohi:i χudo]
mandamento (m)	**фармон**	[farmon]
profeta (m)	**пайғамбар**	[pajʁambar]
profecia (f)	**пайғамбарӣ**	[pajʁambari:]
Alá (m)	**Оллоҳ**	[olloh]
Maomé (m)	**Муҳаммад**	[muhammad]
Alcorão (m)	**қуръон**	[qur'on]
mesquita (f)	**масҷид**	[masdʒid]
mulá (m)	**мулло**	[mullo]
oração (f)	**намозхонӣ**	[namozχoni:]
rezar, orar (vi)	**намоз хондан**	[namoz χondan]
peregrinação (f)	**зиёрат**	[zijɔrat]
peregrino (m)	**зиёраткунанда**	[zijɔratkunanda]
Meca (f)	**Макка**	[makka]
igreja (f)	**калисо**	[kaliso]
templo (m)	**ибодатгоҳ**	[ibodatgoh]
catedral (f)	**собор**	[sobor]
gótico (adj)	**готики**	[gotiki]
sinagoga (f)	**каниса**	[kanisa]
mesquita (f)	**масҷид**	[masdʒid]
capela (f)	**калисои хурд**	[kalisoi χurd]
abadia (f)	**аббатӣ**	[abbati:]
convento (m)	**дайр**	[dajr]
monastério (m)	**дайри мардон**	[dajri mardon]
sino (m)	**ноқус, зангӯла**	[noqus], [zangœla]
campanário (m)	**зангӯлахона**	[zangœlaχona]
repicar (vi)	**занг задан**	[zang zadan]
cruz (f)	**салиб**	[salib]
cúpula (f)	**гунбаз**	[gunbaz]
ícone (m)	**икона**	[ikona]
destino (m)	**тақдир**	[taqdir]
mal (m)	**бадӣ**	[badi:]
bem (m)	**некӣ**	[neki:]
vampiro (m)	**вампир**	[vampir]
bruxa (f)	**ҷодугарзан, албастӣ**	[dʒodugarzan], [albasti:]
demônio (m)	**азозил**	[azozil]
redenção (f)	**кафорат**	[kaforat]
redimir (vt)	**кафорат кардан**	[kaforat kardan]

missa (f)	**ибодат**	[ibodat]
celebrar a missa	**ибодат кардан**	[ibodat kardan]
confissão (f)	**омурзиш**	[omurziʃ]
confessar-se (vr)	**омурзиш хостан**	[omurziʃ χostan]
santo (m)	**муқаддас**	[muqaddas]
sagrado (adj)	**муқаддас**	[muqaddas]
água (f) benta	**оби муқаддас**	[obi muqaddas]
ritual (m)	**маросим**	[marosim]
ritual (adj)	**маросимӣ**	[marosimi:]
sacrifício (m)	**қурбонӣ**	[qurboni:]
superstição (f)	**хурофот**	[χurofot]
supersticioso (adj)	**хурофотпараст**	[χurofotparast]
vida (f) após a morte	**охират**	[oχirat]
vida (f) eterna	**ҳаёти абадӣ**	[hajɔti abadi:]

TEMAS DIVERSOS

249. Várias palavras úteis

ajuda (f)	**кумак**	[kumak]
barreira (f)	**сад, монеа**	[sad], [monea]
base (f)	**асос**	[asos]
categoria (f)	**категория**	[kategorija]
causa (f)	**сабаб**	[sabab]
coincidência (f)	**рост омадани**	[rost omadani]
coisa (f)	**шайъ**	[ʃaj']
começo, início (m)	**сар**	[sar]
cômodo (ex. poltrona ~a)	**бароҳат**	[barohat]
comparação (f)	**муқоисакунӣ**	[muqoisakuni:]
compensação (f)	**товон**	[tovon]
crescimento (m)	**афзоиш, зиёдшавӣ**	[afzoiʃ], [zijɔdʃavi:]
desenvolvimento (m)	**пешравӣ**	[peʃravi:]
diferença (f)	**фарқ, тафриқа**	[farq], [tafriqa]
efeito (m)	**таъсир**	[ta'sir]
elemento (m)	**элемент**	[ɛlement]
equilíbrio (m)	**мизон**	[mizon]
erro (m)	**хато**	[χato]
esforço (m)	**саъю кӯшиш**	[sa'ju kœʃiʃ]
estilo (m)	**услуб**	[uslub]
exemplo (m)	**мисол, назира**	[misol], [nazira]
fato (m)	**факт**	[fakt]
fim (m)	**анҷом**	[anʤom]
forma (f)	**шакл**	[ʃakl]
frequente (adj)	**зуд-зуд**	[zud-zud]
fundo (ex. ~ verde)	**таг**	[tag]
gênero (tipo)	**навъ**	[nav']
grau (m)	**дараҷа**	[daraʤa]
ideal (m)	**идеал**	[ideal]
labirinto (m)	**лабиринт**	[labirint]
modo (m)	**тарз**	[tarz]
momento (m)	**лаҳза, дам**	[lahza], [dam]
objeto (m)	**объект**	[ob'ekt]
obstáculo (m)	**монеа**	[monea]
original (m)	**нусхаи асл**	[nusχai asl]
padrão (adj)	**стандартӣ**	[standarti:]
padrão (m)	**стандарт**	[standart]
paragem (pausa)	**танаффус**	[tanaffus]
parte (f)	**қисм**	[qism]

partícula (f)	**зарра**	[zarra]
pausa (f)	**фосила**	[fosila]
posição (f)	**мавқеъ**	[mavqe']
princípio (m)	**принсип**	[prinsip]
problema (m)	**масъала**	[mas'ala]
processo (m)	**ҷараён**	[ʤarajɔn]
progresso (m)	**тараққӣ**	[taraqqi:]
propriedade (qualidade)	**хосият**	[χosijat]
reação (f)	**аксуламал**	[aksulamal]
risco (m)	**хатар, таваккал**	[χatar], [tavakkal]
ritmo (m)	**суръат**	[sur'at]
segredo (m)	**сир, роз**	[sir], [roz]
série (f)	**силсила**	[silsila]
sistema (m)	**тартиб**	[tartib]
situação (f)	**вазъият**	[vaz'ijat]
solução (f)	**ҳал**	[hal]
tabela (f)	**ҷадвал**	[ʤadval]
termo (ex. ~ técnico)	**истилоҳ**	[istiloh]
tipo (m)	**хел**	[χel]
urgente (adj)	**зуд, фаврӣ**	[zud], [favri:]
urgentemente	**зуд, фавран**	[zud], [favran]
utilidade (f)	**фоида**	[foida]
variante (f)	**вариант**	[variant]
variedade (f)	**интихоб**	[intiχob]
verdade (f)	**ҳақиқат**	[haqiqat]
vez (f)	**навбат**	[navbat]
zona (f)	**минтақа**	[mintaqa]

250. Modificadores. Adjetivos. Parte 1

aberto (adj)	**кушод**	[kuʃod]
afetuoso (adj)	**меҳрубон**	[mehrubon]
afiado (adj)	**тез**	[tez]
agradável (adj)	**хуш**	[χuʃ]
agradecido (adj)	**сипосгузор**	[siposguzor]
alegre (adj)	**хушҳол**	[χuʃhol]
alto (ex. voz ~a)	**баланд**	[baland]
amargo (adj)	**талх**	[talχ]
amplo (adj)	**васеъ**	[vase']
antigo (adj)	**қадим**	[qadim]
apertado (sapatos ~s)	**танг**	[tang]
apropriado (adj)	**боб**	[bob]
arriscado (adj)	**хатарнок**	[χatarnok]
artificial (adj)	**сунъӣ**	[sun'i:]
azedo (adj)	**турш**	[turʃ]
baixo (voz ~a)	**паст**	[past]

barato (adj)	**арзон**	[arzon]
belo (adj)	**зебо**	[zebo]
bom (adj)	**хуб**	[χub]
bondoso (adj)	**нек**	[nek]
bonito (adj)	**зебо**	[zebo]
bronzeado (adj)	**гандумгун**	[gandumgun]
burro, estúpido (adj)	**аҳмак, аблаҳ**	[ahmak], [ablah]
calmo (adj)	**ором**	[orom]
cansado (adj)	**мондашуда**	[mondaʃuda]
cansativo (adj)	**хастакунанда**	[χastakunanda]
carinhoso (adj)	**ғамхор**	[ʁamχor]
caro (adj)	**қимат**	[qimat]
cego (adj)	**кӯр**	[kœr]
central (adj)	**марказӣ**	[markazi:]
cerrado (ex. nevoeiro ~)	**зич, ғафс**	[ziʧ], [ʁafs]
cheio (xícara ~a)	**пур**	[pur]
civil (adj)	**граждани**	[graʒdani]
clandestino (adj)	**пинҳонӣ**	[pinhoni:]
claro (explicação ~a)	**фаҳмо**	[fahmo]
claro (pálido)	**кушод**	[kuʃod]
compatível (adj)	**мутобиқ**	[mutobiq]
comum, normal (adj)	**оддӣ, одатӣ**	[oddi:], [odati:]
congelado (adj)	**яхкарда**	[jaχkarda]
conjunto (adj)	**якҷоя**	[jakʤoja]
considerável (adj)	**бисёр**	[bisjɔr]
contente (adj)	**хурсанд**	[χursand]
contínuo (adj)	**давомнок**	[davomnok]
contrário (ex. o efeito ~)	**муқобил**	[muqobil]
correto (resposta ~a)	**дуруст**	[durust]
cru (não cozinhado)	**хом**	[χom]
curto (adj)	**кӯтоҳ**	[kœtoh]
de curta duração	**кӯтоҳмуддат**	[kœtohmuddat]
de sol, ensolarado	**... и офтоб**	[i oftob]
de trás	**... и ақиб, ... и охир**	[i aqib], [i oχir]
denso (fumaça ~a)	**зич**	[ziʧ]
desanuviado (adj)	**беабр**	[beabr]
descuidado (adj)	**мусоҳилакор**	[musohilakor]
diferente (adj)	**гуногун**	[gunogun]
difícil (decisão)	**душвор**	[duʃvor]
difícil, complexo (adj)	**мураккаб**	[murakkab]
direito (lado ~)	**рост**	[rost]
distante (adj)	**дур**	[dur]
diverso (adj)	**мухталиф**	[muχtalif]
doce (açucarado)	**ширин**	[ʃirin]
doce (água)	**ширин**	[ʃirin]
doente (adj)	**касал, бемор**	[kasal], [bemor]
duro (material ~)	**сахт**	[saχt]

educado (adj)	**боадаб, боназокат**	[boadab], [bonazokat]
encantador (agradável)	**хуб, нағз**	[χub], [naʁz]
enigmático (adj)	**асроромез**	[asroromez]
enorme (adj)	**бузург**	[buzurg]
escuro (quarto ~)	**торик**	[torik]
especial (adj)	**махсус**	[maχsus]
esquerdo (lado ~)	**чап**	[ʧap]
estrangeiro (adj)	**хориҷӣ**	[χoriʤi:]
estreito (adj)	**танг**	[tang]
exato (montante ~)	**аниқ**	[aniq]
excelente (adj)	**хуб**	[χub]
excessivo (adj)	**аз ҳад зиёд**	[az had zijɔd]
externo (adj)	**берунӣ, зоҳирӣ**	[beruni:], [zohiri:]
fácil (adj)	**осон**	[oson]
faminto (adj)	**гурусна**	[gurusna]
fechado (adj)	**пӯшида, баста**	[pœʃida], [basta]
feliz (adj)	**хушбахт**	[χuʃbaχt]
fértil (terreno ~)	**серҳосил**	[serhosil]
forte (pessoa ~)	**зӯр, бақувват**	[zœr], [baquvvat]
fraco (luz ~a)	**хира**	[χira]
frágil (adj)	**зудшикан**	[zudʃikan]
fresco (pão ~)	**тоза**	[toza]
fresco (tempo ~)	**салқин**	[salqin]
frio (adj)	**хунук, сард**	[χunuk], [sard]
gordo (alimentos ~s)	**серравған**	[serravʁan]
gostoso, saboroso (adj)	**бомаза**	[bomaza]
grande (adj)	**калон, бузург**	[kalon], [buzurg]
gratuito, grátis (adj)	**бепул**	[bepul]
grosso (camada ~a)	**ғафс**	[ʁafs]
hostil (adj)	**душманона**	[duʃmanona]

251. Modificadores. Adjetivos. Parte 2

igual (adj)	**баробар**	[barobar]
imóvel (adj)	**беҳаракат**	[beharakat]
importante (adj)	**муҳим, зарур**	[muhim], [zarur]
impossível (adj)	**номумкин**	[nomumkin]
incompreensível (adj)	**номафҳум**	[nomafhum]
indigente (muito pobre)	**гадо**	[gado]
indispensável (adj)	**зарурӣ**	[zaruri:]
inexperiente (adj)	**бетаҷриба**	[betaʤriba]
infantil (adj)	**бачагона, кӯдакона**	[baʧagona], [kœdakona]
ininterrupto (adj)	**бе танаффус**	[be tanaffus]
insignificante (adj)	**андак**	[andak]
inteiro (completo)	**бутун, яклухт**	[butun], [jakluχt]
inteligente (adj)	**оқил**	[oqil]

interno (adj)	**даруни̣**	[daruni:]
jovem (adj)	**ҷавон**	[ʤavon]
largo (caminho ~)	**васеъ**	[vase']
legal (adj)	**конуни̣, ... и конун**	[konuni:], [i konun]
leve (adj)	**сабук**	[sabuk]
limitado (adj)	**маҳдуд**	[mahdud]
limpo (adj)	**тоза**	[toza]
líquido (adj)	**моеъ**	[moe']
liso (adj)	**ҳамвор**	[hamvor]
liso (superfície ~a)	**ҳамвор**	[hamvor]
livre (adj)	**озод**	[ozod]
longo (ex. cabelo ~)	**дур**	[dur]
maduro (ex. fruto ~)	**пухта**	[puχta]
magro (adj)	**лоғар, камгӯшт**	[loʁar], [kamgœʃt]
mais próximo (adj)	**аз ҳама наздик**	[az hama nazdik]
mais recente (adj)	**гузашта**	[guzaʃta]
mate (adj)	**беҷило**	[beʤilo]
mau (adj)	**бад**	[bad]
meticuloso (adj)	**покиза**	[pokiza]
míope (adj)	**наздикбин**	[nazdikbin]
mole (adj)	**нарм, мулоим**	[narm], [muloim]
molhado (adj)	**тар**	[tar]
moreno (adj)	**сабзина**	[sabzina]
morto (adj)	**мурда**	[murda]
muito magro (adj)	**лоғар**	[loʁar]
não difícil (adj)	**сабук, осон**	[sabuk], [oson]
não é clara (adj)	**норавшан**	[noravʃan]
não muito grande (adj)	**хурдакак**	[χurdakak]
natal (país ~)	**... и ватан**	[i vatan]
necessário (adj)	**даркори̣**	[darkori:]
negativo (resposta ~a)	**манфи̣**	[manfi:]
nervoso (adj)	**асабони̣**	[asaboni:]
normal (adj)	**мӯътадил**	[mœ'tadil]
novo (adj)	**нав**	[nav]
o mais importante (adj)	**аз ҳама муҳим**	[az hama muhim]
obrigatório (adj)	**ҳатми̣**	[hatmi:]
original (incomum)	**бикр**	[bikr]
passado (adj)	**гузашта**	[guzaʃta]
pequeno (adj)	**хурд**	[χurd]
perigoso (adj)	**хатарнок**	[χatarnok]
permanente (adj)	**доимо, ҳамеша**	[doimo], [hameʃa]
perto (adj)	**наздик, қариб**	[nazdik], [qarib]
pesado (adj)	**вазнин**	[vaznin]
pessoal (adj)	**шахси̣**	[ʃaχsi:]
plano (ex. ecrã ~ a)	**ҳамвор**	[hamvor]
pobre (adj)	**камбағал**	[kambaʁal]
pontual (adj)	**ботартиб**	[botartib]

possível (adj)	**имконпазир**	[imkonpazir]
pouco fundo (adj)	**камоб, пастоб**	[kamob], [pastob]
presente (ex. momento ~)	**ҳозира**	[hozira]
prévio (adj)	**мутақаддим**	[mutaqaddim]
primeiro (principal)	**асосӣ**	[asosi:]
principal (adj)	**асосӣ, муҳим**	[asosi:], [muhim]
privado (adj)	**шахсӣ, хусусӣ**	[ʃaχsi:], [χususi:]
provável (adj)	**эҳтимолӣ**	[ɛhtimoli:]
próximo (adj)	**наздик**	[nazdik]
público (adj)	**ҷамъиятӣ, оммавӣ**	[ʤam'ijati:], [ommavi:]
quente (cálido)	**гарм**	[garm]
quente (morno)	**гарм**	[garm]
rápido (adj)	**босуръат**	[bosur'at]
raro (adj)	**нодир**	[nodir]
remoto, longínquo (adj)	**дур**	[dur]
reto (linha ~a)	**рост**	[rost]
salgado (adj)	**шӯр**	[ʃœr]
satisfeito (adj)	**қонеъ, қаноатманд**	[qone'], [qanoatmand]
seco (roupa ~a)	**хушк**	[χuʃk]
seguinte (adj)	**оянда, навбатӣ**	[ojanda], [navbati:]
seguro (não perigoso)	**бехатар**	[beχatar]
similar (adj)	**монанд, шабеҳ**	[monand], [ʃabeh]
simples (fácil)	**осон**	[oson]
soberbo, perfeito (adj)	**олӣ**	[oli:]
sólido (parede ~a)	**мустаҳкам**	[mustahkam]
sombrio (adj)	**торик, тира**	[torik], [tira]
sujo (adj)	**чиркин**	[ʧirkin]
superior (adj)	**баландтарин**	[balandtarin]
suplementar (adj)	**иловагӣ**	[ilovagi:]
tranquilo (adj)	**ором**	[orom]
transparente (adj)	**соф, шаффоф**	[sof], [ʃaffof]
triste (pessoa)	**ғамгинона**	[ʁamginona]
triste (um ar ~)	**ғамгин**	[ʁamgin]
último (adj)	**охирин**	[oχirin]
úmido (adj)	**намнок**	[namnok]
único (adj)	**беҳамто, нодир**	[behamto], [nodir]
usado (adj)	**истифодабурдашуда**	[istifodaburdaʃuda]
vazio (meio ~)	**холӣ**	[χoli:]
velho (adj)	**кӯҳна**	[kœhna]
vizinho (adj)	**... и ҳамсоя**	[i hamsoja]

500 VERBOS PRINCIPAIS

252. Verbos A-B

abraçar (vt)	**оғуш кардан**	[oʁuʃ kardan]
abrir (vt)	**кушодан**	[kuʃodan]
acalmar (vt)	**ором кардан**	[orom kardan]
acariciar (vt)	**навозиш кардан**	[navoziʃ kardan]
acenar (com a mão)	**афшондан**	[afʃondan]
acender (~ uma fogueira)	**алов кардан**	[alov kardan]
achar (vt)	**ҳисоб кардан**	[hisob kardan]
acompanhar (vt)	**ҳамроҳӣ кардан**	[hamrohi: kardan]
aconselhar (vt)	**маслиҳат додан**	[maslihat dodan]
acordar, despertar (vt)	**бедор кардан**	[bedor kardan]
acrescentar (vt)	**илова кардан**	[ilova kardan]
acusar (vt)	**айбдор кардан**	[ajbdor kardan]
adestrar (vt)	**ром кардан**	[rom kardan]
adivinhar (vt)	**ёфтан**	[jɔftan]
admirar (vt)	**ба шавқ омадан**	[ba ʃavq omadan]
adorar (~ fazer)	**дӯст доштан**	[dœst doʃtan]
advertir (vt)	**танбеҳ додан**	[tanbeh dodan]
afirmar (vt)	**тасдиқ кардан**	[tasdiq kardan]
afogar-se (vr)	**ғарқ шудан**	[ʁark ʃudan]
afugentar (vt)	**ҳай кардан**	[haj kardan]
agir (vi)	**амал кардан**	[amal kardan]
agitar, sacudir (vt)	**ҷунбондан**	[dʒunbondan]
agradecer (vt)	**сипосгузорӣ кардан**	[siposguzori: kardan]
ajudar (vt)	**кумак кардан**	[kumak kardan]
alcançar (objetivos)	**расидан**	[rasidan]
alimentar (dar comida)	**хӯрок додан**	[χœrok dodan]
almoçar (vi)	**хӯроки пешин хӯрдан**	[χœroki peʃin χœrdan]
alugar (~ o barco, etc.)	**киро кардан**	[kiro kardan]
alugar (~ um apartamento)	**ба иҷора гирифтан**	[ba idʒora giriftan]
amar (pessoa)	**дӯст доштан**	[dœst doʃtan]
amarrar (vt)	**васл кардан**	[vasl kardan]
ameaçar (vt)	**дӯғ задан**	[dœʁ zadan]
amputar (vt)	**ампутатсия кардан**	[amputatsija kardan]
anotar (escrever)	**қайд кардан**	[qajd kardan]
anotar (escrever)	**навиштан**	[naviʃtan]
anular, cancelar (vt)	**бекор кардан**	[bekor kardan]
apagar (com apagador, etc.)	**пок кардан**	[pok kardan]
apagar (um incêndio)	**хомӯш кардан**	[χomœʃ kardan]

apaixonar-se …	**ошиқ шудан**	[oʃiq ʃudan]
aparecer (vi)	**намоён шудан**	[namojɔn ʃudan]
aplaudir (vi)	**чапак задан**	[ʧapak zadan]
apoiar (vt)	**тарафдорӣ кардан**	[tarafdori: kardan]
apontar para …	**нишон гирифтан**	[niʃon giriftan]
apresentar (alguém a alguém)	**шинос кардан**	[ʃinos kardan]
apresentar (Gostaria de ~)	**муаррифӣ кардан**	[muarrifi: kardan]
apressar (vt)	**шитоб кунондан**	[ʃitob kunondan]
apressar-se (vr)	**шитоб кардан**	[ʃitob kardan]
aproximar-se (vr)	**наздик омадан**	[nazdik omadan]
aquecer (vt)	**гарм кардан**	[garm kardan]
arrancar (vt)	**кандан**	[kandan]
arranhar (vt)	**харошидан**	[χaroʃidan]
arrepender-se (vr)	**таассуф хӯрдан**	[taassuf χœrdan]
arriscar (vt)	**таваккал кардан**	[tavakkal kardan]
arrumar, limpar (vt)	**рӯбучин кардан**	[rœbuʧin kardan]
aspirar a …	**орзу кардан**	[orzu kardan]
assinar (vt)	**имзо кардан**	[imzo kardan]
assistir (vt)	**ассистентӣ кардан**	[assistenti: kardan]
atacar (vt)	**ҳуҷум кардан**	[huʤum kardan]
atar (vt)	**барбастан**	[barbastan]
atracar (vi)	**ба соҳил овардан**	[ba sohil ovardan]
aumentar (vi)	**калон шудан**	[kalon ʃudan]
aumentar (vt)	**калон кардан**	[kalon kardan]
avançar (vi)	**ҷунбидан**	[ʤunbidan]
avistar (vt)	**дида мондан**	[dida mondan]
baixar (guindaste, etc.)	**фуровардан**	[furovardan]
barbear-se (vr)	**риш гирифтан**	[riʃ giriftan]
basear-se (vr)	**асос ёфтан**	[asos jɔftan]
bastar (vi)	**кофӣ будан**	[kofi: budan]
bater (à porta)	**тақ-тақ кардан**	[taq-taq kardan]
bater (espancar)	**задан**	[zadan]
bater-se (vr)	**занозанӣ кардан**	[zanozani: kardan]
beber, tomar (vt)	**нӯшидан**	[nœʃidan]
brilhar (vi)	**нурафшонӣ кардан**	[nuraffoni: kardan]
brincar, jogar (vi, vt)	**бозӣ кардан**	[bozi: kardan]
buscar (vt)	**ҷустан**	[ʤustan]

253. Verbos C-D

caçar (vi)	**шикор кардан**	[ʃikor kardan]
calar-se (parar de falar)	**хомӯш шудан**	[χomœʃ ʃudan]
calcular (vt)	**шумурдан**	[ʃumurdan]
carregar (o caminhão, etc.)	**бор кардан**	[bor kardan]
carregar (uma arma)	**тир пур кардан**	[tir pur kardan]

casar-se (vr)	**зан гирифтан**	[zan giriftan]
causar (vt)	**сабаб шудан**	[sabab ʃudan]
cavar (vt)	**кофтан**	[koftan]
ceder (não resistir)	**гузашт кардан**	[guzaʃt kardan]
cegar, ofuscar (vt)	**чашмро хира кардан**	[ʧaʃmro χira kardan]
censurar (vt)	**таъна задан**	[ta'na zadan]
chamar (~ por socorro)	**чеғ задан**	[ʤeʁ zadan]
chamar (alguém para …)	**чеғ задан**	[ʤeʁ zadan]
chegar (a algum lugar)	**рафта расидан**	[rafta rasidan]
chegar (vi)	**омадан**	[omadan]
cheirar (~ uma flor)	**буй кардан**	[buj kardan]
cheirar (tem o cheiro)	**бӯй додан**	[bœj dodan]
chorar (vi)	**гиря кардан**	[girja kardan]
citar (vt)	**иктибос овардан**	[iktibos ovardan]
colher (flores)	**кандан**	[kandan]
colocar (vt)	**мондан**	[mondan]
combater (vi, vt)	**ҷангидан**	[ʤangidan]
começar (vt)	**сар кардан**	[sar kardan]
comer (vt)	**хӯрдан**	[χœrdan]
comparar (vt)	**муқоиса кардан**	[muqoisa kardan]
compensar (vt)	**товон додан**	[tovon dodan]
competir (vi)	**рақобат кардан**	[raqobat kardan]
complicar (vt)	**мураккаб кардан**	[murakkab kardan]
compor (~ música)	**тасниф кардан**	[tasnif kardan]
comportar-se (vr)	**рафтор кардан**	[raftor kardan]
comprar (vt)	**харидан**	[χaridan]
comprometer (vt)	**обрӯ резондан**	[obrœ rezondan]
concentrar-se (vr)	**ҷамъ шудан**	[ʤam' ʃudan]
concordar (dizer "sim")	**розигӣ додан**	[rozigi: dodan]
condecorar (dar medalha)	**мукофот додан**	[mukofot dodan]
confessar-se (vr)	**иқрор шудан**	[iqror ʃudan]
confiar (vt)	**бовар кардан**	[bovar kardan]
confundir (equivocar-se)	**иштибоҳ кардан**	[iʃtiboh kardan]
conhecer (vt)	**донистан**	[donistan]
conhecer-se (vr)	**шинос шудан**	[ʃinos ʃudan]
consertar (vt)	**ба тартиб андохтан**	[ba tartib andoχtan]
consultar …	**маслиҳат пурсидан**	[maslihat pursidan]
contagiar-se com …	**мубтало шудан**	[mubtalo ʃudan]
contar (vt)	**нақл кардан**	[naql kardan]
contar com …	**умед бастан**	[umed bastan]
continuar (vt)	**давомат кардан**	[davomat kardan]
contratar (vt)	**ба кор гирифтан**	[ba kor giriftan]
controlar (vt)	**назорат кардан**	[nazorat kardan]
convencer (vt)	**бовар кунондан**	[bovar kunondan]
convidar (vt)	**даъват кардан**	[da'vat kardan]
cooperar (vi)	**ҳамкорӣ кардан**	[hamkori: kardan]

coordenar (vt)	**координатсия кардан**	[koordinatsija kardan]
corar (vi)	**сурх шудан**	[surχ ʃudan]
correr (vi)	**давидан**	[davidan]
corrigir (~ um erro)	**ислоҳ кардан**	[isloh kardan]
cortar (com um machado)	**бурида гирифтан**	[burida giriftan]
cortar (com uma faca)	**буридан**	[buridan]
cozinhar (vt)	**пухтан**	[puχtan]
crer (pensar)	**бовар кардан**	[bovar kardan]
criar (vt)	**сохтан**	[soχtan]
cultivar (~ plantas)	**парвариш кардан**	[parvariʃ kardan]
cuspir (vi)	**туф кардан**	[tuf kardan]
custar (vt)	**арзидан**	[arzidan]
dar (vt)	**додан**	[dodan]
dar banho, lavar (vt)	**оббозӣ дорондан**	[obbozi: dorondan]
datar (vi)	**сана гузоштан**	[sana guzoʃtan]
decidir (vt)	**қарор додан**	[qaror dodan]
decorar (enfeitar)	**оростан**	[orostan]
dedicar (vt)	**бахшидан**	[baχʃidan]
defender (vt)	**муҳофиза кардан**	[muhofiza kardan]
defender-se (vr)	**худро муҳофиза кардан**	[χudro muhofiza kardan]
deixar (~ a mulher)	**ҷое барбастан**	[dʒoe barbastan]
deixar (esquecer)	**мондан**	[mondan]
deixar (permitir)	**иҷозат додан**	[idʒozat dodan]
deixar cair (vt)	**афтондан**	[aftondan]
denominar (vt)	**номидан**	[nomidan]
denunciar (vt)	**хабар расондан**	[χabar rasondan]
depender de …	**мутеъ будан**	[mute' budan]
derramar (~ líquido)	**резондан**	[rezondan]
derramar-se (vr)	**рехтан**	[reχtan]
desaparecer (vi)	**гум шудан**	[gum ʃudan]
desatar (vt)	**кушодан**	[kuʃodan]
desatracar (vi)	**ҳаракат кардан**	[harakat kardan]
descansar (um pouco)	**дам гирифтан**	[dam giriftan]
descer (para baixo)	**фуромадан**	[furomadan]
descobrir (novas terras)	**кашф кардан**	[kaʃf kardan]
descolar (avião)	**парвоз кардан**	[parvoz kardan]
desculpar (vt)	**афв кардан**	[afv kardan]
desculpar-se (vr)	**узр пурсидан**	[uzr pursidan]
desejar (vt)	**хостан**	[χostan]
desempenhar (papel)	**бозидан**	[bozidan]
desligar (vt)	**куштан**	[kuʃtan]
desprezar (vt)	**ҳақорат кардан**	[haqorat kardan]
destruir (documentos, etc.)	**нобуд кардан**	[nobud kardan]
dever (vi)	**қарздор будан**	[qarzdor budan]
devolver (vt)	**гардонда фиристодан**	[gardonda firistodan]
direcionar (vt)	**фиристодан**	[firistodan]

dirigir (~ um carro)	**мошин рондан**	[moʃin rondan]
dirigir (~ uma empresa)	**сардорӣ кардан**	[sardori: kardan]
dirigir-se (a um auditório, etc.)	**муроҷиат кардан**	[murodʒiat kardan]
discutir (notícias, etc.)	**муҳокима кардан**	[muhokima kardan]
disparar, atirar (vi)	**тир задан**	[tir zadan]
distribuir (folhetos, etc.)	**паҳн кардан**	[pahn kardan]
distribuir (vt)	**тақсим карда додан**	[taqsim karda dodan]
divertir (vt)	**машғул кардан**	[maʃʁul kardan]
divertir-se (vr)	**хурсандӣ кардан**	[χursandi: kardan]
dividir (mat.)	**тақсим кардан**	[taqsim kardan]
dizer (vt)	**гуфтан**	[guftan]
dobrar (vt)	**дучанда кардан**	[duʧanda kardan]
duvidar (vt)	**шак доштан**	[ʃak doʃtan]

254. Verbos E-J

elaborar (uma lista)	**тартиб додан**	[tartib dodan]
elevar-se acima de ...	**боло, баланд шудан**	[bolo], [baland ʃudan]
eliminar (um obstáculo)	**бартараф кардан**	[bartaraf kardan]
embrulhar (com papel)	**печондан**	[peʧondan]
emergir (submarino)	**ба рӯи об баромадан**	[ba rœi ob baromadan]
emitir (~ cheiro)	**паҳн кардан**	[pahn kardan]
empreender (vt)	**иқдом кардан**	[iqdom kardan]
empurrar (vt)	**тела додан**	[tela dodan]
encabeçar (vt)	**сардорӣ кардан**	[sardori: kardan]
encher (~ a garrafa, etc.)	**пур кардан**	[pur kardan]
encontrar (achar)	**ёфтан**	[jɔftan]
enganar (vt)	**фирефтан**	[fireftan]
ensinar (vt)	**таълим додан**	[ta'lim dodan]
entediar-se (vr)	**дилтанг шудан**	[diltang ʃudan]
entender (vt)	**фаҳмидан**	[fahmidan]
entrar (na sala, etc.)	**даромадан**	[daromadan]
enviar (uma carta)	**ирсол кардан**	[irsol kardan]
equipar (vt)	**таҷҳиз кардан**	[tadʒhiz kardan]
errar (enganar-se)	**хато кардан**	[χato kardan]
escolher (vt)	**интихоб кардан**	[intiχob kardan]
esconder (vt)	**пинҳон кардан**	[pinhon kardan]
escrever (vt)	**навиштан**	[naviʃtan]
escutar (vt)	**гӯш кардан**	[gœʃ kardan]
escutar atrás da porta	**пинҳонӣ гӯш кардан**	[pinhoni: gœʃ kardan]
esmagar (um inseto, etc.)	**торумор кардан**	[torumor kardan]
esperar (aguardar)	**поидан**	[poidan]
esperar (contar com)	**умедвор шудан**	[umedvor ʃudan]
esperar (ter esperança)	**умед доштан**	[umed doʃtan]
espreitar (vi)	**пинҳонӣ нигоҳ кардан**	[pinhoni: nigoh kardan]

esquecer (vt)	**фаромӯш кардан**	[faromœʃ kardan]
estar	**хобида**	[χobida]
estar convencido	**мӯътақид будан**	[mœ'taqid budan]
estar deitado	**хоб кардан**	[χob kardan]
estar perplexo	**таааҷҷуб кардан**	[taatʃdʒub kardan]
estar preocupado	**нороҳат шудан**	[norohat ʃudan]
estar sentado	**нишастан**	[niʃastan]
estremecer (vi)	**як қад паридан**	[jak qad laridan]
estudar (vt)	**омӯхтан**	[omœχtan]
evitar (~ o perigo)	**гурехтан**	[gureχtan]
examinar (~ uma proposta)	**матраҳ кардан**	[matrah kardan]
exigir (vt)	**талаб кардан**	[talab kardan]
existir (vi)	**зиндагӣ кардан**	[zindagi: kardan]
explicar (vt)	**шарҳ додан**	[ʃarh dodan]
expressar (vt)	**баён кардан**	[bajɔn kardan]
expulsar (~ da escola, etc.)	**баровардан**	[barovardan]
facilitar (vt)	**сабук кардан**	[sabuk kardan]
falar com …	**гап задан бо …**	[gap zadan bo]
faltar (a la escuela, etc.)	**набудан**	[nabudan]
fascinar (vt)	**ҷоду кардан**	[dʒodu kardan]
fatigar (vt)	**хаста кардан**	[χasta kardan]
fazer (vt)	**кардан**	[kardan]
fazer lembrar	**ба ёди касе овардан**	[ba jɔdi kase ovardan]
fazer piadas	**шӯхӣ кардан**	[ʃœχi: kardan]
fazer publicidade	**эълон кардан**	[ɛ'lon kardan]
fazer uma tentativa	**кӯшиш кардан**	[kœʃiʃ kardan]
fechar (vt)	**пӯшидан, бастан**	[pœʃidan], [bastan]
felicitar (vt)	**муборакбод гуфтан**	[muborakbod guftan]
ficar cansado	**монда шудан**	[monda ʃudan]
ficar em silêncio	**хомӯш будан**	[χomœʃ budan]
ficar pensativo	**ба фикр рафтан**	[ba fikr raftan]
forçar (vt)	**маҷбур кардан**	[madʒbur kardan]
formar (vt)	**ташкил додан**	[taʃkil dodan]
gabar-se (vr)	**худситоӣ кардан**	[χudsitoi: kardan]
garantir (vt)	**зомин шудан**	[zomin ʃudan]
gostar (apreciar)	**форидан**	[foridan]
gritar (vi)	**дод задан**	[dod zadan]
guardar (fotos, etc.)	**нигоҳ доштан**	[nigoh doʃtan]
guardar (no armário, etc.)	**баровардан**	[barovardan]
guerrear (vt)	**ҷангидан**	[dʒangidan]
herdar (vt)	**мерос гирифтан**	[meros giriftan]
iluminar (vt)	**равшан кардан**	[ravʃan kardan]
imaginar (vt)	**тасаввур кардан**	[tasavvur kardan]
imitar (vt)	**таклид кардан**	[taklid kardan]
implorar (vt)	**таваллову зорӣ кардан**	[tavallovu zori: kardan]
importar (vt)	**ворид кардан**	[vorid kardan]

indicar (~ o caminho)	**нишон додан**	[niʃon dodan]
indignar-se (vr)	**ба ғазаб омадан**	[ba ʁazab omadan]
infetar, contagiar (vt)	**мубтало кардан**	[mubtalo kardan]
influenciar (vt)	**таъсир кардан**	[ta'sir kardan]
informar (~ a policia)	**хабар додан**	[χabar dodan]
informar (vt)	**ахборот додан**	[aχborot dodan]
informar-se (~ sobre)	**донистан**	[donistan]
inscrever (na lista)	**навишта даровардан**	[naviʃta darovardan]
inserir (vt)	**даровардан**	[darovardan]
insinuar (vt)	**ишора кардан**	[iʃora kardan]
insistir (vi)	**сахт истодан**	[saχt istodan]
inspirar (vt)	**рӯҳбаланд кардан**	[rœhbaland kardan]
instruir (ensinar)	**дастуруламал додан**	[dasturulamal dodan]
insultar (vt)	**таҳқир кардан**	[tahqir kardan]
interessar (vt)	**ҳаваснок кардан**	[havasnok kardan]
interessar-se (vr)	**ҳавас кардан**	[havas kardan]
intervir (vi)	**дахолат кардан**	[daχolat kardan]
invejar (vt)	**ҳасад хурдан**	[hasad χurdan]
inventar (vt)	**ихтироъ кардан**	[iχtiro' kardan]
ir (a pé)	**рафтан**	[raftan]
ir (de carro, etc.)	**рафтан**	[raftan]
ir nadar	**оббозӣ кардан**	[obbozi: kardan]
ir para a cama	**хоб рафтан**	[χob raftan]
irritar (vt)	**ранҷондан**	[randʒondan]
irritar-se (vr)	**ранҷидан**	[randʒidan]
isolar (vt)	**ҷудо нигоҳ доштан**	[dʒudo nigoh doʃtan]
jantar (vi)	**хӯроки шом хӯрдан**	[χœroki ʃom χœrdan]
jogar, atirar (vt)	**андохтан**	[andoχtan]
juntar, unir (vt)	**якҷоя кардан**	[jakdʒoja kardan]
juntar-se a ...	**мулҳақ шудан**	[mulhaq ʃudan]

255. Verbos L-P

lançar (novo projeto, etc.)	**сар кардан**	[sar kardan]
lavar (vt)	**шустан**	[ʃustan]
lavar a roupa	**ҷомашӯӣ кардан**	[dʒomaʃœi: kardan]
lavar-se (vr)	**шустушӯ кардан**	[ʃustuʃœ kardan]
lembrar (vt)	**ҳифз кардан**	[hifz kardan]
ler (vt)	**хондан**	[χondan]
levantar-se (vr)	**аз ҷойгаҳ хестан**	[az dʒojgah χestan]
levar (ex. leva isso daqui)	**гирифта бурдан**	[girifta burdan]
libertar (cidade, etc.)	**озод кардан**	[ozod kardan]
ligar (~ o radio, etc.)	**даргирондан**	[dargirondan]
limitar (vt)	**маҳдуд кардан**	[mahdud kardan]
limpar (eliminar sujeira)	**тоза кардан**	[toza kardan]
limpar (tirar o calcário, etc.)	**тоза кардан**	[toza kardan]

lisonjear (vt)	**хушомадгӯй кардан**	[χuʃomadgœj kardan]
livrar-se de …	**аз … халос шудан**	[az χalos ʃudan]
lutar (combater)	**ҷанг кардан**	[dʒang kardan]
lutar (esporte)	**гӯштин гирифтан**	[gœʃtin giriftan]
marcar (com lápis, etc.)	**ишора кардан**	[iʃora kardan]
matar (vt)	**куштан**	[kuʃtan]
memorizar (vt)	**ёд доштан**	[jɔd doʃtan]
mencionar (vt)	**гуфта гузаштан**	[gufta guzaʃtan]
mentir (vi)	**дурӯғ гуфтан**	[durœʁ guftan]
merecer (vt)	**сазовори шудан**	[sazovori ʃudan]
mergulhar (vi)	**ғӯта задан**	[ʁœta zadan]
misturar (vt)	**аралаш кардан**	[aralaʃ kardan]
morar (vt)	**зистан**	[zistan]
mostrar (vt)	**нишон додан**	[niʃon dodan]
mover (vt)	**кӯчондан**	[kœʧondan]
mudar (modificar)	**иваз кардан**	[ivaz kardan]
multiplicar (mat.)	**зарб задан**	[zarb zadan]
nadar (vi)	**шино кардан**	[ʃino kardan]
negar (vt)	**инкор кардан**	[inkor kardan]
negociar (vi)	**гуфтушунид гузарондан**	[guftuʃunid guzarondan]
nomear (função)	**таъйин кардан**	[ta'jin kardan]
obedecer (vt)	**зердаст шудан**	[zerdast ʃudan]
objetar (vt)	**зид баромадан**	[zid baromadan]
observar (vt)	**назорат кардан**	[nazorat kardan]
ofender (vt)	**озурда кардан**	[ozurda kardan]
olhar (vt)	**нигоҳ кардан**	[nigoh kardan]
omitir (vt)	**партофта гузаштан**	[partofta guzaʃtan]
ordenar (mil.)	**фармон додан**	[farmon dodan]
organizar (evento, etc.)	**оростан**	[orostan]
ousar (vt)	**ҷуръат кардан**	[dʒur'at kardan]
ouvir (vt)	**шунидан**	[ʃunidan]
pagar (vt)	**пул додан**	[pul dodan]
parar (para descansar)	**истодан**	[istodan]
parar, cessar (vt)	**бас кардан**	[bas kardan]
parecer-se (vr)	**монанд будан**	[monand budan]
participar (vi)	**иштирок кардан**	[iʃtirok kardan]
partir (~ para o estrangeiro)	**рафтан**	[raftan]
passar (vt)	**роҳ паймудан**	[roh pajmudan]
passar a ferro	**уттӣ кардан**	[utti: kardan]
pecar (vi)	**гуноҳ кардан**	[gunoh kardan]
pedir (comida)	**супоридан, фармудан**	[suporidan], [farmudan]
pedir (um favor, etc.)	**пурсидан**	[pursidan]
pegar (tomar com a mão)	**доштан**	[doʃtan]
pegar (tomar)	**гирифтан**	[giriftan]
pendurar (cortinas, etc.)	**овехтан**	[oveχtan]
penetrar (vt)	**даромадан**	[daromadan]

pensar (vi, vt)	**фикр кардан**	[fikr kardan]
pentear-se (vr)	**шона кардан**	[ʃona kardan]
perceber (ver)	**дида мондан**	[dida mondan]
perder (o guarda-chuva, etc.)	**гум кардан**	[gum kardan]
perdoar (vt)	**бахшидан**	[baχʃidan]
permitir (vt)	**иҷозат додан**	[idʒozat dodan]
pertencer a …	**таалуқ доштан**	[taaluq doʃtan]
perturbar (vt)	**ташвиш додан**	[taʃviʃ dodan]
pesar (ter o peso)	**вазн доштан**	[vazn doʃtan]
pescar (vt)	**моҳӣ гирифтан**	[mohi: giriftan]
planejar (vt)	**нақша кашидан**	[naqʃa kaʃidan]
poder (~ fazer algo)	**тавонистан**	[tavonistan]
pôr (posicionar)	**ҷойгир кардан**	[dʒojgir kardan]
possuir (uma casa, etc.)	**соҳиб будан**	[sohib budan]
predominar (vi, vt)	**бартарӣ доштан**	[bartari: doʃtan]
preferir (vt)	**бехтар донистан**	[beχtar donistan]
preocupar (vt)	**безобита кардан**	[bezobita kardan]
preocupar-se (vr)	**ошуфта шудан**	[oʃufta ʃudan]
preparar (vt)	**тайёр кардан**	[tajjɔr kardan]
preservar (ex. ~ a paz)	**муҳофизат кардан**	[muhofizat kardan]
prever (vt)	**пешбинӣ кардан**	[peʃbini: kardan]
privar (vt)	**маҳрум кардан**	[mahrum kardan]
proibir (vt)	**манъ кардан**	[man' kardan]
projetar, criar (vt)	**лоиҳа кашидан**	[loiha kaʃidan]
prometer (vt)	**ваъда додан**	[va'da dodan]
pronunciar (vt)	**талаффуз кардан**	[talaffuz kardan]
propor (vt)	**таклиф кардан**	[taklif kardan]
proteger (a natureza)	**нигоҳбонӣ кардан**	[nigohboni: kardan]
protestar (vi)	**эътироз баён кардан**	[ɛ'tiroz bajɔn kardan]
provar (~ a teoria, etc.)	**исбот кардан**	[isbot kardan]
provocar (vt)	**иғво додан**	[iʁvo dodan]
punir, castigar (vt)	**ҷазо додан**	[dʒazo dodan]
puxar (vt)	**кашидан**	[kaʃidan]

256. Verbos Q-Z

quebrar (vt)	**шикастан**	[ʃikastan]
queimar (vt)	**сӯхтан**	[sœχtan]
queixar-se (vr)	**шикоят кардан**	[ʃikojat kardan]
querer (desejar)	**хостан**	[χostan]
rachar-se (vr)	**кафидан**	[kafidan]
ralhar, repreender (vt)	**дашном додан**	[daʃnom dodan]
realizar (vt)	**иҷро кардан**	[idʒro kardan]
recomendar (vt)	**маслиҳат додан**	[maslihat dodan]
reconhecer (identificar)	**шинохтан**	[ʃinoχtan]
reconhecer (o erro)	**ба гардан гирифтан**	[ba gardan giriftan]

recordar, lembrar (vt)	**ба ёд овардан**	[ba jɔd ovardan]
recuperar-se (vr)	**сиҳат шудан**	[sihat ʃudan]
recusar (~ alguém)	**рад кардан**	[rad kardan]
reduzir (vt)	**камтар кардан**	[kamtar kardan]
refazer (vt)	**дубора хохтан**	[dubora χoχtan]
reforçar (vt)	**мустаҳкам кардан**	[mustahkam kardan]
refrear (vt)	**намондан**	[namondan]
regar (plantas)	**об мондан**	[ob mondan]
remover (~ uma mancha)	**тоза кардан**	[toza kardan]
reparar (vt)	**дуруст кардан**	[durust kardan]
repetir (dizer outra vez)	**такрор кардан**	[takror kardan]
reportar (vt)	**маълумот додан**	[ma'lumot dodan]
reservar (~ um quarto)	**ҷудо карда мондан**	[dʒudo karda mondan]
resolver (o conflito)	**баробар кардан**	[barobar kardan]
resolver (um problema)	**ҳал кардан**	[hal kardan]
responder (vt)	**ҷавоб додан**	[dʒavob dodan]
rezar, orar (vi)	**намоз хондан**	[namoz χondan]
rir (vi)	**хандидан**	[χandidan]
romper-se (corda, etc.)	**даридан**	[daridan]
roubar (vt)	**дуздидан**	[duzdidan]
saber (vt)	**донистан**	[donistan]
sair (~ de casa)	**баромадан**	[baromadan]
sair (ser publicado)	**нашр шудан**	[naʃr ʃudan]
salvar (resgatar)	**наҷот додан**	[nadʒot dodan]
satisfazer (vt)	**қонеъ кардан**	[qone' kardan]
saudar (vt)	**вохӯрдӣ кардан**	[voχœrdi: kardan]
secar (vt)	**хушк кардан**	[χuʃk kardan]
seguir (~ alguém)	**рафтан**	[raftan]
selecionar (vt)	**ҷудо карда гирифтан**	[dʒudo karda giriftan]
semear (vt)	**коштан, коридан**	[koʃtan], [koridan]
sentar-se (vr)	**нишастан**	[niʃastan]
sentenciar (vt)	**ҳукм кардан**	[hukm kardan]
sentir (vt)	**ҳис кардан**	[his kardan]
ser diferente	**фарқ доштан**	[farq doʃtan]
ser indispensável	**даркор будан**	[darkor budan]
ser necessário	**даркор будан**	[darkor budan]
ser preservado	**маҳфуз мондан**	[mahfuz mondan]
ser, estar	**будан**	[budan]
servir (restaurant, etc.)	**хизмат кардан**	[χizmat kardan]
servir (roupa, caber)	**мувофиқ омадан**	[muvofiq omadan]
significar (palavra, etc.)	**маънӣ доштан**	[ma'ni: doʃtan]
significar (vt)	**маъно доштан**	[ma'no doʃtan]
simplificar (vt)	**соддатар кардан**	[soddatar kardan]
sofrer (vt)	**алам кашидан**	[alam kaʃidan]
sonhar (~ com)	**орзу доштан**	[orzu doʃtan]
sonhar (ver sonhos)	**хоб дидан**	[χob didan]

sorrir (vi)	**табассум кардан**	[tabassum kardan]
subestimar (vt)	**хунукназарӣ кардан**	[χunuknazari: kardan]
sublinhar (vt)	**хат кашидан**	[χat kaʃidan]
sujar-se (vr)	**олуда шудан**	[oluda ʃudan]
superestimar (vt)	**аз будаш зиёд қадр кардан**	[az budaʃ zijɔd qadr kardan]
supor (vt)	**гумон доштан**	[gumon doʃtan]
suportar (as dores)	**тоб овардан**	[tob ovardan]
surpreender (vt)	**ба ҳайрат андохтан**	[ba hajrat andoχtan]
surpreender-se (vr)	**ба ҳайрат афтодан**	[ba hajrat aftodan]
suspeitar (vt)	**шубҳа кардан**	[ʃubha kardan]
suspirar (vi)	**нафас рост кардан**	[nafas rost kardan]
tentar (~ fazer)	**кӯшидан**	[kœʃidan]
ter (vt)	**доштан**	[doʃtan]
ter medo	**тарсидан**	[tarsidan]
terminar (vt)	**тамом кардан**	[tamom kardan]
tirar (vt)	**гирифтан**	[giriftan]
tirar cópias	**бисёр кардан**	[bisjɔr kardan]
tirar fotos, fotografar	**сурат гирифтан**	[surat giriftan]
tirar uma conclusão	**хулоса баровардан**	[χulosa barovardan]
tocar (com as mãos)	**расидан**	[rasidan]
tomar café da manhã	**ноништа кардан**	[noniʃta kardan]
tomar emprestado	**қарз гирифтан**	[qarz giriftan]
tornar-se (ex. ~ conhecido)	**шудан**	[ʃudan]
trabalhar (vi)	**кор кардан**	[kor kardan]
traduzir (vt)	**тарҷума кардан**	[tardʒuma kardan]
transformar (vt)	**табдил кардан**	[tabdil kardan]
tratar (a doença)	**табобат кардан**	[tabobat kardan]
trazer (vt)	**овардан**	[ovardan]
treinar (vt)	**машқ додан**	[maʃq dodan]
treinar-se (vr)	**машқ кардан**	[maʃq kardan]
tremer (de frio)	**ларзидан**	[larzidan]
trocar (vt)	**додугирифт кардан**	[dodugirift kardan]
trocar, mudar (vt)	**иваз кардан**	[ivaz kardan]
usar (uma palavra, etc.)	**истеъмол кардан**	[iste'mol kardan]
utilizar (vt)	**истеъмол кардан**	[iste'mol kardan]
vacinar (vt)	**эмгузаронӣ кардан**	[ɛmguzaroni: kardan]
vender (vt)	**фурӯхтан**	[furœχtan]
verter (encher)	**рехтан**	[reχtan]
vingar (vt)	**интиқом гирифтан**	[intiqom giriftan]
virar (~ para a direita)	**гардонидан**	[gardonidan]
virar (pedra, etc.)	**чаппа кардан**	[ʧappa kardan]
virar as costas	**рӯ гардондан**	[rœ gardondan]
viver (vi)	**зистан**	[zistan]
voar (vi)	**паридан**	[paridan]
voltar (vi)	**баргаштан**	[bargaʃtan]
votar (vi)	**овоз додан**	[ovoz dodan]

zangar (vt)	**бадқаҳр кардан**	[badqahr kardan]
zangar-se com ...	**қаҳр кардан**	[qahr kardan]
zombar (vt)	**масхара кардан**	[masχara kardan]

www.ingramcontent.com/pod-product-compliance
Lightning Source LLC
Chambersburg PA
CBHW062053080426
42734CB00012B/2634

* 9 7 8 1 7 8 7 6 7 2 9 6 3 *